Felix Lehmann

Mehr Wert im stationären Lebensmitteleinzelhandel

Mehr Wert im stationären Lebensmitteleinzelhandel

© 2019 Felix Lehmann, CC Shutterstock

Schriftenreihe BWL-Hochschulschriften, Band 9

Herausgeber:
Prof. Dr. Ludwig Hierl
Prof. Dr. Simon Fauser
Prof. Dr. Sebastian Serfas

Herstellung und Verlag:
BoD – Books on Demand, Norderstedt

ISBN 9783748189497 (Hardcover)
ISBN 9783748192428 (Paperback)

Das Werk einschließlich aller seiner Teile ist urheberrechtlich geschützt. Jede Verwertung, die nicht ausdrücklich vom Urheberrechtsgesetz zugelassen ist, bedarf der vorherigen Zustimmung der Autoren. Das gilt insbesondere für Vervielfältigungen, Bearbeitungen, Übersetzungen, Mikroverfilmungen und die Einspeicherung und Verarbeitung in elektronischen Systemen. Die Wiedergabe von Gebrauchsnamen, Handelsnamen, Warenbezeichnungen usw. in diesem Werk berechtigt auch ohne besondere Kennzeichnung nicht zu der Annahme, dass solche Namen im Sinne der Warenzeichen- und Markenschutz-Gesetzgebung als frei zu betrachten wären und daher von jedermann benutzt werden dürften.

Der Verlag, die Autoren und die Herausgeber gehen davon aus, dass die Angaben und Informationen in diesem Werk zum Zeitpunkt der Veröffentlichung vollständig und korrekt sind. Weder der Verlag noch die Autoren oder die Herausgeber übernehmen, ausdrücklich oder implizit, Gewähr für den Inhalt des Werkes, etwaige Fehler oder Äußerungen.

Die Deutsche Nationalbibliothek verzeichnet diese Publikation in der Deutschen Nationalbibliografie; detaillierte bibliografische Daten sind im Internet über http://dnb.dnb.de abrufbar.

Vorbemerkung

Mit der erfolgreichen Graduierung zum Bachelor of Arts im November 2017 an der DHBW Heilbronn konnte ich meine Karriere in dem Unternehmen fortsetzen, in dem mir das vorangegangene duale Handelsstudium ermöglicht worden war. Parallel zu meiner beruflichen Tätigkeit als Nachwuchsführungskraft hat mich dabei die Frage gefesselt, worin mehr Wert für den stationären Lebensmittelhandel liegen könnte. Der Weg zu deren Beantwortung führte mich in bereits bekannte, aber auch viele unbekannte Wissensbereiche. Die Flut an verfügbaren Informationen, die allein mit den Stichworten des Titels abrufbar sind, führte zu einem ersten inhaltlichen Grundgerüst.

Die 20 Seiten meines Notizbuches waren nach meinem ersten Event zum Thema, dem Brand Day in Berlin, mit vielen Ideen gefüllt, die eine Antwort auf meine Frage geben sollten und das inhaltliche Grundgerüst zu einem ersten Inhaltsverzeichnis konkretisierten. Es folgten weitere Fachsymposien wie die Retail Innovation Days in Heilbronn sowie die Microsoft Innovation Days in München. Diese Veranstaltungen haben mir weitere spannende und insbesondere sehr praxisnahe Einblicke in die zukünftige Handelswelt ermöglicht. Zwischenzeitlich habe ich die Ausarbeitung in der mir nun sehr vertrauten Universitätsbibliothek in Leipzig vorangetrieben und die Vielzahl an Impulsen in die theoretischen sowie praktischen Lösungsansätze dieses Buches mit einbezogen. Die Motivation während der dortigen Morgen- bzw. Abendstunden wuchs aus dem primären Willen, ein Buch zu schreiben, welches mich persönlich, aber besonders fachlich qualifizieren sollte.

Mein besonderer Dank gilt Herrn Prof. Dr. Ludwig Hierl, der mir die Möglichkeit geboten hat, die Idee der Publikation in die Realität umzusetzen. Bedanken möchte ich mich insbesondere für seine konstruktive Kritik und Geduld, die meinen Ehrgeiz gefordert und meine Motivation gefördert haben. Mein Dank gilt außerdem Xenia Giese, Elisabeth Voigt und Erik Kusch für die wertvolle fachliche Unterstützung dieser Publikation.

Ich widme dieses Buch meinem Freundeskreis und insbesondere meinen Eltern und Geschwistern, die mir während meines Studiums jederzeit zur Seite standen.

Bad Düben im Oktober 2018   Felix Lehmann

Inhaltsverzeichnis

VORBEMERKUNG VII

ABKÜRZUNGSVERZEICHNIS XII

ABBILDUNGSVERZEICHNIS XIV

TABELLENVERZEICHNIS XVI

1. EINLEITUNG .... - 1 -
   - 1.1 AKTUELLE RELEVANZ UND PROBLEMSTELLUNG .... - 3 -
   - 1.2 ZIELSETZUNG UND METHODISCHE VORGEHENSWEISE .... - 8 -

2. AUßERGEWÖHNLICHE KUNDENORIENTIERUNG .... - 11 -
   - 2.1 DIE WIRKUNGSKETTE DER KUNDENBINDUNG .... - 19 -
     - *2.1.1 Erstkontakt .... - 23 -*
     - *2.1.2 Kundenzufriedenheit .... - 26 -*
     - *2.1.3 Kundenloyalität .... - 31 -*
     - *2.1.4 Kundenbindung .... - 35 -*
   - 2.2 ÖKONOMISCHER ERFOLG .... - 39 -
   - 2.3 KONSUMENTENVERHALTENS-FORSCHUNG .... - 43 -
   - 2.4 FAKTOREN DER KONSUMEINSTELLUNG .... - 55 -
   - 2.5 DAS KUNDENORIENTIERTE UNTERNEHMEN .... - 71 -

3. RIGOROSER PRAGMATISMUS IM INNOVATIONSPROZESS .- 82 -
   - 3.1 STRATEGISCHE ORIENTIERUNG .... - 87 -
   - 3.2 KONZEPTENTWURF UND BEWERTUNG .... - 96 -
   - 3.3 TECHNISCHE ANFORDERUNGEN .... - 115 -
     - *3.3.1 Best-of-Breed-Lösung – Make .... - 120 -*
     - *3.3.2 All-in One-Lösung – Buy .... - 122 -*
   - 3.4 ANFORDERUNGEN AN DIE UMSETZUNG .... - 125 -

4.	**EINZIGARTIGE KREATIVITÄT**	**- 135 -**
4.1	Die Herausforderungen	- 138 -
4.2	Customer Relationship Management	- 151 -
4.3	Die moderne Customer Journey	- 156 -
4.4	Neurolinguistisches Programmieren	- 170 -
5.	**KONTINUIERLICHE INNOVATION**	**- 185 -**
5.1	Der Innovationsprozess	- 192 -
5.2	Die Herausforderungen	- 201 -
5.3	Entwicklungspotenziale	- 214 -
6.	**SCHLUSSBETRACHTUNG**	**- 221 -**
6.1	Fazit	- 221 -
6.2	Ausblick	- 223 -
6.3	Handlungsempfehlungen	- 227 -
ANHANGSVERZEICHNIS		**- 231 -**
LITERATURVERZEICHNIS		**- 249 -**

Abkürzungsverzeichnis

ACT	Assistive Consumer Technology
API	Anwendungsprogrammierung
AR	Augmented Reality
ART	Assistive Retailer Technology
B2B	Business-to-Business
B2C	Business-to-Customer
BDSG	Bundesdatenschutzgesetz
BR	Betriebsrat
CERT	Consumer Entertaining Retailment Technology
CJ	Customer Journey
CLV	Customer Lifetime Value
CRM	Customer Relationship Management
CSR	Corporate Social Responsibility
DINK	Double income no kids
DSGVO	Datenschutzgrundverordnung
EDI	Electronic Data Interchange
ENL	Evolved Nutrition Labelling
EPVO	E-Privacy-Verordnung
ERP	Enterprise Resource Planning
GAFAA	Google, Amazon, Facebook, Apple, Alibaba
GBF	Get big fast
GfK	Gesellschaft für Konsumforschung
HDE	Handelsverband Deutschland
IoT	Internet of Things
IPP	Internet Pure Player

IVA	Informationsverarbeitungsansatz
KI	Künstliche Intelligenz
KNA	Kosten-Nutzen-Analyse
LEH	Lebensmitteleinzelhandel
LOHAS	Lifestyle of Health and Sustainability
MDM	Master-Data-Management; Mobile-Device-Management
NLP	Neurolinguistisches Programmieren
NPS	Net Promoter Score
POS	Point of Sale
PIM	Product-Information-Management
PM	Proximitätsmatrix
ROI	Return on Investment
SDK	Software Development Kits
SEU-Modell	Subjectively-Expected-Utility- Modell
SEU	Subjectively-Expected-Utility-Theorie
SOR-Paradigma	Stimulus-Organism-Response Paradigma
SR-Paradigma	Stimulus-Response Paradigma
TAM	Technology Acceptance Model
UML	Unified Modelling Language
USP	Unique Selling Proposition
VR	Virtual Reality
WKZ	Werbekostenzuschüsse

Abbildungsverzeichnis

Abbildung 1: Wirkungskette der Kundenbindung .... - 23 -
Abbildung 2: Confirmation/Disconfirmation-Paradigma .... - 28 -
Abbildung 3: Dominante Motive und Verhaltensweisen .... - 32 -
Abbildung 4: Erhebung der Weiterempfehlungsrate .... - 33 -
Abbildung 5: Der Kundenbeziehungs-Lebenszyklus................. - 35 -
Abbildung 6: Determinanten des Kundenwerts......................... - 40 -
Abbildung 7: Einfluss der Kundenbeziehung auf die Rentabilität - 41 -
Abbildung 8: Physische und soziale Einflussfaktoren auf die Kaufentscheidung .... - 47 -
Abbildung 9: Affektive und kognitive Prozesse nach dem SOR-Ansatz.. - 48 -
Abbildung 10: Modell nach Howard und Sheth......................... - 49 -
Abbildung 11: Dreispeichermodell kognitiver Prozesse .... - 51 -
Abbildung 12: Lambda-Hypothese .... - 57 -
Abbildung 13: Means-End-Kette.. - 59 -
Abbildung 14: Emotionen .... - 60 -
Abbildung 15: Elaborations-Modell .... - 67 -
Abbildung 16: Customer Centricity .... - 81 -
Abbildung 17: Gesetz der Profilierungsdynamik .... - 83 -
Abbildung 18: Technologische Innovationen im Handel .... - 84 -
Abbildung 19: Framework IoT-Plattform .... - 117 -
Abbildung 20: Datenquellen für B2B und B2C .... - 120 -
Abbildung 21: Funktionen des mobilen Assistenten .... - 123 -
Abbildung 22 Exemplarisches Aktivitätsdiagramm .... - 124 -
Abbildung 23: Prozess der Markenführung............................. - 144 -

Abbildung 24 Wirkungskette Customer-Relationship-Management...- 155 -

Abbildung 25: Die Customer Journey ....- 156 -

Abbildung 26: Landscape of Digital Experience ....- 169 -

Abbildung 27: Konstruktivismus ....- 176 -

Abbildung 28: Ausgestaltung des Brand Reframing ....- 179 -

Abbildung 29: Wirkung zweiseitiger Kommunikation ....- 181 -

Abbildung 30: Kondratieff Zyklus ....- 189 -

Abbildung 31 Kumulierter Konjunkturzyklus nach Schumpeter - 190 -

Abbildung 32: Innovationskategorien im Einzelhandel ....- 194 -

Abbildung 33: Der Innovationsprozess ....- 198 -

Abbildung 34: Messmodell für Innovationsfähigkeit ....- 202 -

Abbildung 35: Typologien der Unternehmenskulturen ....- 204 -

Abbildung 36: Die Taylorwanne ....- 208 -

Abbildung 37: Digitalisierungstrends ....- 214 -

Tabellenverzeichnis

Tabelle 1: Entwicklung der Konsumentenverhaltensforschung.. - 46 -
Tabelle 2: Vergleich zwischen Produkt- und Kundenorientierter Ausrichtung .... - 75 -
Tabelle 3: Gegenüberstellung der Kosten und Nutzen .... - 114 -

1. Einleitung

„Es ist nicht die stärkste Spezies, die überlebt, auch nicht die intelligenteste, es ist diejenige, die sich am ehesten dem Wandel anpassen kann."[1]

Charles Darwin (1809–1882)

Die Globalisierung, die rasanten Technologiesprünge sowie die branchenübergreifend voranschreitende Digitalisierung bedrohen zunehmend den stationären Lebensmittelhandel und können diesen vor existenzielle Herausforderungen stellen. Die Entwicklungen heben die Anforderungen an eine konsequentere Ausrichtung der Leistungserstellung an die tatsächlichen Bedürfnisse der Kunden.[2] Ein aktuelles Indiz für ein sich wandelndes Wettbewerbsumfeld und ein verändertes Kaufverhalten zeigt sich bereits heute in den Filialmodernisierungs- und Sortimentsoffensiven der stationären Händler. Ein wesentliches Motiv ist, den klassischen Austausch von Waren aus einem begrenzten Sortiment gegen Geldleistungen erlebbarer zu gestalten, damit dem Kaufverhalten des Endkunden zeitgemäß begegnet werden kann. Offen bleibt bislang, welche Strategie im Hinblick auf die Digitalisierung langfristig positive Auswirkungen auf die Wertschöpfung des stationären Lebensmittelhändlers haben wird. Aus diesem Grund ist gemäß dem Zitat von Charles Darwin die Fragestellung naheliegend, welcher konkrete Wandel parallel zu der Aufwertung der Verkaufsflächen

---

[1] Gritsch 2017, S.12
[2] Vgl. Wirtz 2018, S. 27 f.

dazu beitragen kann, die Überlebenschance des Unternehmens zu erhöhen. In engem Zusammenhang dazu stehen strategische Entscheidungen innerhalb des Handelsunternehmens, mit denen dem bevorstehenden digitalen Wandel langfristig begegnet wird. Die angestrebte zusätzliche Wertsteigerung steht der Herausforderung gegenüber, möglichst alle Interessen interner und externer Stakeholder zu vereinen, damit sowohl die Profilierung gegenüber dem Wettbewerb gelingen kann, als auch das Markenversprechen möglichst beibehalten wird.

1.1 Aktuelle Relevanz und Problemstellung

Die inhaltliche Ausrichtung und die notwendigen Maßnahmen für eine zukunftsfähige Strategie könnten auf Grundlage der Ergebnisse unterschiedlicher Zukunftsstudien abgeleitet werden. Die darin prognostizierten Entwicklungen deuten auf technische, soziale, ökonomische, rechtliche sowie ökologische Rahmenbedingungen hin, deren Zusammenspiel aus unterschiedlichen Auswirkungen komplexe Veränderungen für Anbieter und Kunden beinhalten und fordern. Ein wichtiger und wesentlicher Trend besteht aus dem Zusammenhang zwischen Wissen und Macht, der sich in Zukunft in unterschiedlichen Bereichen zunehmend bemerkbar machen wird. Dieser Trend könnte innerhalb der kommenden Jahre verstärkt vom stationären Händler eine Lösung verlangen, die den gegenseitigen Austausch relevanter Informationen mit Kunden, aber auch Mitarbeitern effizient ermöglichen muss. Mittel zum Zweck könnten bisher weitverbreitete täglich genutzte moderne Medien sein, welche Informationen jederzeit und an fast jedem Ort abrufbar machen. Wenn die Handhabung für den Nutzer einfach ist und der persönliche zusätzliche Wert klar erkennbar wird, könnte der stationäre Lebensmittelhändler dem erlebten Komfort während der Onlinebestellung mit einer Lösung am POS etwas entgegensetzen.[3] Die Schnelllebigkeit im digitalen Fortschritt erfordert zunehmend eine Unternehmensstruktur, die einen Umsetzungsaufwand mit geringer Zeitintensität im Sinne einer schnellen Erfüllung von sich ändernden Kundenbedürfnissen ermöglichen kann.

---

[3] Vgl. Wirtz 2018, S. 30.

Der Ausbau der Konnektivität und somit der Verfügbarkeit der Möglichkeiten des Internets profitiert zukünftig zunehmend von neuen Schlüsseltechnologien wie beispielsweise künstlicher Intelligenz.[4] Das Internet der Dinge umspannt nahezu den gesamten Globus und gibt Plattformen die Möglichkeit, mit virtuellen Infrastrukturen neue Maßstäbe zu setzen.[5] Hinzu kommt, dass die neue vernetzte Mobilität zwischen zwei Orten den Begriff von Heimat oder Bindung relativiert. Ein Beispiel zeigt sich schon heute in der wachsenden Verfügbarkeit von Sharing-Konzepten innerhalb der Automobilbranche, die z. B. mit autonomen Fahrzeugen das Potenzial besitzen, das bisher bekannte Auto zu einer kostenintensiven Freizeitbeschäftigung zu wandeln.[6] Ein weiterer Trend ist mit dem Thema Sicherheit verbunden. Neben juristischen Instanzen stehen auch Unternehmen schon heute vor der Herausforderung, trotz der fehlenden Transparenz der ausgetauschten und verarbeiteten Daten innerhalb der digitalen Welt eine Sicherheitsgarantie zu gewährleisten. Das Bewusstsein über die eigenverantwortliche Schaffung einer Sicherheitskultur wird zunehmen müssen, da besonders Prozesse zunehmend digitalisiert werden. Die Anforderungen an eine neue Sicherheitskultur beinhalten einen klareren Handlungsspielraum, Flexibilität sowie Agilität.[7] Weiterhin wichtig sind einerseits die zunehmende Rohstoffknappheit sowie andererseits die spürbaren Auswirkungen des Klimawandels. Diese Entwicklungen werden nicht spurlos am Verantwortungsbewusstsein der Menschen vorbeigehen. Damit steigt

---

[4] Vgl. WirtschaftsWoche 2018.
[5] Vgl. Probe/Seidel 2018, S. 14 ff.
[6] Vgl. GELD-Magazin 03/2014, S. 54 f.
[7] Vgl. Pohlmann 2016, S. 38 ff.

die Erwartung gegenüber Händlern, neben der ökonomischen auch der ökologischen und gesellschaftlichen Verantwortung gerecht zu werden. Dies kann aus ökologischer Perspektive z. B. über das aktive Engagement für den Umweltschutz sowie die Schonung der Ressourcen erfolgen.

Eine weitere Prognose ist mit dem Fortschritt im Gesundheitssektor verbunden, der unumkehrbar ist. Dieser führt dazu, dass die Lebenserwartung auf der ganzen Welt steigt und den Ältesten unserer Gesellschaft, der „Silver Society", eine neue Bedeutung zukommt. Das Alter wird für jeden nur eine absolute Zahl sein, die lediglich mit jedem Jahr steigt. Der traditionelle Rhythmus, nach der Jugend in das Arbeitsleben einzusteigen, endet in einem Un-Ruhe(zu)stand. Die Haltung gegenüber der persönlichen Gesundheit wird durch vorhandene medizinische Erkenntnisse gestärkt und lenkt den Fokus für den Händler auf Schwerpunkte wie z. B. die optimierte individuelle Ernährung.[8]

Die dargestellten zukünftigen Trends und Veränderungen zeigen einige Aspekte, die für den stationären Lebensmittelhändler nach dem Vorbild Darwins erhebliche Anpassungen bedeuten können. Mit diesen potenziellen Herausforderungen sind neue Kompetenzen verbunden, mit deren Aufbau ein zusätzlicher Wert für interne und externe Stakeholder geschaffen werden kann. Die Erschließung zusätzlicher Wachstumschancen ergibt sich aus der aktuellen Wettbewerbssituation, die aufgrund der hohen Wettbewerbsintensität

---

[8] Vgl. Zukunftsinstitut 2018.

und der vorrangigen Profilierung über den Preis zu niedrigen Gewinnmargen besonders im deutschen Marktumfeld geführt hat.[9]

„Die beste Art, die Zukunft vorherzusagen, ist, sie selbst zu gestalten."[10]

Willy Brandt (1913-1992)

Mit Blick auf das durchschnittliche Wachstum des Onlinehandels von 12,2 Prozent in den letzten zehn Jahren zeigt sich zudem die Dringlichkeit im Aufbau neuer Kompetenzen, da das mittlere Wachstum des stationären Handels von lediglich 0,2 Prozent im Vergleich dazu eher gering ausfällt.[11] Neben den Onlinehandelsgiganten Amazon und Alibaba dominieren ehemalige Start-ups wie Google, Apple oder Facebook den Weltmarkt mit jährlich steigenden Umsätzen. Der Gesamtumsatz der GAFAA belief sich im Geschäftsjahr 2016 auf 573,9 Mrd. USD. Betrachtet man den Börsenwert dieser Unternehmen, so übersteigt die Summe von 3256 Mrd. USD die Vorstellungskraft von durchschnittlichen Unternehmen bzw. das Volumen der Haushaltspläne von Kleinstaaten. Im Vergleich dazu liegt die Summe der besten deutschen Unternehmen SAP, Siemens, Bayer, Allianz, BASF, Deutsche Telekom, VW und Daimler bei etwa 780 Mrd. USD. Im Jahr 2016 belief sich allein der Gewinn von Apple auf 69,9 Mrd. USD, dahinter lagen Alphabet und Microsoft in etwa gleichauf mit knapp 30 Mrd. USD. Facebook ist im Verhältnis zwischen erzieltem Umsatz

---

[9] Vgl. ebd.
[10] Vgl. Hippel 04/2002.
[11] Vgl. PwC Deutschland 2015a.

von 28 Mrd. USD und dem resultierenden Gewinn von 14,7 Mrd. USD deutlich profitabler als die Onlinehändler Alibaba oder Amazon.[12] Der Jahresumsatz von Amazon wurde für 2016 in Höhe von 135 Mrd. USD ausgewiesen, wobei ein Ergebnis vor Steuern von 3 Mrd. USD bleibt. Alibaba hingegen erzielte im Jahr 2016 einen Umsatz von 13 Mrd. USD, das Ergebnis vor Steuern belief sich auf 2,9 Mrd. USD.[13] Die beiden Onlinehändler stehen auf globaler Ebene in direkter Konkurrenz zueinander. Auf dem deutschen E-Commerce-Markt teilen sich Amazon, Zalando sowie Otto 45 Prozent Marktanteil und sorgen somit für eine ernst zu nehmende Marktkonzentration.[14]

Die Vergleichbarkeit der Preise über Onlinehändler sowie die bedeutend effizienteren Möglichkeiten, ein breites und tiefes Sortiment kostenoptimiert über eine Handelsplattform anbieten zu können, treiben den Erfolg. Aus Sicht der Wettbewerbskommission tragen Onlinehändler zum Wettbewerb im Einzelhandel bei, weshalb stationäre Händler aktuell (indirekt) gefordert sind, sich zu verändern, und ihre Strategien auf eine nachhaltige Ausrichtung zu prüfen.[15]

Wie unterschiedlich die Konzepte zur Wertsteigerung im stationären Handel sein können, zeigt das Beispiel „Click and Collect". Mit dieser Lösung wird auf die notwendige Problematik der Verknüpfung virtueller und realer Einkaufswelten abgezielt, die eine neue Art und Weise des Einkaufs des Kunden zu etablieren versucht. Offen bleibt, ob diese Vorgehensweise innovativ und funktional genug ist, um langfristig eine messbare Wertsteigerung zu erzielen. Daher bietet

---

[12] Vgl. Spiegel Online 2017.
[13] Vgl. Statista 2016.
[14] Vgl. Welt 2016.
[15] Vgl. ebd.

sich für eine wertstiftende Innovation an, den Wunsch von 40 Prozent der Befragten nach Beratung am POS als Ergebnis einer Studie zum Thema Zukunft im Handel mit einzubeziehen.[16]

1.2 Zielsetzung und methodische Vorgehensweise

Gibt es eine Strategie aus Sicht des stationären Lebensmitteleinzelhandels, das Geschäftsmodell des klassischen Austauschs von Waren aus einem begrenzten Sortiment gegen Geldleistungen des Endkunden wertschöpfend zu erweitern? Wenn ja, was könnte mit diesen Wertsteigerungen für interne aber auch externe Stakeholder in diesem wettbewerbsintensiven Marktumfeld gemeint sein?

Diesen Fragen möchte ich mich in diesem Buch widmen. Meine Antwort für mehr Wert im stationären Lebensmittelhandel soll in dieser wissenschaftlichen Annäherung aus zielführenden Erkenntnissen bestehen, die sich auf eine Formel nach Michael Grübbeling beziehen. Die Komponenten dieser Formel - bestehend aus der außerordentlichen Kundenorientierung, dem rigorosen Pragmatismus im Innovationsprozess, der einzigartigen Kreativität sowie der kontinuierlichen Innovation - sollen im reibungslosen Zusammenspiel nach Grübbeling, die Möglichkeit zur Erschließung von mehr Wert bieten.[17] Mein persönlicher Anspruch für jedes der vier Kapitel besteht darin, eine Antwort mit theoretischen und praxisrelevanten Inhalten für jede Komponente dieser Formel zu geben. Drei Experteninterviews aus unterschiedlichen Fachbereichen

---

[16] Vgl. PwC Deutschland 2015b.
[17] Vgl. Michael Grübbeling 2018

haben mich dabei unterstützt, meinen Konzeptentwurf für mehr Wert im stationären Lebensmittelhandel mit einigen technischen, inhaltlichen sowie nachhaltigen Anforderungen abzugleichen. Das erste Kapitel der außergewöhnlichen Kundenorientierung geht auf die notwendigen Voraussetzungen zur Bedürfnisbefriedigung des Kunden ein und beginnt mit dem Prozess der Wirkungskette der Kundenbindung. Ergänzt wird diese Methode durch eine Validierung des damit verbundenen ökonomischen Erfolgs und somit der ersten potenziellen Möglichkeit zur Wertsteigerung. Hinzu kommen Erkenntnisse aus neurowissenschaftlicher Forschung, Konsumenteneinstellung und deren Beeinflussung sowie langfristig ausgerichtete Lösungsmöglichkeiten für die Umstrukturierung zu einem kundenorientierten Unternehmen. Der rigorose Pragmatismus im Innovationsprozess steht für die zweite Komponente der Formel und zielt auf ein Markenerlebnis ab, auf das sich der Kunde angewiesen fühlt. Der inhaltliche Fokus liegt auf der Eingrenzung des strategischen Umfeldes und den daraus resultierenden Perspektiven. Ergänzend kommt ein Konzeptentwurf hinzu, der sich an den Anforderungen bestehend aus allen vier Formelvariablen orientiert. Außerdem wird versucht, den Perspektiven aus der strategischen Orientierung möglichst gerecht zu werden. Der Wertbeitrag dieses Kapitels ergibt sich aus der Gegenüberstellung von potenziellen Kosten und Nutzen. Die technischen Anforderungen werden aus zweierlei Ausgangssituationen betrachtet, wie sie aktuell auch von Entscheidern diskutiert werden. Mit den Anforderungen an die Umsetzung endet dieses Kapitel.

Die einzigartige Kreativität als dritter Bestandteil der Formel beleuchtet die Anforderungen an eine Marke, die ein den Kunden inspirierendes Markenerlebnis zu realisieren versucht. Die Verbindung zwischen Theorie und Praxis zielt in diesem Abschnitt auf die Auswirkungen des Konzeptentwurfs auf eine Marke, mit Blick auf die sich damit ergebenden Möglichkeiten zur Profilierung. Der inhaltliche Fokus liegt neben den Herausforderungen auch auf dem Customer Relationship Management, der modernen Customer Journey sowie dem neurolinguistischen Programmieren. Die vierte Variable, die kontinuierliche Innovation, folgt der Fragestellung, wie ein Unternehmen nachhaltig innovativ bleibt. Ergänzt wird die Annäherung um einen Blick auf die Eckpunkte des Innovationsprozesses, die Herausforderungen sowie die Entwicklungspotenziale. Der Praxisbezug entsteht hier auf Grundlage eines Experteninterviews zum Thema nachhaltige bzw. ökologische Ausrichtung. Die Handlungsempfehlungen ergeben sich aus dem Zusammenspiel aller Entscheidungsgrößen. Mit dem Fazit enden die Ausführungen für mehr Wert im stationären Lebensmittelhandel.

2. Außergewöhnliche Kundenorientierung

Dies bedeutet aus Sicht eines Unternehmens, die Investitionen in die bereitgestellten Angebote anhand der Bedürfnisse der Kunden auszurichten.[18] Das Ziel besteht darin, ein Markenerlebnis bzw. einen erlebbaren Kundennutzen zu schaffen, ohne den der Kunde nicht leben möchte. „Der Kunde ist König", dessen Bedürfnisse und Erwartungen den modernen Begriff der Customer Centricity prägen – nach einfacher Übersetzung die „außergewöhnliche Kundenorientierung". Doch was umfasst dieser Begriff noch? Die unterschiedlichen Definitionen vergrößern den Radius der thematischen Zusammenhänge: „Understand(ing) your customers requirements"[19] oder „Customer Centricity is the sense of putting the customer at the center. However the customer is defined, meant are stakeholders, prospective buyers, customers of customers or their influential social connections, employees, suppliers, channel partners or even journalists."[20]

Firmen kommunizieren heute mit ihren Kunden auf eine andere Art und Weise, als es noch vor wenigen Jahrzehnten der Fall war. Mit der Veränderung technischer Möglichkeiten ist auch ein neues Verständnis für die Kundenorientierung eines Unternehmens entstanden. Gründe dafür sind u. a. die Vernetzung und deren tief greifende Auswirkung auf den einzelnen Menschen sowie die Verhaltensweise der gesamten Gesellschaft. Der Wandel vom Buchdruck zu den modernen Medien unterstreicht diese Entwicklung,

---

[18] Vgl. Onpulson 2018.
[19] Vgl. Batten & Company 2009.
[20] De Clerck 2017.

die zukünftig weiter voranschreitet. Die maschinelle Kommunikation wird nur schwer, wenn nicht sogar unmöglich von der menschlichen Kommunikation zu unterscheiden sein. Mit Blick auf die kundenorientierte Ausrichtung eines Unternehmens ist deshalb das technische Zusammenspiel aus Codes, Datenspeichern und Algorithmen stets zu überprüfen und an Veränderungen anzupassen.[21] „No computer has ever been designed that is ever aware of what it´s doing, but most of the time we aren´t either."[22] Der Ursprung dieser Realität führt zurück in die Epoche der Industrialisierung, in der die Nachfrage durch die bereitgestellten Angebote bestimmt wurde. Die bestehende Knappheit machte eine Orientierung an vorherrschenden damaligen Kundenwünschen und bestehenden Erwartungen nicht notwendig. Aufgrund des zunehmenden Wettbewerbsdrucks, der fortschreitenden Innovations- und Experimentierfreude sowie des Internet of Things (IoT) veränderten sich jedoch die Ansprüche des Kunden. Der technologische Wandel beeinflusst das Preis- und Qualitätsempfinden jedes Einzelnen. Im Ergebnis ist dieses neue Level an vorherrschender Erwartung zu einer Grundvoraussetzung geworden, mit der sich ein Lebensmittelhändler nicht mehr vom Wettbewerber abheben kann. Die neue Kundenerwartung ergibt sich aus der besten Erfahrung, die der Kunde unabhängig der Situation macht. Besonders die für den Kunden erlebbare Bequemlichkeit, Produkte jeglicher Ausführungen durch neue digitale Möglichkeiten nach Hause geliefert zu bekommen, beeinflusst dessen Einstellung

---

[21] Vgl. Gläß/Leukert 2017, S. 18.
[22] Marvin Minsky 2006.

erheblich und verändert das Kaufbewusstsein sowie die Kundentypologien. Kunden in den Märkten zu halten, wird in Anbetracht der aktuellen und zukünftigen Möglichkeiten des Einkaufens davon abhängig sein, welche innovativen und mehr Wert stiftenden Konzepte jeder stationäre Händler profilieren kann. Der Kunde von heute ist auf der Suche nach einem Erlebnis bzw. einer Inspiration im stationären Geschäft, nur dann lohnen sich für die meisten der Weg und die Zeit, einkaufen zu gehen. Hinzu kommt, dass auch die bekannten Onlinehändler wie Amazon Filialkonzepte wie Amazon Fresh auf dem amerikanischen und dem europäischen Markt etablieren, um Marktanteile insbesondere am stationären Handel zu gewinnen. Bestehende Formate zeigen beispielsweise unbemannte Convenience Stores, in denen anonymes Einkaufen ohne Personal und ohne Zeitverlust an der Kasse möglich ist. Insbesondere die Großfläche muss sich den erheblichen Veränderungen stellen, da bisher die Kundenerwartungen nach Inspiration und schnellem Einkauf dort nicht mehr zeitgemäß erfüllt werden. Die Neuauflage kann eine Mischung aus attraktiver Verkaufsfläche, Gastronomie und Veranstaltung sein. Kundenbindung entsteht in dieser Konstellation durch den erlebbaren Service. [23] „Der Lebensmittelhandel befindet sich in einem grundlegenden Umbruch. Traditionelle Händler werden in zwei Richtungen gezogen. Sie müssen nahtlose, günstige und schnelle Online-Einkaufsmöglichkeiten schaffen und gleichzeitig das Ergebnis auf der Fläche steigern."[24]

---

[23] Vgl. Fetsch/Sievers 2013, S. 25.
[24] Muller 2018, S. 32.

Der Kunde kauft dort, wo die Handelsleistung aus einer Verknüpfung zwischen virtueller und realer Einkaufswelt resultiert. Wie unterschiedlich diese These in der Praxis ausgelegt und getestet wird, zeigen exemplarisch Händler wie Aldi, Globus, die Schwarz-Gruppe, Rewe oder Alibaba. Aldi Süd und Aldi Nord nehmen mit einer Gesamtsumme von etwa 9 Mrd. Euro das größte Investitionsvolumen in der Firmengeschichte auf. Bis 2019 sollen 3,5 Mrd. Euro bei Aldi Süd dazu beitragen, das Sortiment zu optimieren sowie 1900 Filialen zu modernisieren. Aldi Nord investiert 5 Mrd. Euro in 3500 Standorte mit dem Ziel eines freundlicheren und helleren Erscheinungsbildes. Der Fokus liegt dabei besonders auf frischen Waren wie Obst und Gemüse sowie Fleisch und Fisch. Die Aufnahme zusätzlicher Markenartikel soll ebenfalls vorangetrieben werden.

Ein alternatives Konzept neben der Flächenmodernisierung sind die „Drive-in-Stationen" von Globus, die allerdings wegen fehlender Frequenz vorerst eingestellt wurden. Das „Click und Collect"-Konzept sowie den Handel mit Lebensmitteln über das Internet legte Lidl im Gegensatz zur Unternehmensschwester Kaufland bereits im Februar 2017 auf Eis. Nach über einem Jahr der Testphase ist man bei Kaufland im Dezember 2017 zu dem Ergebnis gekommen, dass Lebensmittel mit dem Ziel, gleiche Preise online wie offline anzubieten, nicht kostendeckend über das Internet verkauft und ausgeliefert werden können.[25] Edeka Xpress oder Manora fresh to go sind ebenfalls Konzepte, die nicht flächendeckend ausgerollt werden konnten. Rewe to go hingegen wurde nach langer Testphase durch die Kooperation mit der Tankstellenkette Aral um weitere Standorte

---

[25] Vgl. Manager Magazin 2017.

national erweitert. Zusätzlich baut Rewe die Lieferung nach Hause als zusätzlichen Service aus, der vom Kunden erwartet wird. Jan Kunath, der stellvertretende Vorstandsvorsitzende von Rewe, behauptet: „In Zukunft wird sich der Kunde jeden Tag neu entscheiden, ob er seine Lebensmittel im Laden kauft, abholt oder sich liefern lässt."[26] Der Vorstandsvorsitzende Lionel Soque greift das Ergebnis der Investitionen von mehr als 2 Mrd. Euro in das Filialnetz, die Mitarbeiterentwicklung sowie die Digitalisierung wie folgt auf: „Ob die Digitalisierungsstrategie erfolgreich war, werden wir in zehn Jahren nicht daran sehen, wie viel Umsatz wir beim Lieferdienst machen. (...) Was zählt, ist: Wie haben wir durch die Digitalisierung unsere Märkte verstärkt, die es nach wie vor geben wird?"[27] Schlüssel zum Erfolg ist die Verzahnung von virtuellen Möglichkeiten mit den realen Gegebenheiten wie beispielsweise die Abholung im Markt, Kunden-W-LAN in allen Filialen, Artikel scannen per App sowie das Bezahlen per App.[28]

Ähnlich zu den europäischen bzw. deutschen Formaten ist Alibaba auf dem asiatischen Markt mit Hema Fresh präsent. Hier hat der Kunde die Möglichkeit, Waren zu einer beliebigen Zeit und an einem beliebigen Ort abzuholen oder sich liefern zu lassen. Jack Ma, der Gründer von Alibaba, prophezeit, dass durch das Verschmelzen von Online und Offline der „klassische" E-Commerce verschwindet und in ein paar Jahren ein neues Ganzes entsteht. [29] Die Investitionssummen in verschiedene Verkaufskonzepte zeigen, dass

---

[26] Lionel Soque 2017
[27].Ebd.
[28] Vgl. Mumme 2018.
[29] Vgl. Himberg 2018, S. 12.

der erwartete Wertbeitrag immensen landestypischen Anforderungen unterliegt und deshalb längerer Testphasen anstehen, bevor ein Konzept marktreif ist. Ein wesentlicher Erfolgstreiber ist die Orientierung am Wunsch der Kunden. Die notwendigen Informationen werden im Wege der Ausrichtung auf die Customer Centricity erzeugt, also über die regelmäßige und systematische Erfassung und Analyse von positiver sowie negativer Kritik der Kunden. Dieser Prozess beginnt bei Investitionen in die Grundlagen für eine langfristig stabile und wirtschaftlich gewollte Beziehung zum Kunden. Das Ziel besteht darin, die wirklich wichtigen Bedürfnisse der Kunden zu erkennen und das angebotene Endprodukt dahingehend zu optimieren.[30]

Die Dauer der Beziehung zum Kunden validiert die Customer Lifetime Value (CLV). Sie beziffert den investitionstheoretischen Kundenwert, der sich rückwirkend aus der Verrechnung von geleisteten Ein- und Auszahlungen ergibt. Dieser Wert macht unterschiedliche Käufertypen vergleichbar. Auf Basis einer Historie an Werten sind zudem vorhandene Budgets zielgerichteter und längerfristig planbar. Die Grundlage der Berechnung ist – analog zur Kapitalwertmethode – die Summe der diskontierten Differenzen aus Ein- und Auszahlungen des Kunden im Zeitablauf.

---

[30] Vgl. Gabler Wirtschaftslexikon 2018.

$$CLV = \sum_{t=0}^{n} \frac{e_t - a_t}{(1-i)^t}$$

e_t = erwartete Einnahmen während der Geschäftsbeziehung in der Periode t

a_t = erwartete Ausgaben während der Geschäftsbeziehung in der Periode t

i = Diskontierungsfaktor

n = Dauer der Geschäftsbeziehung[31]

Die zeitlichen Abstände der Zahlungen enthalten Informationen über eine mögliche kontinuierlich auftretende Kauf- bzw. Produktgewohnheit. Die Erkenntnisse beeinflussen die Art und Weise der Interaktion mit dem Kunden. Eine wichtige Voraussetzung bei einer bestehenden Transaktionskontinuität ist ein funktionierendes und über alle Kontaktpunkte agierendes Beziehungsmarketing. Dabei sind zwei Aspekte zu beachten. Die Ausrichtung als Diagnose- und Aktionsinstrument prognostiziert den Markterfolg von Produkten und lernt aus eigenen Schwachstellen. Diese gewünschte Attitude ermöglicht die Marktsegmentierung und hilft diese zu verbessern. Die zweite Komponente umfasst Ziel- und Kontrollgrößen, um alle Kennzahlen genauer zu analysieren. Bestandskunden, die kategorisierbar sind, können mithilfe personalisierter Daten und der Kaufkontinuität (messbar im CLV) zu einer valideren Investitionsplanung beitragen. Kundendaten können also dabei hilfreich sein, Investitionsmotive zu entwickeln. Außerdem kann eine

---

[31] Vgl. Balderjahn/Scholderer 2007, S. 138.

Community bzw. Kundengruppe in Social-Media-Kanälen sowie durch Influencer oder den Unternehmensauftritt in ihrer Meinung beeinflusst werden, was sich ebenfalls auf den CLV auswirkt. Ein Markenerlebnis kann neben einer Digitalisierungsstrategie auch durch „ein selektives, innovatives und Daten-gestütztes Category-Management im Verbund mit einer zielgruppenadäquaten Warenpräsentation und arrondierenden Serviceleistungen gegenüber dem Kunden"[32] gesteuert werden.

---

[32] Schröder 2018.

2.1 Die Wirkungskette der Kundenbindung

Der Kunde ist das immaterielle Vermögen eines Unternehmens, wobei der Wert dieses Guthabens nur durch den Fortbestand dieser Beziehung bestehen bleiben und insbesondere bei bestehenden Kunden durch die gezielte Steuerung unterschiedlicher Einflussgrößen wie z. B. der Steigerung der Wiederkaufrate, den Nutzen von Cross-Buying-Potenzialen, aber auch die Steigerung von Weiterempfehlungen gesteigert werden kann. Jeder Wertschöpfung stehen Kosten für Erstkontakte des Unternehmens mit dem Kunden entgegen, welche regelmäßig deutlich höher ausfallen als die Bedürfniserfüllung und Bindung bestehender Kunden durch eine funktionierende Kundenorientierung.[33]

„Die beste Sprache ist immer jene des Kunden."[34]

Anton Fugger (1493–1560)

Der Grundansatz der Kundenorientierung sollte laut Anton Fugger darin bestehen, die Sprache des Kunden zu verstehen und zu sprechen. Sie zielt auf die Bedürfnisse ab, die tief im menschlichen Unterbewusstsein angesiedelt und emotional behaftet sind. Die Bedürfnispyramide nach Maslow soll hier als Modell herangezogen werden. Die Basis bildet das Grund- bzw. Existenzbedürfnis, worauf die Bedürfnisse nach Sicherheit (materiell/beruflich), sozialer Anerkennung (Freundschaft), Selbstachtung sowie Selbstverwirklichung folgen.[35] Aus Sicht des Kunden ist es wichtig,

---

[33] Vgl. Tomczak/Rudolf-Sipötz 2003, S. 23.
[34] Aphorismen 2017.
[35] Vgl. Kerpen 2007, S. 46.

die gelebte Kundenorientierung glaubhaft zu vermitteln, um somit das höchste Maß an Zufriedenheit zu erzielen. Damit dies gelingt, ergeben sich für das Unternehmen drei Ziele: Das Erste bezieht sich auf die Informationsorientierung und besteht in der Erhebung und Analyse kundenbezogener Informationen. Das Zweite steht für Leistungs- und Interaktionsorientierung. In diesem Zusammenhang geht es um die Ausprägung der wesentlichen Einflussfaktoren, die mit der Leistungserstellung verbunden sind. Bedürfnisse und Erwartungen sollen einerseits von den Mitarbeitern sowie andererseits vom Leistungsangebot inklusive zusätzlicher Serviceleistungen erfüllt werden. Die Kultur- und Philosophieorientierung umfasst das dritte Ziel. Dies beinhaltet Normen, Werte und Überzeugungen, die gegenüber dem Kunden von jedem Mitarbeiter repräsentativ gelebt werden sollten. Der Grad der Ausprägung kann für Führungskräfte zudem ein Indiz für die Identifikation des Mitarbeiters mit dem Unternehmen sein. Das Zusammenspiel aller Ziele prägt in der Austauschbeziehung zwischen Kunde und Unternehmen die Stärke der Bindung. Somit entsteht ein Einfluss auf die rationale Entscheidungsfindung. Bereits in dieser Hinsicht kann die kleinste Verletzung der emotional gekoppelten Bedürfnisse bzw. Erwartungen einen Abbruch der Geschäftsbeziehung bedeuten und den Fortlauf der Wirkungskette verhindern.[36]

Die Wirkungskette der Kundenbindung nach Bruhn und Homburg unterteilt den fortlaufenden Prozess in unterschiedliche Phasen. Der höchste Reifegrad ist mit der erfolgreichen Kundenbindung erreicht.

---

[36] Vgl. Greve/Benning-Roehnke 2010, S. 6.

Aus dieser langfristig ausgerichteten und stabilen Beziehung zum Kunden resultiert im Anschluss ein ökonomischer Erfolg.[37] Bevor allerdings dieser unternehmerische Wert entstehen kann, sind unterschiedliche Arten der Kaufentscheidung zu berücksichtigen. Die extensive Entscheidungsfindung beruht auf den persönlich präferierten Produkten (Choice Set), die nur nach intensivem Abwägen der Vor- und Nachteile gekauft werden. Zu diesem Prozess gehört auch das Abwägen der Produktalternativen.[38] Limitierte Kaufentscheidungen (Evoked Set) benötigen weniger Informationen und laufen aufgrund der bereits bestehenden Erfahrungen im Prozess der Kaufentscheidung wesentlich schneller ab. Das Evoked Set beinhaltet individuell hinterlegte Produkteigenschaften oder Produkte. Die jeweilige Produktkategorie ist dabei die entscheidende Größe. Bei Low-Involvement-Produkten zeigt sich die habitualisierte bzw. routinemäßige Kaufentscheidung. Interessante Sonderangebote durch veränderte Verpackungsgrößen oder Preise können diese impulsgesteuerte Kaufentscheidung auslösen. Ein solcher Kauf steht für eine reizgesteuerte Entscheidung, bei der die kognitive Kontrolle wenig Einfluss hat.[39]

Die unterschiedlichen Entscheidungssituationen sind in ihrer Auswirkung auf das Kaufverhalten auch von den Shopper-Typologien abhängig. Eine klare Unterscheidung der sechs Typen ist dabei nur theoretisch möglich. In der Praxis finden sich die Merkmale in unterschiedlicher Gewichtung bei jedem wieder.

---

[37] Vgl. Bruhn/Homburg 2010, S. 43.
[38] Vgl. Kroeber-Riel/Weinberg 2013, S. 382 ff.
[39] Vgl. Kroeber-Riel/Weinberg 2013, S. 409 f.

Speed-Shopper beispielsweise wollen Zeit sparen und achten auf einen unkomplizierten Einkauf. Die entsprechende Erwartungshaltung kann mit einer guten Erreichbarkeit, adäquaten Öffnungszeiten und Übersichtlichkeit in der Ladengestaltung erfüllt werden. Der Mobile-Shopper nutzt sein Smartphone zum Einkaufen und Serviceleistungen wie z.B. das mobile Bezahlen oder Portale zum Vergleich von Preisen. Der Out-of-Home-Eater bevorzugt Convenience-Produkte, da diese die klassische Zubereitung ersparen. Aus Sicht des Lebensmittelhändlers ist es wichtig, den prozentualen Anteil dieser Erwartung zu kennen, damit das Sortiment angepasst und ein Ratail-Konzept implementiert werden kann. Der Sustainable-Shopper steht für einen Typus, dessen Bewusstsein den Fokus auf die angebotenen Produkte richtet. Die eher kritische Haltung äußert sich in der Präferenz zusätzlicher Informationen zu Produkten, weshalb vegetarische, vegane, aber auch regionale Sortimente seine Erwartung erfüllen können. Der Wunsch nach persönlicher Ansprache und Beratung ist bezeichnend für den Personalized-Shopper. Den Erwartungen dieser Ausprägung gerecht zu werden, erfordert unbestritten eines: eine Vielzahl an persönlichen Daten. Der Lifestyle Shopper schließlich – eine Gruppierung, die vorrangig aus Generation Y sowie den Babyboomern besteht – erwartet einzigartige und hochwertige Einkaufserlebnisse.[40]

2.1.1 Erstkontakt

Die Wirkungskette beginnt mit dem Erstkontakt. Bereits hier wird über den Fortbestand der Beziehung zwischen Kunde und Unternehmen entschieden: Können die vorhandenen Erwartungen des Kunden durch die bereitgestellte Leistung erfüllt werden? Wichtig ist, Kenntnis

Abbildung 1: Wirkungskette der Kundenbindung
Quelle: Eigene Darstellung in Anlehnung an Bruhn/Homburg 2010, S. 7.

über sich ändernde Wünsche und Erwartungen zu erlangen, damit in diesem ersten Schritt die Austauschbarkeit der Leistung möglichst reduziert werden kann.[41] Die Erwartungen der Kunden sind individuell, werden jedoch verallgemeinernd als ein verlangtes (Unternehmens-)Leistungsniveau definiert. Die unterschiedlichen Anforderungen an das Produkt oder die Dienstleistung können unterschiedliche inhaltliche Prioritäten beim Kunden haben.[42]

---

[40] Vgl. Hierl 2017, S. 49 ff.
[41] Vgl. Bruhn/Homburg 2010, S. 44 f.
[42] Gabler Wirtschaftslexikon 2005.

Das *erwünschte Niveau* steht für eine Leistung, die sich der Kunde wünscht und deren Erfüllung der Anbieter im Idealfall gerecht wird. Es wird durch sich ändernde Bedürfnisse sowie externe und interne Einflussfaktoren beeinflusst. Diese sind beispielsweise der soziale Status, das persönliche Umfeld, aber auch die innere Zufriedenheit oder persönliche Erfahrung. Daraus resultiert auf Dauer ein kundenspezifischer Anspruch. Das *Idealniveau* ergibt sich aus der Vorstellung einer nicht zu übertreffenden Leistung. Die Erwartungshaltung ist mit einer bestmöglichen Leistung erfüllt. Dieses Niveau wird unter Einflussnahme der persönlichen Fantasie und Vorstellungskraft selbst festgelegt und steht symbolisch für die Erwartungen hinsichtlich bestimmter Produktklassen oder Dienstleistungen. Die Auswirkung auf das Leistungsspektrum zeigt sich in einheitlichen, standardisierten und normierten Angeboten, insbesondere mit Blick auf die möglichst konstante Qualität der Leistung. Das Ziel ist, die negative Erfahrung während des Erstkontakts zu reduzieren bzw. zu umgehen. Das *minimal tolerierbare Niveau* ist die dritte Ausprägung einer vorab bestehenden Erwartung des Kunden. Der Mindestanspruch führt bei einem Verfehlen der gebotenen Leistung zu einer negativen Auswirkung auf die Kaufentscheidung des Kunden.[43]

Trotzdem ist nicht zu vernachlässigen, dass Erwartungen in ihrer Ausprägung auf den Einzelnen sehr dynamisch sowie zeitlich und situativ unterschiedlich sein können. Je nach Ausgangssituation kann aus einem gewünschten Idealniveau aufgrund eines Engpasses oder einer unumgänglichen Notwendigkeit des Bedarfs ein minimal

---

[43] Vgl. Kornmeier/Schneider 2006, S. 10.

tolerierbares Niveau als Kompromiss akzeptiert werden. Ergo müssen die Ansprüche des Unternehmens im Hinblick auf die Leistungserstellung steigen, damit die Wettbewerbsfähigkeit bestehen bleiben kann. Vergleichbar ist dieser fortlaufende Gewöhnungseffekt mit einer aufsteigenden Spirale.[44] Dabei stellt sich jetzt die Frage, welche Merkmale insbesondere im Erstkontakt die Erwartungen des Kunden ausmachen. Wichtig zu berücksichtigen sind dabei die *persönlichen Bedürfnisse,* die richtungsweisend für die jeweiligen Anforderungen sind. Was dem einen wichtig ist, kann unter Umständen bei einem anderen zur Verärgerung führen. Auch *persönliche Erfahrungen* sind eine wesentliche Einflussgröße auf Erwartungen. Beim ersten Kauf eines Autos sind diese deutlich nutzenbezogener als im Vergleich zum zweiten oder dritten Kauf. Der Spritverbrauch könnte so als Kriterium näher in den Fokus rücken als z. B. die Ausstattung.[45]

Die unterschiedlichen Auswirkungen fordern eine gezielte Kommunikation des Unternehmens, damit die Beeinflussung der Kundenerwartung im Erstkontakt gelingt. Dank der medialen Vernetzung des Konsumenten kann dabei das Empfehlungsmanagement vorangetrieben werden. Jeder Kontaktpunkt bietet Beeinflussungsmöglichkeiten in Bezug auf die Assoziation mit dem Unternehmen. Falsche Versprechungen allerdings führen zu Enttäuschungen und in der Folge zu signifikant negativen Auswirkungen. Es muss daher dafür Sorge getragen werden, dass gegenüber dem Kunden nur realistische Aussagen

---

[44] Vgl. Nerdinger/Blickle/Schaper 2014, S. 6 f.
[45] Vgl. ebd., S. 8 f.

gemacht werden, die vonseiten der Mitarbeiter auch umsetzbar sind. Mitarbeiter mit Kundenkontakt müssen daher Kriterien wie z. B. persönliche Kompetenz, Höflichkeit, Vertrauenswürdigkeit sowie Verständnis erfüllen. Eine indirekte Ansprache kann über den Preis erfolgen, der je nach Höhe ein bestimmtes Qualitätsniveau symbolisiert.[46]

Grundsätzlich sind im Zusammenhang mit der Beeinflussung von Erwartungen vier Schwerpunkte zu setzen. Wichtig sind: die Genauigkeit der Erfüllung, die Möglichkeit für den Kunden zur Kontaktaufnahme, das Angebot von schnellen und effizienten Serviceleistungen sowie die partnerschaftliche Profilierung.[47] Ein Praxisbeispiel für die Umsetzung einer dieser Grundsätze ist IKEA. Der Möbelhändler wirbt mit dem Slogan „Wir wollen, dass du glücklich bist" und garantierte bis zuletzt das lebenslange Rückgaberecht auf das komplette Sortiment.[48]

2.1.2 Kundenzufriedenheit

Die zweite Phase der Wirkungskette der Kundenbindung ist mit der Kundenzufriedenheit erreicht. Nachdem die Grundvoraussetzung mit der Erfüllung der Erwartungshaltung im Erstkontakt geschaffen ist, kann der Kunde ein Zufriedenheitsurteil bilden. Wenn die Erwartungen durch die Produkte oder Dienstleistungen mehrfach bestätigt oder übertroffen werden, kann sich daraus eine positive Bewertung ergeben und sich in der Kundenzufriedenheit zeigen.[49] Sie

---

[46] Vgl. ebd.
[47] Vgl. ebd., S. 10 f.
[48] IKEA Deutschland 2017.
[49] Vgl. Zerfaß/Möslein 2009, S. 230 f.

drückt gewissermaßen die Trefferquote eines Produktes oder einer Dienstleistung in Bezug auf die Vorstellungen des Kunden aus.[50] Unzufriedenheit hingegen definiert den Zustand, der aus einer negativen Bewertung heraus erfolgt. Ein Kunde kann im Verlauf seines Lebens mehrmals in Kontakt mit einem Unternehmen treten, sodass sich aus allen Erfahrungen eine überdauernde Haltung oder gar Einstellung bildet.[51] Diese setzt sich aus folgenden drei Aspekten zusammen: Die *Meinung* besteht aus dem Wissen über das Unternehmen und die dazugehörigen Produkte. Diese kann sich bestätigen oder widerlegen lassen und ist beeinflussbar. *Gefühle* sind auf emotionaler Ebene angesiedelt. Der Kunde zeigt eine Reaktion auf die bereitgestellten Produkte bzw. Dienstleistungen eines Unternehmens. Dies kann sich in Zustimmung, aber auch Abneigung äußern und unmittelbare Auswirkungen auf die *Verhaltensbereitschaft* haben. An diesem Punkt geht es um die Entscheidung für einen Wiederkauf oder eine Weiterempfehlung.[52] Kundenzufriedenheit ist das Ergebnis eines komplexen, auf psychischer Ebene angesiedelten Vergleichsprozesses.[53]

Das *Confirmation/Disconfirmation-Paradigma* erklärt den grundlegenden theoretischen Zusammenhang dieses Ablaufes. Aus einem Zusammenspiel von Erwartungen, Wünschen bzw. Idealen und Erfahrungsnormen resultiert ein individueller Vergleichsstandard.[54] Kundenzufriedenheit ergibt sich aus dem dauerhaften Erfüllen und Übertreffen dieses gewohnten Standards.

---

[50] Vgl. Gabler Wirtschaftslexikon 2017.
[51] Vgl. Zerfaß/Möslein 2009, S. 233 f.
[52] Vgl. ebd., S. 234 f.
[53] Vgl. Stock-Homburg 2013, S. 113.
[54] Vgl. Homburg/Fürst 2005, S. 602.

Wie Abbildung 2 zu entnehmen ist, hat die Höhe der Differenz zwischen dem Ist- und dem Soll-Wert drei unterschiedliche Ergebnisse zur Folge. Diese unterscheiden sich inhaltlich in Kundenzufriedenheit (>0, =0) sowie Unzufriedenheit (<0). Der Ist-Wert beschreibt den erlebten Zustand im direkten Kontakt mit dem Unternehmen, wohingegen sich der Soll-Wert aus unterschiedlichen Komponenten zusammensetzt. Diese werden allerdings von jeder Person unterschiedlich priorisiert. Die Komponenten sind: *die Idealvorstellung, der wünschenswerte Zustand, die Erfahrungsnorm, der als gerecht betrachtete Zustand* sowie *der minimal tolerierbare Zustand.* Die Ist- und Soll-Komponenten sind beeinflussbar. Wenn die Erwartungen als alleinige Komponenten nicht erfüllt werden, ruft dies eine nachhaltige Unzufriedenheit hervor.[55]

Die Ermittlung der notwendigen Komponenten zur Berechnung der Differenz aus Ist- und Soll-Wert erfolgt über die präskriptive oder

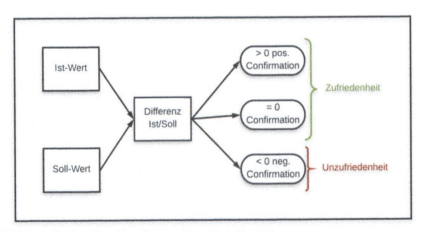

Abbildung 2: Confirmation/Disconfirmation-Paradigma
Quelle: Eigene Darstellung in Anlehnung an Kornmeier/Schnieder 2006, S. 20.

---

[55] Vgl. Bruhn/Homburg 2010, S. 159.

deskriptive Entscheidungstheorie. Das Modell der präskriptiven Entscheidung ordnet jedem Nutzen abgeleitet aus der Zielsetzung durch eine Nutzenfunktion einen absoluten Wert zu. Nach dem Bernoulli-Prinzip oder einer Nutzwertanalyse können entscheidungsrelevante Handlungsalternativen abgeleitet werden. Der Gesamtnutzen U einer spezifischen Handlungsalternative j ergibt sich aus der mit g gewichteten Teilnutzenwerte u einzelner Handlungsmerkmale i.[56]

$$U_j = \sum_{i=1}^{I} u_{ij} g_i$$

Das deskriptive Entscheidungsmodell basiert auf dem Prozess der Informationsverarbeitung während der Entscheidungsfindung. Das Subjectively-Expected-Utility-Modell (SEU-Modell) berechnet den Nutzen U einer Alternative j eines Konsumenten k aus der Summe der Teilnutzenbeiträge u_{ijk} ihrer möglichen Handlungskonsequenzen i, gewichtet mit dem jeweiligen subjektiven Eintrittswahrscheinlichkeiten w_{ik}. Der betroffene Konsument folgt dem Prinzip der Nutzenmaximierung und trifft ungeachtet der Informationslage oder möglicher Entscheidungsvariablen eine rationale Entscheidung.

---

[56] Vgl. Schneeweiß 1991, S. 125 ff.

$$U_{jk} = \sum_{i=1}^{I} u_{jk} w_{jk}$$

Die Methodik in der Messung des Grundnutzens und des geistig-seelischen Zusatznutzens kann über *kompositionelle* und *dekompositionelle* Verfahren erfolgen. Erstere verfolgen einen „Bottom-up"-Ansatz, bei dem spezifische Nutzenerwartungen bezüglich einzelner Produkteigenschaften zu einem Gesamtergebnis zusammengefasst werden. Beispiele für diese Art der Erhebung sind die behaviorale Entscheidungstheorie nach Huber sowie das multiattributive Einstellungsmodell nach Fischbein. Der „Top-down"-Ansatz steht für *dekompositionelle* Verfahren, bei denen Globalurteile über den Nutzen eines Produktes in spezifische Nutzenwerte einzelner Produktattribute zerlegt werden. Die Messtheorie nach Luce/Tukey, die Urteilstheorie nach Anderson oder das mikroökonomische Nachfragemodell von Lancaster entsprechen der Erhebungsvariante. Unter dem Gesichtspunkt der größtmöglichen Erhebungsökonomie kombiniert beispielsweise die hybride Conjoint-Analyse nach Green beide vorherigen Ansätze.[57]

---

[57] Vgl. Balderjahn/Scholderer 2007, S. 25 f.

2.1.3 Kundenloyalität

Kundenloyalität ist die dritte Phase, bei der eine hohe Kundenzufriedenheit die Grundvoraussetzung ist. Der Unterschied zwischen diesen Begriffen liegt in der Handlung des Kunden. Die auf der Verhaltensebene angesiedelte Kundenloyalität meint die Bereitschaft, Produkte eines Unternehmens zu kaufen und die Treue zum Unternehmen zum Ausdruck zu bringen. Sie entsteht, wenn die Kundenzufriedenheit sichergestellt ist, und bestimmt aus diesem Grund maßgeblich den Erfolg der Kundenbindung. Ein Synonym für Loyalität ist Treue, im Kontext der Kundenloyalität steht dies für die bewusste Wahl der Einkaufsstätte. Diese Entscheidung wird auf Grundlage globaler und situativer Einflussgrößen getroffen. Beispiele hierfür sind der momentane Aufenthaltsort oder die augenblickliche Bedarfssituation.[58] Abbildung 3 verdeutlicht unterschiedliche Motive, die je nach Dominanz Einfluss auf die Loyalität haben.[59]

Der Grad der Risikoreduzierung des Kunden zeigt sich im notorischen Wechseln der Einkaufsstätte. Hintergrund dafür ist die möglichst optimale Kaufentscheidung, die durch den Vergleich unterschiedlicher Angebote möglich werden soll. Der unregelmäßige Wechsel basiert auf erlebten Vorteilen, die eine optimale Kaufentscheidung unterstützen sollen. Der Faktor Erlebnis ist aufgrund seines Einflusses auf die kurz- bzw. mittelfristige Loyalität ein wichtiger Bestandteil beim Aufbau einer Kundenbindung. Existieren Einschränkungen für den Kunden, werden diese bis zu einem bestimmten Grad aus Bequemlichkeit toleriert. Die

---

[58] Vgl. Bruhn/Homburg 2010, S. 156 f.
[59] Vgl. Lindner 2002, S. 32 f.

Abwanderung auch durch eine eingefahrene Ladentreue findet in diesem Fall nur dann statt, insofern die Unzufriedenheit fortbesteht. Im direkten Zusammenhang steht der unvermeidbare Ladenwechsel. Der Auslöser dieser Art von Loyalität ist dem Aspekt der Zeitersparnis geschuldet. Je nach Kunde und persönlicher Einschätzung unterscheidet sich diese in der konsequenten Auslegung.[60]

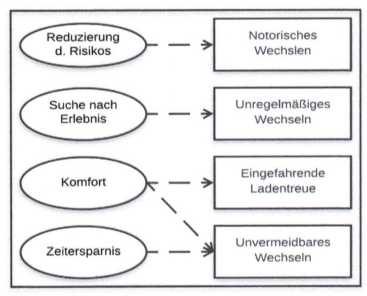

Abbildung 3: Dominante Motive und Verhaltensweisen
Quelle: Eigene Darstellung in Anlehnung an Lindner 2002, S. 32.

Den Wert der Loyalität bemisst der Net Promoter Score (NPS). Die Fragestellung zur Erhebung desselben geht auf die Weiterempfehlungsrate des Unternehmens an Freunde oder Kollegen ein. Abbildung 4 zeigt die Berechnung des NPS, der sich

---

[60] Vgl. Lindner 2002, S.34f.

aus der Differenz des prozentualen Anteils der Promotoren (Unterstützer) und Detraktoren (Ablehner) zusammensetzt.

Auswertungen zeigen, dass bestehende Kunden zu binden den Aufwand reduziert. Der Effekt soll um das Sieben- bis Zehnfache geringer sein, als neue Kunden zu akquirieren. Darüber hinaus können jede Kritik und jeder negative Kommentar drei bis zehn positive Empfehlungen aufheben. Jeder unzufriedene Kunde spricht durchschnittlich sieben negative Bewertungen unter Geschäftspartnern und Bekannten sowie im Familienkreis aus. Darauf hat im besonderen Maße das Reklamationsmanagement wesentlichen und nachhaltigen Einfluss.[61]

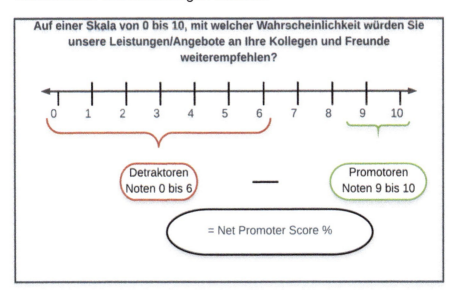

NPS (%) = Promotoren (%) - Detraktoren (%)

Abbildung 4: Erhebung der Weiterempfehlungsrate

Quelle: Eigene Darstellung nach Greve/Benning-Rohnke 2010, S. 45.

---

[61] Vgl. Lindner 2002, S. 30.

Loyale Kunden weisen ein enormes Bindungspotenzial auf, sodass diese Konsumenten weniger preissensitiv sind und sich eher offen gegenüber „Up- und Cross-Sellings" zeigen. Außerdem sind diese Kunden weniger anfällig für Marketingmaßnahmen der Wettbewerber und empfehlen das Unternehmen aktiv weiter. Die „Kosten pro Neukunde" entfallen mit jedem loyalen Kunden.[62]

Der in Abbildung 5 dargestellte Kundenbeziehungs-Lebenszyklus zeigt die Beziehungsintensität in Abhängigkeit vom Zeitverlauf. Dieser Prozess besteht aus drei Phasen sowie Maßnahmen. Die Kundenakquise bezieht sich auf potenzielle Kunden, der aktuelle Kunde rückt in den Fokus der Kundenbindung, die Rückgewinnungsphase hat das Ziel der Wiederherstellung der ursprünglichen Bindung.[63]

---

[62] Vgl. Kornmeier/Schneider 2006, S. 42.
[63] Vgl. Bruhn/Homburg 2010, S. 280.

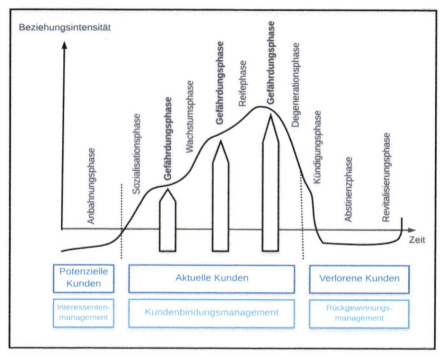

Abbildung 5: Der Kundenbeziehungs-Lebenszyklus

Quelle: Eigene Darstellung in Anlehnung an Helmke/Uebel/Dangelmaier 2013, S. 12

2.1.4 Kundenbindung

Kundenbindung wird laut Wirtschaftslexikon als „die Bindung eines Nachfragers an einen bestimmten Anbieter zum Zweck der Realisierung bzw. Planung wiederholter Geschäftsabschlüsse innerhalb eines bestimmten Zeitraums" definiert.[64] Eine erfolgreiche Kundenbindung spiegelt sich in einem langen Kundenbeziehungsverhältnis wider und hat ökonomische Auswirkungen auf den Kundenwert für ein Unternehmen. Dieser ist

---

[64] Springer Gabler Wirtschaftslexikon 2017.

ein Maß für den potenziellen Gewinn, der über die Dauer der Beziehung erzielt werden kann.[65]

Die Hauptbindungsursachen unterscheiden sich in emotionale und faktische Aspekte. Letztere können situative, vertragliche, ökonomische und technisch-funktionale Umstände sein. Das Zusammenspiel mit den emotionalen Aspekten gipfelt entlang der Wirkungskette in einer funktionierenden Kundenbindung.

Situative Bindungsursachen ergeben sich aus den äußeren Einflussfaktoren. Einer davon kann die Nähe einer Einkaufsstätte zum Wohnort des Kunden sein. Die Bindung basiert hier auf der Bequemlichkeit. Vertragliche Bindungsursachen hingegen gründen auf einer rechtlich wirksamen Vereinbarung. Dies könnte z. B. ein Leasing-, Service- oder Mobilfunkvertrag sein. Eine ökonomische Bindung ist eine Art der Treue, bei der die Kosten-/Nutzen-Perspektive vom Kunden berücksichtigt wird. Eine Beendigung der Beziehung wäre für den Kunden finanziell unvorteilhaft, ein Wechsel wird aufgrund der bestehenden Wechselkosten nicht in Betracht gezogen. Ein Beispiel hierfür ist ein Vorteilsverlust, der mit einem Angebotswechsel einhergehen kann, wie etwa. die sich ändernden Konditionen für den Abschluss einer Lebensversicherung mit steigendem Alter. Derartige Wechselkosten sorgen für die Aufrechterhaltung der Geschäftsbeziehung z. B. auch bei technisch-funktionalen Bindungen. Ein solcher Wechsel könnte durch Beschaffungsschwierigkeiten bzw. Kompatibilitätsprobleme ausgeschlossen werden. Ein Kaffeekapselsystem ist ein Beispiel, welches aus Kompatibilitätsgründen zur Bindung verpflichtet. Die

---

[65] Vgl. Helm/Günter 2003, S. 7 ff.

Möglichkeit zur Reparatur des Smartphones nur bei autorisierten Händlern stellt eine weitere Art der Bindungsmöglichkeiten auf Produktebene dar.[66]

Vorrangiges Ziel der Bindung des Kunden ist, seine Entscheidungsneigung positiv zu beeinflussen. Ein Kundenbindungsmanagement kann sich dabei positiv auf die emotional geprägte Verbundenheit auswirken. Zusätzlich kann auch die technisch-funktionale Gebundenheit davon profitieren, indem die angebotenen Leistungen optimiert werden.[67]

Zur Intensivierung der Kundenbindung unterscheidet man zwischen *isolierten* und *integrierten Kundenbindungsinstrumenten*. Erstere sind nicht aufeinander abgestimmt, werden also getrennt eingesetzt und haben unabhängig voneinander die Bindung des Kunden zum Ziel. Unterschieden werden die isolierten Maßnahmen in Bezug auf den Marketing-Mix, welcher die Preis-, Produkt-, Kommunikations- und Distributionspolitik beinhaltet.

Mit der Produktpolitik sollen die Möglichkeiten zur Verbesserung des Leistungs- und Serviceangebots genutzt werden. Die Bindungswirkung ergibt sich aus individualisierten Angeboten, gemeinsamer Produktentwicklung oder der Einführung eines Qualitätsstandards, um ein Mindestmaß in Richtung der Erwartungen vorzugeben.

Die Preispolitik basiert auf dem Kerngedanken der Erhöhung ökonomischer Barrieren. Das Ziel ist, den Wechsel zu einem Wettbewerber zu verhindern. Zudem können Gewinnpotenziale

---

[66] Vgl. Meffert/Bruhn 2012, S. 8 f.
[67] Vgl. ebd., S. 10 f.

generiert werden, da loyale Kunden eine höhere Zahlungsbereitschaft haben. Eine Bindungswirkung kann zudem durch Preisdifferenzierung, Preisgarantien sowie Rabattsysteme erfolgen. Es entsteht eine auf Anreizen beruhende Geschäftsbeziehung. Die moderne Kommunikationspolitik entwickelt weitere Maßnahmen, um in den Dialog zu treten oder diesen auszubauen: Events, Direct- Mailings, Servicenummern sowie das moderne Beschwerdemanagement[68] (siehe auch Abschnitt 4.2).

In der Distributionspolitik entstehen durch neue Kommunikationskanäle wie beispielsweise das Internet neue Möglichkeiten, um mit dem Kunden in den Erstkontakt zu treten und entlang der Wirkungskette diesen an das Unternehmen emotional orientiert zu binden. Eine Auswirkung kann die Wahrnehmung auf Social- Media- Plattformen sein, dies kann sich aber auch auf die Bestellmöglichkeit in Online-Shops oder die Bereitstellung von Abonnements beziehen.[69]

Integrierte Instrumente verknüpfen verschiedene Bereiche des Marketing-Mix. In der praktischen Anwendung werden diese Instrumente in Form von Kundenkarten, Kundenklubs, Rabattkarten, Punkteaktionen oder Coupons eingesetzt. Diese Instrumente zielen darauf ab, die Identifikation des Kunden mit dem Leistungsangebot psychisch und erlebbar zu beeinflussen. In diesem Zusammenhang besteht die Möglichkeit, eine Datenbank aufzubauen, welche die Zugehörigkeit an die Bedingung der Datenbezogenen Registrierung knüpfen kann.[70]

---

[68] Vgl. ebd., S. 107 f.
[69] Vgl. ebd., S. 109 f.
[70] Vgl. vor der Sielhorst 2009, S. 15 f.

2.2 Ökonomischer Erfolg

Das Ziel ist qua definitionem ein angestrebter und zukünftig erwarteter Realitätszustand. Interne und externe Rahmenbedingungen können verbessert werden, wenn Orientierungspunkte erreicht werden und Mittel und Wege des Agierens terminiert sind.[71] Der ökonomische Erfolg beschreibt das Ziel der Wirkungskette der Kundenbindung, die durchschnittliche Dauer einer ununterbrochenen Kundenbeziehung beziffert den Kundenwert. Bei einer angenommenen Abwanderungsrate von 10 Prozent und deren Verminderung um die Hälfte durch passende Maßnahmen kann der Gewinn je nach Branche um 35 bis 90 Prozent gesteigert werden.[72] Eine detaillierte Betrachtung erfordert die Unterscheidung zwischen profitablen und unprofitablen Auswirkungen. Der relevante Fokus liegt auf Ersteren. Deren Schwerpunkte sind Unternehmenssicherheit, Unternehmenswachstum sowie Rentabilität.

---

[71] Vgl. Denzinger 2007, S. 25.
[72] Vgl. Lindner 2002, S. 29.

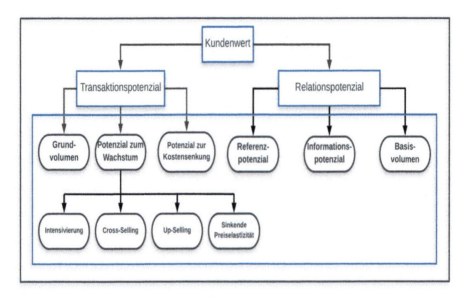

Abbildung 6: Determinanten des Kundenwerts

Quelle: Eigene Darstellung in Anlehnung an Klaus D. Wilde 2014, S. 17.

Die Profitabilität der Kundenbeziehung ergibt sich aus der Ermittlung des Kundenwerts. Dieser wird, wie in Abbildung 6 veranschaulicht, in zwei Determinanten unterschieden.

Das Transaktionspotenzial bemisst den Erfolgsbeitrag jedes Kunden als Abnehmer von Unternehmensleistungen und wird unterschieden zwischen dem Basisvolumen (aktueller Umfang der Leistungsabnahme), dem Wachstumspotenzial (Cross-/Up-Selling-Potenzial) sowie dem Kostendeckungspotenzial (weniger Kundengewinnungskosten).

Die zweite Determinante ist das Relationspotenzial, dieser Erfolgsbeitrag teilt sich in drei Einflussgrößen auf. Das Referenzpotenzial ist der Einfluss der Kunden auf Kaufentscheidungen Dritter. Im Gegensatz dazu lenkt das

Informationspotenzial den Kunden aufmerksam auf die Verbesserung von Unternehmensleistungen und internen Prozessen. Im Kooperationspotenzial geht es um generelle Vorteile, die aus der gemeinsamen Interaktion für Kunde und Unternehmen entstehen. Eine funktionierende Kundenbeziehung ist durch den Entfall der Kosten für die Neukundenakquise rentabel. Dazu kommen Einsparpotenziale im Kommunikationsbereich durch die Nutzung von Weiterempfehlungstendenzen. Realisierbar werden finanzielle Zielsetzungen durch kommunikative Aktivitäten des Unternehmens gegenüber der Stammkundschaft zur Steigerung des Akzeptanzniveaus. [73] Mit dem Erhalt einer funktionierenden Geschäftsbeziehung ergeben sich über einen Zcitverlauf Entwicklungspotenziale wie in Abbildung 7 dargestellt.

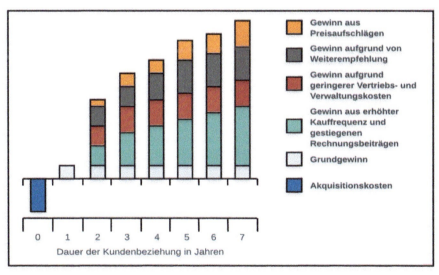

Abbildung 7: Einfluss der Kundenbeziehung auf die Rentabilität
Quelle: Eigene Darstellung in Anlehnung an Reichheld 1997, S. 52.

---

[73] Vgl. ebd.

In diesem Zusammenhang ist die Gewinnerhöhung abhängig von der Dauer der Kundenbeziehung. Die hohe anfängliche Investition zur Akquise von Kunden amortisiert sich, wie exemplarisch dargestellt, nach wenigen Jahren durch den Fortbestand der Kundenbeziehung.[74] Eine starke Bindung baut auf Preiselastizität, Loyalität, Transaktionsorientierung und Vertrauen auf. Auch wenn die Integration der Kundenbindung in das Zielsystem umgesetzt wurde, besteht die Gefahr, dass der Aufbau langfristiger profitabler Kundenbeziehungen ausbleibt. Dies ist auch auf die Komplexität der externen Einflüsse zurückzuführen. Aus diesem Grund ist die von Mensch zu Mensch unterschiedlich ausgeprägte Bindungsneigung zu berücksichtigen. Der Grad der ungleichen unternehmerischen Bindungsneigung im Vergleich, zu der des Kunden kann zu Disharmonie und Ablehnung führen. Erstere ist der Grund für eine negative Assoziation mit dem gesamten Leistungsspektrum, insofern diese Unstimmigkeiten nicht bereinigt werden.[75] Mögliche Disharmonien können bei einem Anstieg frühzeitig durch ein funktionierendes Reklamationsmanagement erkannt und für neue Fähigkeiten genutzt werden.[76]

> *„Erfolg besteht darin, dass man genau die Fähigkeiten hat,*
> *die im Moment gefragt sind."*
> *Henry Ford (1863–1947)*[77]

---

[74] Vgl. ebd., S. 32 f.
[75] Vgl. ebd., S. 34 f.
[76] Vgl. Helmke/Uebel/Dangelmaier 2013, S. 5.
[77] Vgl. Lackner/Huber 2014, S. 27.

2.3 Konsumentenverhaltens-forschung

Die Konsumentenverhaltensforschung widmet sich den Kriterien, die beim Kunden zu einer Entscheidung führen. Die Wissenschaft betrachtet dazu die Wissenschaftsauffassung und das Erkenntnisobjekt.[78] Ersterer liegen die Regeln und Methoden, mit denen Aussagen gewonnen werden, zugrunde. Die empirische Untersuchung zieht aussagekräftige spezifische Informationen, zum Teil auch generalisierbare Erkenntnisse, aus vorab gestellten Hypothesen und Theorien. Der geisteswissenschaftliche Ansatz basiert auf der menschlichen Vernunft. Wissenschaftliche Erkenntnisse werden durch ein strukturiertes und analytisches (Durch-)Denken abgeleitet.

Das Erkenntnisobjekt ist der Konsument bzw. sein Verhalten.[79] Die Analyse des Konsumentenverhaltens dient der Beschreibung, Erklärung, dem Verständnis sowie der Prognose von Verhaltensweisen unterschiedlicher Kundensegmente. Konsumenten sind individuell und werden daher in der Bewertung nach idealtypischer oder real wissenschaftlicher Auffassung unterschieden. Dies verringert die Komplexität in der Verhaltensanalyse. Der inhaltliche Fokus der Antwort liegt darauf, „wie" und „warum" der Betroffene konsumiert.

Zur Beantwortung dieser Fragen kann der Idealtyp des Homo oeconomicus als Vergleichsobjekt dienen. Ihm wird unterstellt, dass er alle Handlungsalternativen und deren Konsequenzen kennt. Auf Grundlage dieser Annahme können die rational und

---

[78] Vgl. Behrens 1991, S. 4 ff.
[79] Vgl. ebd., S. 7.

nutzenmaximierend getroffenen Entscheidungen überprüft werden. Für die praktische Anwendung gibt es allerdings viele Indizien, die für irrationale Entscheidungen bzw. Verhaltensweisen entgegen dem Homo oeconomicus sprechen. Diese sind z. B. unverhältnismäßige Börsenspekulationen oder Anti-Raucherkampagnen, die nicht den gewünschten Erfolg erzielen.[80] Mithilfe der real wissenschaftlichen Betrachtung werden Psyche und soziale Interaktion des Konsumenten analysiert. Das Kaufverhalten, welches durch fundierte wettbewerbs- und nachfrageorientierte Marketingstrategien und Maßnahmen maßgeblich beeinflusst wird, unterliegt allgemeingültigen und idealtypischen Paradigmen bzw. Zielen der Untersuchung. Diese sind beispielsweise Theorien, Hypothesen oder Modelle, deren methodische Anwendung wissenschaftlich fundiert ist. Untersuchungsansätze, die z. B. die Beeinflussung analysieren, entspringen positivistischen, aber auch verstehenden Annahmen. Mithilfe der Ergebnisse ist es möglich, eine zielführende Problemlösungsstrategie für die praktische Anwendung zu entwickeln. Psychologisch ausgerichtete Ansätze legen den Fokus auf die individuellen Aspekte des Verhaltens. Der soziologische Ansatz beleuchtet wiederum die sozialen Aspekte. In Kombination beider Betrachtungsweisen entsteht ein sozialpsychologischer Untersuchungsansatz. Formuliert werden Gesetzmäßigkeiten über das Verhalten, welche anhand definierter Zielgrößen ein interdisziplinäres Grundverständnis schaffen.[81]

---

[80] Vgl. Interview 1 Elisabeth Voigt.
[81] Vgl. Kroebel-Riel/Gröppel-Klein 2013, S. 24 ff.

Jahr	Fragestellung	Analyse	Wissenschaftliche Perspektive	Interdisziplinärer Input
1960 +	Entscheidungsverhalten (kognitive Anstrengung)	Kognitive Prozesse	Positivismus	Kognitive und soziale Psychologie
1980 +	Hedonismus, emotionale Konditionierung, Konsumerlebnisse	Emotionale Prozesse	Verstehende Ausrichtung	Psychologie, Physiologie, Soziologie, Geisteswissenschaft

| 2000 | Automatisches Verhalten, unbewusste Prozesse, Priming | Zusammenspiel aller humanen Prozesse | Experimentelle Forschung | Gehirnforschung (inkl. Technologie) |

Tabelle 1: Entwicklung der Konsumentenverhaltensforschung

Quelle: Eigene Darstellung in Anlehnung an Kroebel-Riel/Gröppel-Klein 2013, S. 25.

Die Verhaltensforschung differiert unterschiedliche Möglichkeiten der Informationsaufnahme des Konsumenten. Art und Weise der Beeinflussung sollten für eine erfolgreiche Aktivierung die Steuerungs- und Regelungsprozesse der Aufmerksamkeit berücksichtigen. Jegliche Art der Informationsaufnahme des Konsumenten unterliegt der Aufmerksamkeit, die durch externe und interne Einflussfaktoren aktiviert wird. Externe Informationen kommen aus der Umwelt und können z. B. Gefahrensignale wie schnelle Bewegungen oder laute Geräusche sein. Situative und konkrete Informationen am POS können je nach körperlichem Zustand des Betroffenen, der Tageszeit, den Gefühlen oder der Attraktivität einer Person unterschiedlich aufgenommen werden.[82] Diese sozialen oder persönlichen Einflussfaktoren führen zu einer aktiven bzw. passiven Informationssuche, deren produktive Verarbeitung von der

---

[82] Vgl. Interview 1 Elisabeth Voigt.

theoretischen Involviertheit der Person abhängt.[83] Die aktive Informationssuche kann beeinflusst werden, indem die beiläufige bzw. gewohnheitsgemäße Informationsaufnahme oder der gezielt gesuchte Inhalt ausreichend unterstützt und die Kaufentscheidung vereinfacht wird. Die Aktivität während der Informationsaufnahme wird zwischen High- und Low-Involvement unterschieden.[84]

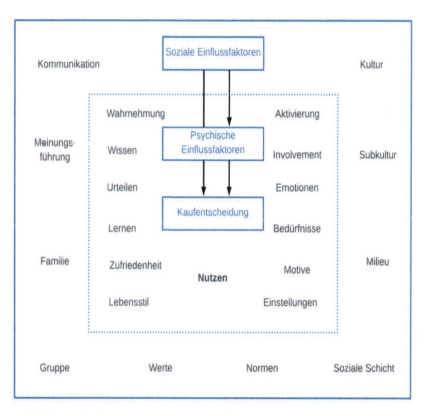

Abbildung 8: Physische und soziale Einflussfaktoren auf die Kaufentscheidung

Quelle: Eigene Darstellung in Anlehnung an Fritz/Oelsnitz 2006, S. 61.

---

[83] Vgl. ebd.
[84] Vgl. Hierl 2017, S. 31 f.

Die Erforschung menschlicher Reaktionen auf Umweltreize erfolgt z. B. methodisch auf Grundlage des SR-Paradigmas. Dessen Inhalt ist der Behaviorismus, der auf beobachtbarem, gut messbarem Verhalten, der Reaktion R (Kauf des Produktes) ausgelöst durch das Stimulans S (Preis des Produktes), besteht. Das Menschenbild ist bei diesem Ansatz stark vereinfacht und geht von einem Low-Involvement-Konsumenten aus, bei dem psychische Faktoren wie Motive oder Gefühle nicht berücksichtigt werden. Der neobehavioristische Ansatz erweitert die Umweltreize S und die Verhaltensreaktion R um die intervenierende psychische Variable O (Motive, Emotionen und Einstellungen). Ziel dieses Ansatzes ist, die intervenierenden, nicht beobachtbaren Variablen zu identifizieren.

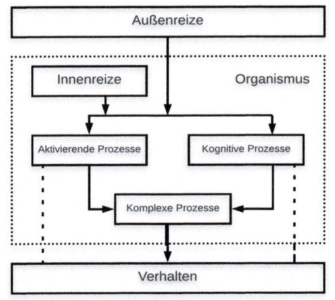

Abbildung 9: Affektive und kognitive Prozesse nach dem SOR-Ansatz

Quelle: Eigene Darstellung in Anlehnung an Kroebel-Riel/Gröppel-Klein 2013, S. 50

Aufgrund dieser Herausforderung müssen Messmodelle mit bewertbaren und beobachtbaren Indikatoren dazu beitragen, unterschiedliche Verhaltensreaktionen, Lerngeschichten bzw. Konsumerfahrungen in gleichen Situationen zu definieren. [85] Menschliches Handeln resultiert aus einer Mischung affektiv psychischer (erregender, emotionaler Zustand) oder kognitiv psychischer Prozesse (Wahrnehmung, Aufmerksamkeit, Interpretation).

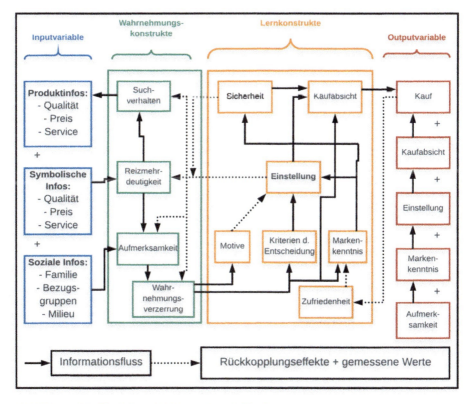

Abbildung 10: Modell nach Howard und Sheth

Quelle: Eigene Darstellung in Anlehnung an Howard/Sheth 1969, S. 30.

---

[85] Vgl. Balderjahn 2003, S. 189 f.

Auf Grundlage des SOR-Paradigmas werden Wahrnehmungs- und Lernkonstrukte dargestellt. Erstere dienen der qualitativen und quantitativen Steuerung der Informationsaufnahme. Anzahl und Qualität derselben sind von der Klarheit und Präzision der wahrgenommenen Information (Reizmehrdeutigkeit), der Aufmerksamkeit, der Informationsaktivität (Informationssuche) und der möglichen Wahrnehmungsverzerrung (Missverständnisse) abhängig. Die Informationsverarbeitung mündet in der Einstellung, die sich aus affektiven (z.B. Bewertung) und kognitiven (z. B. Überzeugung) Prozessen zusammensetzt und eine erlernte Bereitschaft definiert. Die Kaufabsicht (Intention) wird neben der Einstellung auch von der Urteilssicherheit, der Markenbekanntheit und der Erwartungserfüllung (Zufriedenheit, Unzufriedenheit) beeinflusst.[86]

Die praktische Anwendung verfolgt für marketingrelevante Prozesse das Hauptziel, den Kundennutzen zu maximieren. Gelingt es, diese Information zu vermitteln, kann damit die Einstellung positiv beeinflusst werden. Der Nutzen ist abhängig vom Potenzial zur Bedürfnisbefriedigung (positiver Anreiz = relative Vorteilhaftigkeit eines Produktes) und dem Preis eines Gutes (negativer Anreiz = Konsumrestriktion). Nach der Rational-Choice-Theorie beeinflussen neben monetären Anreizen auch nicht-monetäre (z. B. Empfehlungen von Freunden) die Kaufsituation. Die Differenz aus subjektiven Präferenzen und wahrgenommenen Konsumkosten ergibt die Konsumeffizienz.[87]

---

[86] Vgl. Balderjahn/Scholderer 2007, S. 11 f.
[87] Vgl. Schramm-Klein 2002, S. 67 f.

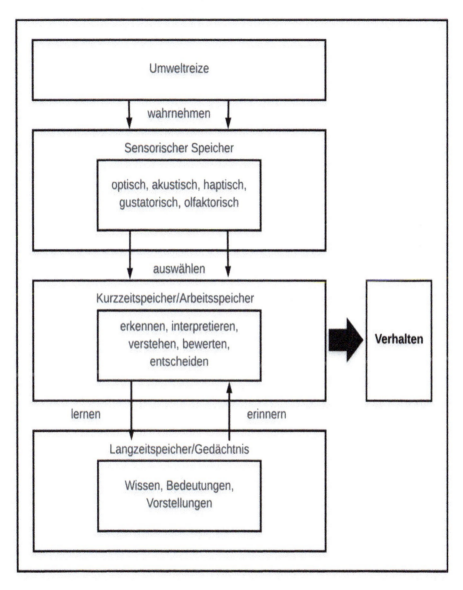

Abbildung 11: Dreispeichermodell kognitiver Prozesse
Quelle: Eigene Darstellung in Anlehnung an Kuß/Tomczak 2004, S. 23.

Der Informationsverarbeitungsansatz (IVA) erklärt die Auswirkung auf das Verhalten. Hierzu wird inhaltlich zwischen der Aufnahme von Informationen (Wahrnehmungs- und Aufmerksamkeitsprozesse), dem Lernen und dem Gedächtnis (Erwerb von Wissen, Sozialisation), der Produktbeurteilung (Interpretation, Verstehen, Verknüpfung von Informationen) sowie dem Entscheiden (Verwendung kognitiver Entscheidungsheuristik) unterschieden.[88]

Das Dreispeichermodell schlüsselt den Prozess des Wissenserwerbs in drei miteinander interagierende Teilspeicher des Gedächtnisses auf.

Der sensorische bzw. ikonische Speicher fasst alle über die Sinnesorgane des Menschen wahrgenommenen Reize zusammen. Unterschieden werden automatisch wahrgenommene Sinneseindrücke in einem Wahrnehmungsregister, welches unterschiedliche optische oder akustische Aktivierungspotenziale beinhaltet. Der Kurzzeitspeicher verknüpft die wahrgenommenen selektierten Sinneseindrücke mit den im Langzeitspeicher angelegten Daten. Verwertbare Informationen entstehen, wenn Wahrgenommenes entschlüsselt bzw. interpretiert wird. Die zentrale Ausführungsinstanz im Arbeitsspeicher kann nur fünf bis zehn Kognitionen (Wissenseinheiten) gleichzeitig im Bewusstsein behalten. Die Speicherdauer ist dabei je nach individueller Veranlagung nur wenige Sekunden lang. Die Information geht innerhalb dieser Zeit durch alle Subsysteme des Arbeitsspeichers. Die zentrale Ausführungsinstanz steuert hier die visuell-räumlichen, die phonologischen und episodischen Systeme.

---

[88] Vgl. Balderjahn/Scholderer 2007, S. 14 f.

Informationen gelangen in den Langzeitspeicher, wenn der Aufbau einer dauerhaften Assoziation möglich ist und diese als Erinnerung dem Menschen erhalten bleibt. Kognitive Vorgänge während der Informationsspeicherung und dem Abrufen der Daten stehen in enger Korrelation mit den aktivierenden Prozessen. Ein solcher kann die Informationsaufnahme vereinfachen oder die Gedächtnisleistung durch Überaktivierung hemmen. Das deklarative Wissen erfasst Informationen über Objekte (Produkte, Unternehmen, Personen) sowie ihre Bedeutung und Beziehung untereinander. Eine detaillierte Unterscheidung differenziert zwischen dem semantischen (begrifflich; unpersönliche Fakten und Bedeutungen (Markenwissen)) und dem episodischen (bildlich; persönliche Erfahrungen) Gedächtnis. Das prozedurale Wissen greift schließlich auf das Ausführen von Handlungen zurück, wodurch der Konsument weiß, wie er mit Objekten in seiner Umwelt und dem zur Verfügung stehenden Wissen umgehen kann.[89]

Vergleichbar ist das Wissen aus dem Langzeitgedächtnis mit einem Schema, welches in der Wissenschaft als „Modell assoziativer Netzwerke" bekannt ist.[90] Jede darin abgebildete Assoziation steht in einer Wechselbeziehung mit einer ggf. auch darauf aufbauenden „gebündelten" Informationseinheit.

Auf Basis dieser wissenschaftlichen Erkenntnis geht die Fragestellung in Richtung der Beeinflussbarkeit und des Aufbaus der kognitiven Strukturen durch die Instrumente des Marketings. Grunert hat im Jahr 1994 dazu „das Modell kognitiver Strukturen" entwickelt.

---

[89] Vgl. ebd., S. 29 f.
[90] Vgl. Enders 1997, S. 72 f.

In diesem Modell relevante kognitive Kategorien mit den jeweiligen Assoziationen zwischen diesen dargestellt. Methodisch wird beispielsweise die Produktanwendung mit den Produktanforderungen gekoppelt oder die Produktmerkmale werden mit dem Produktwissen gleichgesetzt. Außerdem können Produktalternativen mit Produkterfahrungen in Verbindung gebracht werden.[91]

Messbar wird ein Ergebnis, indem der Proband die ihm vorhandene kognitive Struktur nutzt bzw. sein abgelegtes Wissen aktiviert und äußert. Ergebnis dieser Befragungsmethode ist ein Protokoll lauten Denkens. Die Analyse bewertet nach unterschiedlichen Kategorien die genannten Schlüsselwörter. Art und Anzahl der assoziierten Kategorien geben Aufschluss über die Häufigkeit des gemeinsamen Auftretens sowie die Distanz zwischen unterschiedlichen Kategorien mithilfe einer Proximitätsmatrix (PM).[92] Übereinstimmungen innerhalb der PM ermöglichen die Unterscheidung von Substrukturen, die als Schemata oder Skripte bezeichnet werden und individuell stark verfestigte und meist auch standardisierte Vorstellungen über Objekte (z. B. Markenprodukte), Personen (Verkäufer) oder Ereignisse (Sommerschlussverkauf) sind. Semantische und episodische Informationen aus der Untersuchung dieser Schemata ergeben ein Wissensmuster, welches mit bereits vorhandenen gespeicherten Schemata verglichen werden kann. Das abgeleitete Wissen aus diesen Vergleichen verändert die gezielte Ansprache. Die Verwendung des Kindchenschemas im Marketing verbessert z. B. die Informationsverarbeitung. Dieser Effekt tritt ein, wenn Umstände klar

---

[91] Vgl. Balderjahn/Schocklerer 2007, S. 32 f.
[92] Vgl. Enders 1997, S. 74 f.

identifizierbar sind, Handlungen daraus abgeleitet werden können und diese in der richtigen Reihenfolge umgesetzt werden. Die Untersuchung der unterschiedlichen Schemata verbessert Markenbekanntheit, -image und -zeichen. Mithilfe der Analyse können außerdem die Kriterien der Präsenzsignale in Auswahlsituationen definiert werden.[93]

Das Handeln des Menschen unterliegt verschiedenen messbaren Einflussgrößen, die mithilfe der beschriebenen Methoden messbar gemacht werden können. Solche wie z. B. Wahrnehmung, Werte, soziale Situation oder Belohnungssystem führen zu einer unbewussten Verhaltensbeeinflussung. Das Libet-Experiment widmet sich auf dieser Grundlage der Frage, ob der Mensch einen freien Willen besitzt. Bisher ungeklärt ist, ob der Mensch „Herr der Lage" bei Entscheidungen mit Auswirkung auf seine körperliche Reaktion ist.[94]

2.4 Faktoren der Konsumeinstellung

Lionel Nicholas definiert den Begriff der Einstellung als „a mental, and neutral state of readiness, organized through experience, exerting a directive or dynamic influence upon individuals response to all objects and situations which it is related".[95] Die Einstellung des Konsumenten zählt zu einer Reihe von Konstrukten, deren aufeinander aufbauende Austauschbeziehungen für das Verständnis und die bezweckte Beeinflussung wichtig sind und sich mit dem Prozess der Entstehung von Kundenbindung vergleichen lassen. Diese Aneinanderreihung

---

[93] Vgl. Balderjahn/Schocklerer 2007, S. 36 f.
[94] Vgl. Interview 1 Elisabeth Voigt.
[95] Lionel Nicholas 2003.

beginnt mit der Aktivierung, gefolgt von inneren Konstrukten wie Motivation, Emotion, Involvement, Einstellung, Kundenzufriedenheit sowie Werten und Lebensstilen bis hin zu externen Umweltfaktoren.[96] Der Zustand der Leistungsbereitschaft und somit der Beginn der Beeinflussung kann durch kognitive (Vorgänge und Strukturen auf gedanklicher/rationaler Basis) sowie emotionale/gefühlsmäßige Aspekte hervorgerufen werden. Unterschieden werden einerseits die tonische (schleichende, langsame Erregung) und andererseits die phasische Aktivierung (kurze, reizorientierte Erregung).[97] Das SOR-Paradigma unterscheidet zwischen inneren und äußeren Reizen. Erstere obliegen beispielsweise dem individuellen Stoffwechsel sowie der gedanklichen Aktivität. Die von unserer Umwelt bestimmten äußeren Reize können emotionaler, kognitiver oder physischer Natur sein.[98] Als Beispiel ist in diesem Zusammenhang ein Bild eines schutzlosen Kleinkindes zu nennen. Der Betrachter erkennt die dargestellte Situation und wird durch emotionale Schlüsselreize angesprochen.

Die kognitive Aktivität kann z.B. durch die Darstellung einer Obst-und-Gemüseabteilung erfolgen, deren Handelskonzept nach dem Themenschwerpunkt der Regionalität ausgerichtet ist. Die Verkaufsgestaltung durch Hinweise auf die Vorteile der Regionalität kann zusätzlich durch physische Aktivierung unterstützt werden. Hilfreich sind visuelle und/oder akustische Elemente, die besonders in Werbeanzeigen oder Werbespots in unterschiedlichen Medien zur

---

[96] Vgl. Nicholas 2003, S. 29.
[97] Vgl. Kroebel-Riel/Gröppel-Klein 2013, S. 51 f.
[98] Vgl. Hierl 2017, S. 34 f.

Geltung kommen [99] (siehe Abschnitt 4.3 Die moderne Customer Journey).

Im Kontext der Aktivierung ist neben dem SOR-Paradigma für die praktische Umsetzung besonders die Gesetzmäßigkeit der Lambda-Hypothese hervorzuheben. Die Bereitschaft zur Informationsaufnahme steht in diesem Ansatz im Verhältnis zur Aktivierungsstärke. Zunächst steigt mit zunehmender Aktivierung die Leistungsstärke bis zur Höchstleistung an. Ist diese Grenze erreicht, führt eine übermäßige Aktivierung zu einer verringerten Leistungsfähigkeit, auch Bumerang-Effekt genannt.[100]

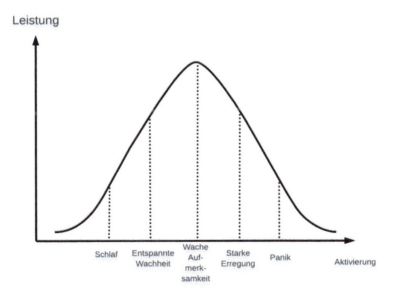

Abbildung 12: Lambda-Hypothese
Quelle: Eigene Darstellung in Anlehnung an Daniel Michels 2015, S. 49 f.

---

[99] Vgl. Kroebel-Riel/Gröppel-Klein 2013, S. 53 f.
[100] Vgl. Kroeber-Riel/Weinberg/Gröppel-Klein 2013, S. 55.

In der praktischen Anwendung kommen Techniken der Befragung oder Beobachtung zum Einsatz, damit die Aktivierung analysiert werden kann. Die Beeinflussung des Konsumenten ist in der Kommunikationspolitik eines Unternehmens durch den Einsatz von emotionalen, kognitiven oder physischen Reizen angesiedelt. Dies kann am Beispiel der Obst-und-Gemüseabteilung, deren Fokus auf Regionalität ausgerichtet ist, durch eine erlebnisorientierte Gestaltung der Verkaufsfläche erfolgen. [101] Die Aktivierung ist erfolgreich, wenn beim Kunden eine Motivation entsteht und dieser einem Beweggrund bzw. Ziel folgt. Damit die Rahmenbedingungen der Motivation verstanden werden können, müssen die Beweggründe bzw. Motive beleuchtet werden. Die einzelnen vielschichtigen Motive stehen in enger Korrelation zu Bedürfnissen und sind für den Kaufprozess im Handel: Gewinn, Zeitersparnis, Bequemlichkeit, Sicherheit, Geltung, Nachahmung, Emotion und Ökologie. [102] Aufgrund individueller Ausprägungen liefert das Erwartungs-Wert-Modell einen wichtigen Erklärungsbeitrag zur Entstehung von Bedürfnissen bzw. Motiven.

Das Modell setzt sich aus zwei Komponenten zusammen. Die Erwartung (E) entspringt aus dem Verhalten zu bestimmten Folgen. Der Wert (V) beschreibt die Folgen für das Individuum.

$$M = E * V$$

Motivation = Erwartung * Wert

---

[101] Vgl. Bruhn 2010, S. 32.
[102] Vgl. Hierl 2017, S. 37 f.

Die Motivation ergibt sich aus dem Produkt der positiven Werte jeder Komponente. Je höher dieser Wert ist, desto höher ist folglich die Motivation. Eine detaillierte Betrachtung der Folgen für das Individuum ergibt sich aus dem VIE-Modell nach Vroom. Neben dem Wert (V) wird die Komponente der Instrumentalität (I) ergänzt und ergibt mit den Erwartungen (E) ein weiteres Instrument zur Messung der Motivation.[103] Die Instrumentalität unterscheidet zwischen dem direkten Ergebnis aus der Handlung sowie der Folge dieses Ergebnisses. Eine Gesichtscreme beispielsweise erzielt im direkten Handlungsergebnis eine straffere Haut. Das Resultat zweiter Ordnung bzw. die Folge dieses Ergebnisses ist eine höhere Attraktivität für das andere Geschlecht. Je stärker das Ergebnis erster Ordnung mit dem Ergebnis zweiter Ordnung verknüpft ist, desto höher fällt dementsprechend die Instrumentalität aus.[104]

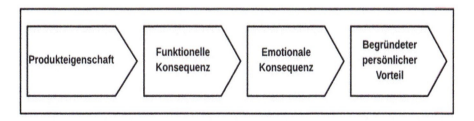

Abbildung 13: Means-End-Kette

Quelle: Eigene Darstellung in Anlehnung an Baumgarth 2001, S. 253.

Die Means-End-Methode betrachtet dazu den Zusammenhang zwischen den Motiven eines Konsumenten und den Eigenschaften eines Produktes. Die Erkenntnisse aus dieser Gegenüberstellung

---
[103] Vgl. Frenzen 2009, S. 48 f.
[104] Vgl. Bruhn 2010, S. 37 f.

helfen dabei, die Instrumentalität effektiver zu positionieren sowie die Erwartungen zu erhöhen.[105]

Das Konstrukt der Emotion ist aufgrund des augenblicklichen oder anhaltenden Gefühlszustandes und der damit verbundenen Erregung ein weiterer entscheidender Baustein für die Beeinflussung der Konsumenteneinstellung.

Unterschiedliche Modelle beschreiben primäre Emotionen wie z. B.: Interesse, Überraschung, Freude, Geringschätzung, Scham, Kummer, Zorn, Ekel, Furcht oder Schuldgefühl.[106]

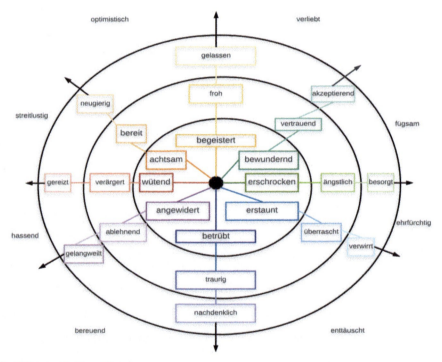

Abbildung 14: Emotionen

Quelle: Eigene Darstellung in Anlehnung an Plutchik 1991, S. 170 f.

---

[105] Vgl. Baumgarth 2001, S. 253.
[106] Vgl. Plutchik 1991, S. 170 f.

Die Kombination aus allen primären Emotionen führt über unterschiedliche Instanzen zu allen weiteren. Die Entstehung ist jedoch aus wissenschaftlicher Perspektive unterschiedlich belegt. Einerseits beruft sich ein Ansatz auf die Erbanlagen des Menschen und bezieht sich auf die biologische Vorprogrammierung. Schlüsselreize sprechen diese an und erzielen eine Reaktion.[107] Die Fluchtreaktion zeigt sich z. B. beim Kontakt mit bedrohlichen Tieren. Furcht kann neben der Flucht auch durch ein Erstarren erkannt werden, nachdem sich die betroffene Person dieser Gefahr bewusst wird. Freude hingegen entsteht z. B. bei einem angenehmen Duft und zeichnet sich in den positiven Reaktionen in der Gesichtspartie des Betroffenen ab. Neben der erblichen Veranlagung können Emotionen auch aus der individuellen Bewertung von Erlebnissen entspringen. Der auslösende Zustand wird mit dem erwünschten Zustand verglichen und hat eine subjektive bzw. individuelle Reaktion zur Folge.[108]

Die Differenz der emotionalen Reaktion zeigt sich etwa während eines Restaurantbesuches. Stimmt der Service nicht mit den Erwartungen überein, so können unterschiedliche Reaktionen je nach gewünschter Leistung beobachtet werden. Die Validität der Auswirkung auf die Beeinflussung der Emotion kann über unterschiedliche Messansätze ermittelt werden:

   1. Psychobiologische Messung

   Mithilfe dieser Methode kann die Intensität der emotionalen Aktivierung messbar gemacht werden. Objekte der Messung

---
[107] Vgl. Haviland-Jones/Feldmann-Barrett 2008, S. 647.
[108] Vgl. Bruhn 2010, S. 37.

sind in diesem Ansatz der Puls, die elektrodermale Reaktion oder die Gehirnwellen.[109]

2. *Subjektive Erlebnismessung*

   Diese Methode basiert auf einer Befragung, in der verbal oder schriftlich emotionale Reaktionen festgehalten werden. Qualitative Aussagen werden durch unterschiedliche Antwortformate in Form von Skalen möglich.[110]

3. *Messung des Ausdrucksverhaltens*

   Getreu einer Aussage Watzlawiks wird das Ausdrucksverhalten gemessen, indem Körper- und Gesichtssprache beobachtet werden. Die Art der Emotion kann am Gesichtsausdruck abgelesen werden, während die Körpersprache die Intensität der Emotion widerspiegelt.[111]

„Man kann nicht nicht kommunizieren."[112]

Paul Watzlawik (1921-2007)

Ein Ziel der emotionalen Verhaltensbeeinflussung ist es, Produkte durch emotionale Konditionierung unterscheidbar zu machen. Die bezweckte Wirkung kann am effektivsten erreicht werden, indem die beim Konsumenten bestehenden Emotionen im Zusammenhang mit dem Produkt gezielt angesprochen werden. Die bezweckte Überzeugung beim Kunden gelingt eher durch visuelle statt verbale Kommunikation und sollte besonders im Kontext der Zielgruppe und

---

[109] Vgl. Kenning 2014, S. 25 ff.
[110] Vgl. Bruhn 2010, S. 37.
[111] Vgl. ebd.
[112] Paul Watzlawik 2011, S. 7.

der präferierten Medien ausgewählt werden (z. B. Events, Sponsoring, TV-/Kinowerbung). Neben der Auswahl des Mediums ist der Inhalt entscheidend für den Erfolg der Informationsaufnahme. Der Einsatz von Humor bis hin zu negativer Emotion ist auch vom Umfeld des Betrachters abhängig.[113]

Sieht der Konsument beispielsweise einen positiven humorvollen TV-Spot während seiner Lieblingssendung, ist die Informationsaufnahme höher. Gleichzeitig kann die Fähigkeit zur Informationsaufnahme ähnlich hoch in einem negativen oder sachlichen Umfeld mit deaktivierender negativer Emotion und entsprechend energiegeladenen Inhalten sein.[114] Emotionen beeinflussen das Verhalten, da der Informationsverarbeitungsprozess in Gang gesetzt wird. Die Urteilsbildung ergibt sich aus Aufnahme, Beurteilung und Abruf der Informationen. Eine valide individuelle Urteilsbildung wird somit auf Basis der berücksichtigten Informationen sowie der psychologischen Persönlichkeitsmerkmale möglich.

Das Verhalten des Konsumenten ist von komplexen Einflussfaktoren wie z. B. Intelligenz, Feldabhängigkeit, Entwicklungs- bzw. Altersunterschied sowie der individuellen Erfahrung abhängig.[115] Ein typisches Beispiel für ein langfristiges Involvement ist ein Automobilliebhaber. Sein stetiges Interesse an Fahrzeugen z. B. der älteren Generation führt zu einer aktiven Auseinandersetzung mit dem Fahrzeug, die über einen längeren Zeitraum hinweg andauert. Das Gegenstück dazu ist das situative Involvement eines Kunden, der aus rein rational geprägter Motivation heraus ein Auto kauft. Seine

---

[113] Vgl. Lippman 1980, S. 132 f.
[114] Vgl. Puccinelli/Wilcox/Grewald 2015, S. 121.
[115] Vgl. Mangold 2008, S. 17.

Betroffenheit ist in der Situation des Kaufs am höchsten und sinkt danach auf das übliche Niveau ab.

Neben dem zeitlichen Aspekt ist das kognitive oder emotionale Involvement zu berücksichtigen. Beim Beispiel des Autoliebhabers ist das Interesse an dem Produkt mit dem Ziel verbunden, möglichst viele technische Details zu erfahren. Im Gegensatz zur kognitiven Informationsverarbeitung steht das emotionale Involvement. Aus diesem Ansatz heraus kann allein das Design des Autos dazu führen, dass ein Konsument seine Leidenschaft für das Produkt ähnlich wie ein Fan eines Fußballvereins mit Fanartikeln ausdrückt. Diese Situation ist jedoch vom Ausprägungsgrad des Involvements abhängig. Das High-Involvement tritt bei Produkten auf, die für den Betroffenen wichtig oder mit Risiken verbunden sind. In dieser Situation werden automatisch viel Energie und Zeit in die aktive Informationssuche investiert und münden in einen intensiven Kaufentscheidungsprozess. Dieser durchläuft im Handel fünf Phasen: Erkennen von Bedürfnissen, Informationssuche, Evaluation von Händlern und Kanälen, Kaufentscheidung sowie Nachkaufbewertung.[116] Die Grenzen des Involvements während des Entscheidungsprozesses sind beeinflussbar. Die Herausforderung besteht darin, den Konsumenten für ein spezifisches Produkt zu sensibilisieren.[117]

Ausgehend von den Erwartungen, die der Einstellung und somit dem Verhalten des Konsumenten unmittelbar vorgelagert sind, gibt es viele psychologische und ökonomische Theorien zur Erklärung.[118] Ein

---

[116] Vgl. Hierl 2017, S. 40 f.
[117] Vgl. Bruhn 2010, S. 41.
[118] Vgl. Wieswede 2000, S. 95 f.

weitgefasster Erklärungsansatz für die Einstellung im Entstehungsprozess definiert die innere Denkhaltung des Konsumenten gegenüber einer Person, Verhaltensweise, Idee oder Sache, die mit Erwartungen oder einer Wertung verbunden sind. Aufgrund der Zeitbeständigkeit dieser Situation ist ein Vorab-Erlernen Voraussetzung. Die Einstellung ist verbunden mit antizipativen und normativen Erwartungen. Wissen und Erfahrungen des Konsumenten prägen die antizipative Erwartung und repräsentieren somit die gedankliche Vorhersage im Sinne einer subjektiven Wahrscheinlichkeitsaussage. Der Unterschied zum normativen Ansatz liegt inhaltlich gesehen bei den Wünschen und dem Anspruchsniveau zukünftiger Ereignisse. Diese stehen häufig im Zusammenhang mit Rollentheorien und sozialpsychologischen Theorien.[119] Die Theorie der kognitiven Dissonanz z. B. beschreibt die Reduktion von Disharmonien zwischen Kognitionen. In Abhängigkeit davon stehen zwei Merkmalsausprägungen, die je nach Art und Weise der Einstellung unterschiedlich gewichtet und bewertet werden. Die Strategie ist hier, eine Umbewertung einzelner Assoziationen vorzunehmen, damit die Diskrepanz zwischen den Merkmalen reduziert werden kann (Qualität vs. Preis). Werden mit einem Produkt negative Assoziationen verbunden, ist es möglich, diesen psychischen Prozess mithilfe eines Idols und Produktkampagnen zu beeinflussen. Problematisch an der Theorie ist jedoch die Prognostizierbarkeit der Wirkung. Ein Beispiel dafür ist der Warnhinweis auf Zigarettenpackungen, der einen gegenteiligen Effekt erzielen kann. Die Umbewertung erfolgt in diesem Fall durch

---

[119] Vgl. ebd., S. 97 f.

die Zweideutigkeit des Warnhinweises. Einerseits ist das Rauchen negativ konnotiert, weil es tödlich ist. Andererseits kann das Ansehen des Rauchens aus genau demselben Grund steigen, da mit der Todesgefahr z. B. Risikobereitschaft und Stärke assoziiert werden kann.

Das Elaborations-Wahrscheinlichkeits-Modell beschreibt alle Ansätze und Erklärungen zur Einstellungsänderung und gibt zwei Möglichkeiten zur Umsetzung vor. Der zentrale Weg unterscheidet sich vom peripheren Weg hinsichtlich einer absichtsvollen und bewussten anstatt beiläufigen Informationsverarbeitung. Wie wahrscheinlich die Information vom Konsumenten aufgenommen wird, hängt von der individuellen Motivation, Voreinstellung und Involviertheit mit dem Kommunikationsobjekt ab. Der Grad der Einstellungsänderung ist nach diesem Modell abhängig von der Anzahl der Argumente einer Botschaft, der Qualität der Argumente und dem Involvement des Betroffenen.[120]

---

[120] Vgl. Bruhn 2010, S. 84 f.

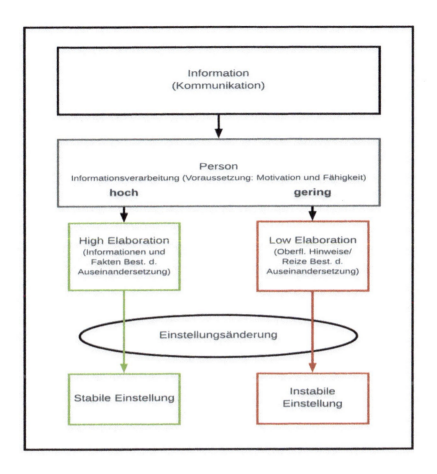

Abbildung 15: Elaborations-Modell

Quelle: Eigene Darstellung in Anlehnung an Petty/Caciopo 1986.

Informationen über unterschiedliche Einstellungen von Kunden ermöglichen einen Datensatz, der als Diagnose- und Aktionsinstrument eingesetzt werden kann. Daraus lassen sich Markterfolge von Produkten prognostizieren und potenzielle Schwachstellen frühzeitig erkennen. Verbesserungen können besonders in allen Auswirkungen der Werbung bzw. Beeinflussung generiert werden. Bekannte Einstellungsmuster vereinfachen die Marktsegmentierung sowie Marktpositionierung eines Produktes oder einer Marke.

Das Drei-Komponenten-Modell der Einstellung schlüsselt kognitive, affektive und konative Handlungsmotive auf. Diese sind das „Denken", das „Fühlen/Gefallen" sowie das „Handeln" und beschreiben voneinander getrennte Handlungsmöglichkeiten.[121] Ein Experiment von Berger und Mitchel hat gezeigt, dass drei wiederholte Konfrontationen einer Produktwerbung nötig sind, um im selben Maß Einfluss auf die Einstellungs-Verhaltens-Konsistenz zu nehmen, wie es vergleichsweise durch einmalige Produktnutzung erreicht werden kann.[122]

Damit dieser Effekt skalierbar gemacht werden kann, ist das Modell von Fischbein ein Ansatz zur Entstehung der Einstellung auf Basis einer Bewertung des Konsumenten.[123]

$$E_{ij} = \sum_{k=1}^{n} p_{ijk} * a_{ijk}$$

E_{ij} steht nach Fischbein für die Einstellung einer spezifischen Person i gegenüber dem Objekt j. Die Wahrscheinlichkeit p_{ijk} ergibt sich aus der Auffassung der Person i sowie des Objekts j mit der positiven Eigenschaft k. Der Term a_{ijk} bezeichnet die Eigenschaften der Bewertung k des Objekts j durch Person i. Auf Basis einer Befragung können so unterschiedliche Angebote unter Berücksichtigung

---

[121] Vgl. Hesse 2013, S. 13 f.
[122] Vgl. Balderjahn/Scholderer 2008, S. 91.
[123] Vgl. Fischbein/Ajzen 2010, S. 4 f.

unterschiedlicher Kriterien bewertet werden. Das Ergebnis gibt dann eine Auskunft über den Grad der Einstellung.[124] Je stabiler und spezifischer die Einstellung im Zeitablauf und je überzeugter die Person von der Richtigkeit dieser aufgrund ihrer persönlichen Erfahrung ist, desto höher ist die Verhaltenswirksamkeit.[125]

Die Einstellung ist der finale Schritt der innerpsychisch aufeinanderfolgenden Konstrukte des Konsumentenverhaltens. Einfluss auf die Einstellung und somit auch wichtig für die Beeinflussung haben externe Komponenten wie Werte und Lebensstile sowie Umwelt oder Kultur, in der ein Konsument lebt. Werte sind vergleichbar mit einem moralischen Kompass und haben somit Einfluss auf Zielvorstellungen, Motive, Involvement oder Einstellung des Konsumenten. Unterschieden werden gesellschaftliche und persönliche Werte. Deren Zusammenstellung und Priorität ändern sich im Verlauf des Lebens. Sind beispielsweise durch Innovationen komplette Prozesse oder Produkte betroffen, so ist es wichtig, den Nettonutzenvorteil gegenüber bestehenden Lösungen herauszustellen. Grundvoraussetzung ist die Kompatibilität mit den Bedürfnissen, Erfahrungen und Werten.[126]

Beurteilungsmaßstäbe und Ziele, die durch das persönliche und gesellschaftliche Verhaltensintervall bestimmt werden, ergeben einen individuellen Lebensstil. Dieser lässt sich durch äußerlich sichtbare und somit unterscheidbare Verhaltensstrukturen identifizieren, wodurch Konsummuster abgeleitet werden können. [127]

---

[124] Vgl. Bruhn 2010, S. 42.
[125] Vgl. ebd., S. 44.
[126] Vgl. Hierl 2017, S. 42 f.
[127] Vgl. Bruhn 2010, S. 51 f.

Umweltfaktoren prägen neben dem physischen auch das soziale und kulturelle Umfeld. Die psychische Umgebung meint das natürliche sowie das vom Menschen geschaffene Umfeld, das aus Farben, Tönen, Worten, Bildern, Gerüchen, Geschmäckern und haptischen Reizen besteht. Der Händler nutzt dies durch den Einsatz unterschiedlicher Duftstoffe zur Unterstützung des Frischecharakters, mit gezielten Verkettungen von Warenbereichen oder Warengruppen bzw. der gesamten Verkaufsraumgestaltung.[128]

Das soziale Umfeld hat ebenfalls Auswirkungen auf den Konsumenten, ist in der beeinflussenden Wirkung abhängig von der Nähe zur betroffenen Person und besteht aus Menschen, die regelmäßig persönlichen Kontakt pflegen. Gemeint sind z. B. Familie, Freunde oder Kollegen. Je nach sozialem Umfeld können die Erwartungen unterschiedlich sein, die der Konsument in seinem Verhalten ausdrückt: Es richtet sich einerseits nach der jeweiligen Rolle und den damit verbunden Erwartungen (beispielsweise Berufs-, Geschlechter- oder Altersrolle). Andererseits verändert sich das Verhalten auch durch die Einstellungen, Wertvorstellungen und Verhaltensweisen der Personen – ausgelöst durch direkte Kommunikation mit dem Individuum oder den Medien, durch die der Betroffene indirekt beeinflusst wird. Die Art der Beeinflussung unterscheidet dabei zwei Auswirkungen. Der komparative Einfluss fungiert wie ein Maßstab, der dem Individuum als Mittel zur objektiven Selbsteinschätzung dient. Der Unterschied zum normativen Einfluss liegt in der Erwartungshaltung ausgehend von einer spezifischen Bezugsgruppe, dieser gerecht zu werden. Hier sind soziale

---

[128] Vgl. ebd., S. 53 f.

Akzeptanz und Sicherheit das Motiv der Handlung. Zu den externen Einflussgrößen zählen auch kulturelle Umweltfaktoren, die z. B. durch die religiöse Ausrichtung das Verhalten beeinflussen. Einer spezifischen Gruppe, deren Werte, Normen und Haltungen übereinstimmen, wird eine ebenso typische Verhaltensweise nach Gewohnheiten und Bräuchen unterstellt. Exemplarisch kann die Religionszugehörigkeit die Auswahl bestimmter Nahrungsmittel vorgeben. Neben der Religion kann auch die national übliche Kultur, wie beispielsweise in Japan oder Südamerika, in der Symbole eine soziale Zugehörigkeit demonstrieren, ein Grund für die Affinität zu Luxusgütern sein.[129]

2.5 Das kundenorientierte Unternehmen

„If there is any one secret of success, it lies in the ability to get the other person's point of view and see things from that person's angle as well as from your own."

Henry Ford (1863–1947)[130]

Mit der Analyse des Anforderungsniveaus aller Kontaktpunkte und Einflussgrößen beginnt die Neuausrichtung eines kundenorientierten Unternehmens. Die Kriterien können exemplarisch Standort, Größe und Gestaltung sowie das Angebot von Serviceleistungen sein. Zusätzlich werden Nutzung und Inhalt der Marketingkanäle sowie der Grad der Motivation der Mitarbeiter im direkten Kontakt mit dem Kunden eruiert. Das Konzept der außergewöhnlichen

---

[129] Vgl. ebd., S. 55 f.
[130] Forbes 2013.

Kundenorientierung erfordert zudem ein Leitbild, welches die Begeisterung des Kunden zentriert.[131] Diese Voraussetzung schärft das einheitliche Verständnis der erwarteten Customer Experience innerhalb der Teams sowie der betroffenen Unternehmensbereiche. Hinzu kommt die Akzeptanz des fortlaufenden Prozesses, der keinen Start- und Zielpunkt beinhaltet, sondern in direkter Abhängigkeit zwischen Mitarbeiter und Customer Experience wachsen muss. Peter Drucker beschrieb es mit den Worten: „Der Kunde bestimmt, was ein Geschäft ist, was es produziert und ob es gedeihen wird".[132] Ein Indiz für das ungenutzte Potenzial ist der ROI, „dessen Ergebnis 30 Prozent höher sein kann im Vergleich zu produktorientierten Mitbewerbern, wenn Vermarkter mindestens 50 Prozent der Zeit für fortschrittliche und kundenzentrierte Marketingprozesse und treffende Inhalte aufbringen".[133]

Die kundenzentrierte Ausrichtung erfordert einen Veränderungsprozess, der durch diverse Indikatoren vorangetrieben wird. Der erste Indikator ist, einen messbaren Leistungsbeitrag des Marketings zu erreichen. Die Marketingproduktivität kann z. B. durch die Minimierung von Streuverlusten gesteigert werden. Möglich wird dies durch Informationen zur gezielten Ansprache. „Wir müssen als Organisation sicherstellen, dass wir überall dort sind, wo der Kunde uns wirklich braucht. Wir müssen ihm einen Schritt voraus sein. Dann kann jeder Mitarbeiter seinen Beitrag dazu leisten."[134] Aufgrund der steigenden Intensität des Wettbewerbs und der daraus folgenden Art

---

[131] Vgl. Shah/Rust 2006, S. 2 f.
[132] Drucker 1955, S. 35.
[133] Collins 2007, S. 17.
[134] Ceh 2017.

und Weise der Ansprache des Verbrauchers ist eine Veränderung des Informationsverhaltens sowie des Anspruchsniveaus zu erwarten. „Software frisst die Welt" lautet die Einschätzung von Mark Andreessen, dieser Satz versinnbildlicht die disruptive Kraft der Technologien sowie den Handlungsbedarf hinsichtlich einer stabilen und gelebten Kundenorientierung sowie -bindung. Aus diesem Grund ist für das Umdenken auch ein Verständnis der digitalen Kultur bzw. Denkweise erforderlich.[135] Wichtig für das Verständnis ist die Bedeutung der Customer Centricity. Gemeint ist, den Wert für einen Kunden zu steigern sowie parallel die Wertschöpfung für das Unternehmen voranzutreiben.[136]

Die nachfolgende Tabelle stellt die wesentlichen Unterschiede einer produkt- und einer kundenorientierten Ausrichtung gegenüber. Die betrachteten Aspekte sind Geschäftsphilosophie und -orientierung, Produktpositionierung, Organisationsstruktur und -fokus, mögliche Kennzahlen, Kriterien des Managementportfolios, Verkaufsstrategie sowie das Kundenwissen.[137]

---

[135] Vgl. Zeit 2017, S. 3.
[136] Vgl. Fader 2011, S. 1 f.
[137] Vgl. Shah/Rust 2006, S. 3 f.

	Produktorientierte Ausrichtung	Kundenorientierte Ausrichtung
Geschäfts-philosophie	Fokus auf den Verkauf von Produkten an den, der kauft	Kundenwünsche bedienen, alle Entscheidungen richten sich nach dem Kunden und den damit verbundenen Vorteilen
Geschäfts-orientierung	Transaktionsorientierung	Beziehungsorientierung
Produkt-positionierung	Hervorheben von Produkteigenschaften und Vorteilen	Hervorheben von Produktvorteilen, die zu individuellen Kundenbedürfnissen passen
Organisations-struktur	Produkt-manager, Vertrieb	Kundensegment-Vertriebsteam, Kundenbeziehungsmanager
Organisations-fokus	Interne Ausrichtung, Fokus auf neue Produkte, Entwicklung neuer Kunden, Wachstum des Marktanteils, Kundenbeziehungen sind Thema für die Marketingabteilung	Externe Ausrichtung, Kundenbeziehungsentwicklung, Profitabilität durch Kundenbindung, Mitarbeiter sind Kundenanwälte

Kennzahlen	Anzahl neuer Produkte, Profitabilität pro Produkt, Marktanteil pro Produkt/ Eigenmarke	Customer Lifetime Value, Kundenzufriedenheit, prozentualer Anteil am finanziellen Haushalt pro Kunde
Management-portfolio	Produktportfolio	Kundenportfolio
Verkaufsstrategie	Wie vielen Kunden können wir dieses Produkt verkaufen?	Wie viele Produkte verkaufen wir diesem Kunden?
Kundenwissen	Kundendaten dienen als Kontrollmechanismus	Kundenwissen ist ein wertvolles Gut

Tabelle 2: Vergleich zwischen Produkt- und Kundenorientierter Ausrichtung
Quelle: Eigene Darstellung in Anlehnung Shah/Rust 2006, S. 3.

Der duale Ansatz besteht aus der Steigerung des Werts für den Kunden und der Wertschöpfung des Unternehmens. Eine erfolgreiche Umsetzung gelingt allerdings nur mit der Unterstützung von kollaborativen Software-Tools. Dem Mitarbeiter muss die Möglichkeit gegeben werden, das Know-how im offenen Austausch einzubringen und die Kraft der Community nutzen zu können. Wichtig für diesen langwierigen Prozess ist, dass Entscheidungen beim Kunden beginnen und Vorteile ausgehend von dieser Perspektive geschaffen werden. Festgelegte, innerhalb des Unternehmens gültige Normen machen die Neuausrichtung einer Unternehmenskultur für alle Betroffenen zugänglicher. Das angemessene oder erwartete Verhalten gibt dem Mitarbeiter eine klare Funktion, vergleichbar mit einem Anwalt, dessen Interesse die Bereitschaft zur Erfüllung der individuellen Kundenbedürfnisse ist. Ausgehend von der höchsten entscheidenden Instanz eines Unternehmens ist die Qualität der gewünschten gelebten Kultur abhängig von der strategischen Begründung sowie dem Gefühl der Dringlichkeit.

Die Einhaltung dieser Aspekte kann auch über Anreize für den Mitarbeiter erfolgen. Die strategische Begründung bezieht sich auf die Veränderungen am Markt, der sich aktuell und in zukünftiger Entwicklung immer stärker an die wahren Bedürfnisse der Kunden anpasst.[138] Ausgehend von einer Befragung von Payne und Frow unter CRM-Führungskräften sind die folgenden kundenzentrierten Prozesse unerlässlich für ein Unternehmen: Parallel zum Strategieentwicklungsprozess, der die Geschäftsstrategie beinhaltet, ist eine Kundenstrategie wichtig, um die einheitliche Ansprache zu gewährleisten. Hinzu kommt die duale Wertschöpfung im direkten Kontakt für den Kunden und das Unternehmen. Voraussetzung für den effektiven Austausch: Alle Berührungspunkte zum Kunden sind abzubilden, damit der Informationsmanagementprozess ein umfangreiches Bild erhält (siehe Abschnitt 4.2. Customer Relationship Management).

Die gewonnenen Daten müssen gesammelt und analysiert werden, damit Maßnahmen zur Leistungssteigerung ergriffen werden können. Die Ansprache des Kunden mit den richtigen Produkten und Services setzt eine detaillierte Kundensegmentierung nach Bedürfnissen und

---

[138] Vgl. ebd., S. 7 f.

Erwartungen voraus. Gelingt das Zusammenspiel der Prozesse im Hintergrund, entsteht für den Kunden ein einheitliches Bild des Unternehmens über alle Kontaktpunkte hinweg. Unter diesem Aspekt gelten Investitionen in IT-Infrastruktur als Verbesserung der Möglichkeit eines Unternehmens, die kundenzentrischen Prozesse durchzuführen.[139]

Der messbare Erfolg nach der Investition ist nicht direkt gegeben. Der Grund dafür liegt in den immateriellen Ergebnissen, wie beispielsweise Anstieg der Kundenzufriedenheit, Loyalität bzw. reduzierte Preissensibilität.[140] Daher wird die Customer Lifetime Value zur Legitimation von Investitionen für den Aufbau von Kundenbeziehung herangezogen.[141] Aufgrund dieses nicht direkt messbaren Investitionsergebnisses über alle Kundengruppen hinweg liegt die Zielsetzung in der Individualisierung des Kunden durch Trackingverfahren. Ressourcen und personalisierte Kennzahlen sind somit auf individueller Kundenebene pro Kopf besser planbar und effizienter im Einsatz.

Entscheidend bei Kosten-senkungsmaßnahmen ist, die mittel- und langfristigen Folgen auszuwerten, die mit einem Auslagern von Kompetenzen an externe Dienstleister verbunden sind. In vielen Fällen ist die kurzfristige hohe Produktivität ein Argument dafür. Zu beachten ist jedoch, dass die Rentabilität mit der Höhe der Kundenzufriedenheit und den Bemühungen und der Qualität der Arbeit des externen Personals zusammenhängt. Eine „Death Spiral"

---

[139] Vgl. ebd., S. 9 f.
[140] Vgl. Hinterhuber/Matzler 2009, S. 69 f.
[141] Vgl. Rust/Lemon/Zeithaml 2004, S. 109 f.

kann durch verschiedene Umstände entstehen und langfristig die Leistung des Unternehmens gefährden.[142]

Das „Customer First"-Paradigma umfasst drei Schwerpunkte. Der Erste liegt in der Qualität, die der angebotenen Serviceleistung und gewünschten Kundenbeziehung beigemessen wird. Die Möglichkeit für den Kunden, direktes Feedback geben zu können sowie Problemlösungen für Fragen zu erhalten, sind Indikatoren für diesen Aspekt. Die zweite Komponente ist die gewollte und bewusste Auseinandersetzung des Topmanagements mit den Sichtweisen der Kunden, die entsprechend in der Zeitplanung berücksichtigt werden müssen. Der Dritte schließlich vertieft den Inhalt der investierten Zeit zur Auseinandersetzung mit den Sichtweisen der Kunden. Wichtig ist neben Bedürfnissen, Trends, Anforderungen und Möglichkeiten der Abgleich mit der Strategie, um Ressourcen gezielt zu investieren.

Die Neuausrichtung der Organisation kann mit der Einführung eines auf die Kunden zugeschnittenen Konzepts beginnen. Der Erfolg der Einführung ist auch von der Organisationsstruktur abhängig. Diese sollte von einer vertikalen Ausrichtung auf eine horizontale weniger hierarchische Struktur umgestellt werden, damit Informationen allen Teammitgliedern besser mitgeteilt werden können. Die 180-Grad-Veränderung ist innerhalb starrer, produktorientierter und über Jahrzehnte gewachsener Struktur schneller mit einem praktikablen hybriden Kompromiss umsetzbar. Diese Mischung in Form einer Matrixorganisation kann als Zwischenschritt auf dem Weg zur horizontalen Ausrichtung dienen. Wichtig ist die horizontale Prozessansicht (statt der vertikalen Funktionsansicht), bei der die

---

[142] Vgl. ebd., S. 111 f.

wesentlichen Wertschöpfungsprozesse für den Kunden priorisiert werden.

Für die praktische Anwendung steht beispielsweise der Ansatz, dass Kundenzufriedenheit und Loyalität in direktem Zusammenhang mit den Ursachen für die Zufriedenheit der Mitarbeiter stehen können. Dieses Konzept kann institutionalisiert werden, wenn unter Berücksichtigung der Anforderungen der Kunden und deren Zufriedenheits- und Loyalitätskriterien neue Mitarbeiter rekrutiert werden. Voraussetzung zur individuellen, organisationsweiten Sicht auf jeden Kunden ist eine IT-Infrastruktur, die Datenerfassung, -verfolgung und -integration einzelner Kunden- und Transaktionssegmente ermöglicht. Mit Sicht auf das „Warum" einer Interaktion des Kunden mit dem Unternehmen ist diese Investition sinnvoll, wenn individuelle Erfolgsgeschichten von Mitarbeitern organisationsweit geteilt werden.

Erfolg bedeutet je nach Priorität der Kennzahl für das Kundenkapital ein durch das Lernen motiviertes Erreichen eines festgesetzten Ziels.[143] Kontinuierliche Verbesserung hat oftmals Innovationen zur Folge. [144] Die größte Herausforderung ist dabei, den Paradigmenwechsel zu erleben und zu erlernen, damit dieser verinnerlicht werden kann. Die Komfortzone des Gewohnten muss durchbrochen werden, da die vermeintliche Sicherheit nur so lange besteht, wie die Haltung seitens der Führungsebene nicht ebenso einen Wandel durchläuft. Dieser Wandel kann durch Investitionen in

---

[143] Vgl. Shah/Rust 2006, S. 7 f.
[144] Vgl. Parsons 1991, S. 18.

die Entwicklung des Unternehmens, die Wertschöpfung sowie Mitarbeiter und letztendlich Kunden angestoßen werden.[145]

Als Beispiel ist neben vielen weiteren kundenzentrierten Unternehmen das Start-up „myEnso" zu nennen, dessen Geschäftsmodell den Kunden maximal zentriert. Die Philosophie des E-Commerce-Players ist, die Interessen, Bedürfnisse, Bedingungen und Erwartungen des Kunden in die eigene/n interne/n Haltung, Prinzipien und Werte zu integrieren und sich stets daran zu messen. Der Kunde soll zur Partizipation inspiriert werden. Die Definition von Kundenzentrierung ist hier die Teilhabe für jeden Konsumenten, indem dieser als registrierter „Pionier" im direkten Austausch mit dem Unternehmen steht. Dieser Austausch gewährleistet die stetige Verbesserung durch permanente Tests, die nachvollziehbare Reaktion auf Feedback in allen Kontaktkanälen und die Möglichkeit zur Verbesserung des Leistungsspektrums. Außerdem wird Authentizität bei „myEnso" durch Zuverlässigkeit und Transparenz über die gewonnenen Daten geschaffen.[146]

---

[145] Vgl. Ceh 2017.
[146] Vgl. myEnso 2018.

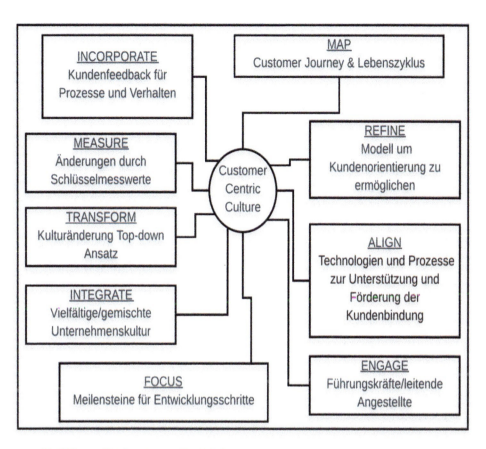

Abbildung 16: Customer Centricity

Quelle: Eigene Darstellung in Anlehnung an Gavan 2012, S. 2.

3. Rigoroser Pragmatismus im Innovationsprozess

Diese dritte Komponente der Formel zielt auf eine ergänzende Wertschöpfung ab, bei der der Kunde einen erlebbaren, möglichst pragmatischen zusätzlichen Wert geboten bekommt. Das Ziel ist, die Bedürfnisse des Kunden zu erkennen, diese zuverlässig zu erfüllen und dessen Leben merklich einfacher zu machen. Ist dieser Grundsatz erfüllt, besteht die Möglichkeit, ein Markenerlebnis zu schaffen, auf das sich der Kunde angewiesen fühlt. Voraussetzung für eine nachhaltige und erfolgreiche Umsetzung ist ein Best-Practices-Innovationsprozess. Dieser richtet sich in der Umsetzung nach dem Faktor Zeit sowie dem Element der Neuheit (aufgrund der hohen Nachahmungsrate des Wettbewerbs sowie der damit verbundenen sinkenden Möglichkeit zur Profilierung am Markt).[147]

Das Gesetz der Profilierungsdynamik veranschaulicht den potenziellen Wettbewerbsvorteil im Verhältnis zur Profilierungsnotwendigkeit. Grundsätzlich gilt für Innovationen: Je eher, desto besser, da nur so das Profilierungspotenzial genutzt werden und ein Vorsprung entstehen kann.

Je größer der Wettbewerbsvorteil, desto erheblicher ist der vom Kunden wahrgenommene Neuheitsgrad. Die Flächen A, B und C veranschaulichen, welche Nachahmungen sich empfehlen und wie deren Auswirkungen zu bewerten sind. Je geringer der Neuigkeitsgrad (A), desto geringer ist vergleichsweise der Wettbewerbsvorteil, dessen Obergrenze mit P1 dargestellt ist. Bei

---

[147] Vgl. Trommsdorff 1996, S. 30 f.

steigendem Neuigkeitsgrad (B und C) steigen zudem die Grenzen der Vorteile, die durch P2 und P gekennzeichnet sind.[148]

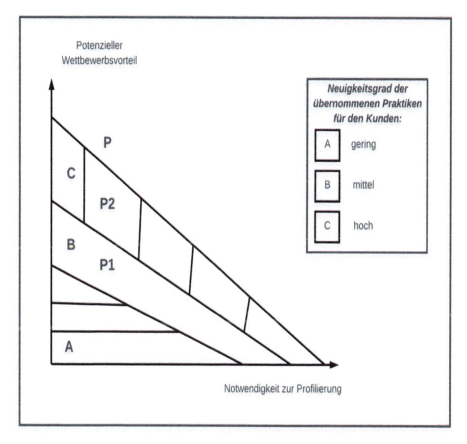

Abbildung 17: Gesetz der Profilierungsdynamik
Quelle: Eigene Darstellung in Anlehnung an Trommsdorff 1996, S. 30.

---

[148] Vgl. ebd., S. 32 f.

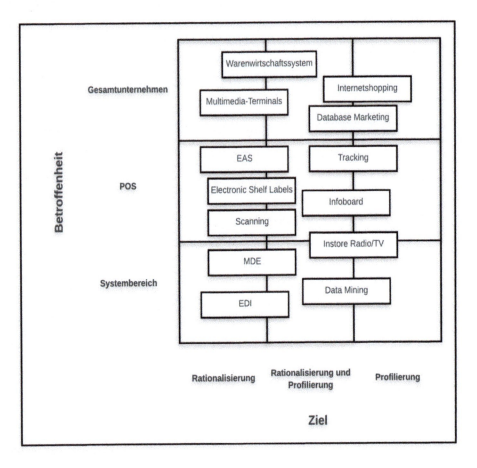

Abbildung 18: Technologische Innovationen im Handel

Quelle: Eigene Darstellung in Anlehnung an Büchner 1999, S. 45.

„Der stationäre Händler von morgen ist Produzent von Lebensgefühlen, Moderator von Kundenbedürfnissen, Agent der Kunden, Künstler der Kommunikation und geschickter Logistiker in einem. Er erkennt, dass das (mobile) Internet nicht nur ein veritabler Distributionskanal ist, sondern vor allem auch ein Kommunikationsraum, der aus Online-Erwartungen adäquate Offline-

Erwartungen am Verkaufsort machen muss."[149] Technologische Innovationen helfen, dieser Aussage aus Sicht eines Lebensmittelhändlers gerecht zu werden. Die in Abbildung 18 exemplarisch eingeordneten Innovationen sind zum Großteil bereits heute im stationären Handel im Einsatz. Die Zuordnung nach Betroffenheit und Ziel der aktuellsten technischen Möglichkeiten ermöglicht es, die verschiedenen Dimensionen und deren Auswirkungen zu kategorisieren. Das Ziel einer Innovation ergibt sich aus Möglichkeiten zur Rationalisierung, Profilierung oder Integration beider Aspekte. Somit sind Systembereiche oder der gesamte POS betroffen. Bei manchen technologischen Veränderungen wie beispielsweise bei der Einführung eines Warenwirtschaftssystems kann auch das gesamte Unternehmen betroffen sein. Wichtig für die Bewertung einer aktuellen Situation ist, den Neuigkeitsgrad, das damit verbundene Risiko, die gesteigerte Komplexität, den erhöhten Konfliktgehalt sowie das erforderliche technologische Know-how mit einzubeziehen.[150]

„Technologie ebnet den Weg des stationären Handels zu einer besseren Version von dem, was er schon immer war."[151] Diese Aussage kann einerseits für die Dringlichkeit, das stationäre Geschäftsmodell mit digitalen Kompetenzen aufzurüsten, stehen. Andererseits kann damit auch die zukünftige Perspektive des Geschäftsmodells zusammengefasst werden. Die Frage lautet deshalb: Was rechtfertigt, dass der Kunde im stationären Handelskonzept auch in Zukunft einkaufen geht?

---
[149] Janice Morse 2012, S. 46.
[150] Vgl. Büchner 1999, S. 45 f.
[151] Ravi Bagal in Haderlein 2012, S. 29.

Daher ist es wichtig, das Einkaufen der Zukunft an die schwindenden Grenzen zwischen offline und online, real und virtuell bzw. Point of Sale und den Weiten und Möglichkeiten des digitalen Raums anzupassen und somit für ein zeitgemäßes Marken- sowie Einkaufserlebnis zu sorgen. Ein schlüssiges Konzept mit einer Multi- bzw. Omni-Channel-Strategie hat den Anspruch, das gewünschte Käufererlebnis über alle Kanäle hinweg zu generieren. Erfolgsentscheidend ist ein bündiger Handelsmarkenauftritt, der dem Kunden eine konsistente Kauferfahrung ermöglicht. [152] Die Beeinflussung einer Kaufentscheidung des Kunden gelingt aktuell im deutschen Handelsumfeld vorrangig durch drei unterschiedliche Ausrichtungen: Preisorientierung, Erlebnis- und Auswahlorientierung sowie Service- und Auswahlorientierung.[153]

„Der koordinierte Einsatz verschiedener Ansprache-, Vertriebs- und Servicekanäle ist die Überlebensausrüstung des Händlers im Internet-getriebenen Zeitalter."[154] Diese Aussage verdeutlicht die Tendenz, dass unabhängig der Ausrichtung das digitale Geschäftsmodell auf dem vorhandenen Konzept aufbauen sollte. Diese Investitionen werden wohl das gesamte Unternehmen betreffen, weshalb das damit verbundene Risiko durch zwei Wertsteigerungen reduziert werden kann. Einerseits steigt die Customer Experience aufgrund der neuen Möglichkeiten, deren Auswirkungen sich langfristig im CLV widerspiegeln. Andererseits ergibt sich aus den Nutzerdaten der Kunden ein immaterieller

---

[152] Vgl. Burmann/Wenske 2007, S. 197 f.
[153] Vgl. Purper 2007, S. 204 f.
[154] Burmann/Wenske 2007, S. 198 ff.

Rohstoff, mit dem neue Prozesse implementiert sowie bestehende Prozesse optimiert werden können.[155]

„Competitive Advantage grows fundamentally out of the value a firm is able to create for its buyers that exceeds the firm's cost of creating it. Value is what buyers are willing to pay [...]"[156]

3.1 Strategische Orientierung

In Deutschland erwirtschaftete der Lebensmittelhandel 2017 einen Umsatz von 183,5 Milliarden Euro mit 37.697 Verkaufsstellen. Der Umsatzzuwachs zum Vorjahr (177 Milliarden Euro) belief sich auf 3,6 Prozent.[157] Im Gegensatz dazu wies der Umsatz des Onlinehandels im Jahr 2017 mit 58,47 Milliarden Euro eine Wachstumsrate zum Vorjahr von 11 Prozent auf. Für das Jahr 2018 wird ein Umsatzwachstum auf 63,9 Milliarden Euro und somit eine Steigerung um 9,2 Prozent erwartet.[158]

Laut einem Expertenbericht der Unternehmensberatung Wyman wird in den nächsten 10–15 Jahren jedes zweite größere stationäre Ladengeschäft auch mit Innenstadtlage aus dem Markt verschwinden. Bis zu 40.000 Betriebsstätten sollen binnen der nächsten Jahre aufgrund des Onlinehandels versiegen.[159]

„Die Digitalisierung würde ins Leere laufen, wenn der Kunde die daraus resultierenden Möglichkeiten wie z. B. die mobile Erreichbarkeit, das Shopping unterwegs oder die Mobilität auch ohne Besitz eines eigenen Fahrzeugs gar nicht haben wollte. Insofern kann

---

[155] Vgl. Binckebanck/Elste 2016, S. 390 f.
[156] Michael Porter 1985, S. 35.
[157] Vgl. Statista 2018.
[158] Vgl. Döring 2017.
[159] Vgl. Welt 2017.

man sagen, dass manche Unternehmen vor allem den rapiden Wandel bei den Kundenanforderungen unterschätzt haben und die Möglichkeiten der Digitalisierung noch nicht richtig oder noch nicht schnell genug nutzen."[160] Die Möglichkeiten, die sich aus dem Einsatz neuer Technologien besonders im Vertrieb ergeben, stehen mit ihrer Nutzendimension in Abhängigkeit zur Akzeptanz beim Kunden,[161] die z. B. mit der Einstellung oder dem Verhalten des Konsumenten verbunden ist und der Tatsache unterliegt, dass über 90 Prozent der Konsumausgaben im stationären Handel getätigt werden.[162] Dies ist bei Investitionen in neue Wege der Kundengewinnung, der Generierung von Mehrverkäufen sowie Cross- oder Up-Sellings bzw. Maßnahmen der Kundenrückgewinnung zu berücksichtigen.[163] Internet Pure Player (IPP) gelten als die neuen Wettbewerber, deren Vorteil darin besteht, das eigene Geschäftsmodell über eine Cloud-Lösung von einem zentralen Ort aus umsetzen zu können. Hingegen steht der stationäre Händler insbesondere mit seiner lokalen IT-Infrastruktur vor der Herausforderung, ein gesamtes Filialnetz versorgen zu müssen. Einerseits ist damit zusätzliches Personal gebunden, andererseits sind Kapitalressourcen für die digitale Transformation des POS notwendig.[164] Dennoch zeigt die Erschließung stationärer Flächen durch IPPs, dass es diesen Verkaufskanal auch in Zukunft geben wird. Es besteht zudem Grund zur Annahme, dass die erwarteten Renditen der IPPs bei gleicher Investitionssumme in ein Filialnetz höher liegen als in den weiteren

---

[160] Vgl. Horizont 2018.
[161] Vgl. Swoboda 1996, S. 17.
[162] Vgl. Handelsblatt 2018.
[163] Vgl. Binckebanck/Elste 2016, S. 10 f.
[164] Vgl. ebd., S. 12 f.

Ausbau der virtuellen Strukturen. Diese Strategie äußerte sich zum Jahresbeginn 2017 mit der Übernahme von Whole Foods durch Amazon mit einem Investitionsvolumen von 13,7 Milliarden Euro.[165] Eine repräsentative Befragung unter mehr als 1000 Teilnehmern zeigte, dass die Erweiterung um eine Omni-Channel-Strategie aus Sicht des stationären Händlers notwendig ist. Die operativen und strategischen Vertriebskanäle bestehend aus einer Mischung aus stationär und online müssen nicht nur existieren, sondern auch nach dieser Studie bereits heute verknüpft sein. Die notwendigen Veränderungen der Geschäftsprozesse sollten neben dem kundenfokussierten zusätzlichen Wert aufgrund der neuen Technologie auch unternehmerische Vorteile beinhalten. Bekannte Omni-Channel-Konzepte zeigen zudem, dass die gebotenen Leistungen an unterschiedlichen Orten (innerhalb oder außerhalb der Filiale) und über verschiedene Kanäle genutzt werden können.[166]

Die Anforderungen an ein erfolgreiches Konzept sind komplex und richten sich nach der strategischen Ausrichtung eines Unternehmens. Davon abhängig resultieren individuelle Herausforderungen für Kaufanbahnung, Beratung, Werbung und Kundenbindung. Eine Studie der Shopping-App-Holding Bonial in Kooperation mit dem HDE und der Hochschule Niederrhein hat in diesem Zusammenhang die Meinung von mehr als 2000 Verbrauchern zum Thema Einkaufs- und Smartphone-Verhalten eingeholt. Laut 45 Prozent der Befragten besteht der Nachholbedarf für den gesamten Handel darin, alles, was die Innenstadt an Einkaufsmöglichkeiten bietet, übersichtlich im Netz

---

[165] Vgl. Grossòn 2018, S. 12 f.
[166] Vgl. Sievers 2016, S. 7.

zu präsentieren. 52 Prozent möchten stationär vorhandene Produkte kostenlos nach Hause geschickt bekommen bzw. die Verfügbarkeit online einsehen können.[167] Einen Teil dieser Erwartungen versucht der stationäre Lebensmittelhandel z. B. mit Drive-in-Supermärkten oder Click-&-Collect-Konzepten zu erfüllen. Die Herausforderungen dabei sind jedoch, dass die mit der Implementierung verbundenen variablen bzw. fixen Kosten die erwartete Rendite verringern, wenn eine konstante Auslastung nicht eintritt.[168] Dieser Umstand kann ein Grund dafür sein, dass es bereits Weiterentwicklungen dieser Ansätze gibt. Die amerikanische Supermarktkette Krogers testet z. B. den Einsatz autonomer Fahrzeuge im US-Bundesstaat Arizona. Kunden können über die App ihre Lebensmittel bestellen und am selben Tag geliefert bekommen. Der Konkurrent Walmart hingegen testet mit autonomen Fahrzeugen einen fahrerlosen Abholservice für seine Kunden. Das Ziel ist, den Kunden zur nächstgelegenen Filiale zu bringen, damit die vorbestellten Einkäufe abgeholt werden können.[169]

Eine Studie von EKN Research zeigt die Zustimmung zu alternativen Lösungen unter 161 befragten Geschäftsführern. Die Frage nach den Veränderungen während der nächsten zwei bis drei Jahre innerhalb der Branche beantworteten 60 Prozent der Teilnehmer mit inspirierenden Themenwelten im stationären Geschäft. 52 Prozent sehen zudem Pop-up-Stores als möglichen Umsatztreiber. Showrooms zur Präsentation von Produkten, die im anknüpfenden Onlineshop bestellt werden können, werden von 45 Prozent der

---

[167] Vgl. W&V 2017.
[168] Vgl. Pohlgeers 2017.
[169] Vgl. Ksienrzyk 2018.

Befragten eine steigende Bedeutung in naher Zukunft eingeräumt.[170] Der Kreativität in der Ausgestaltung virtueller und realer Verknüpfungen sind keine Grenzen gesetzt, sofern die Zielstellungen eingehalten werden.

Pragmatismus wird allgemeingültig als eine philosophische Lehre definiert, die „das Handeln des Menschen über die Vernunft stellt und die Wahrheit und Gültigkeit von Ideen und Theorien allein nach ihrem Erfolg bemisst".[171] Ausgehend von dieser Definition stellt sich die Frage, worin die Ursache für den globalen Erfolg der IPPs liegt. Technisch betrachtet ist dieser auf Rechner-Rechner-Verbindungen zurückzuführen, die im Zusammenspiel eine Plattform bilden, bei der unterschiedliche Austauschbeziehungen bestehen. Die Teilnahme an diesem Netzwerk ermöglicht die Kommunikation unter Gleichen in ein und demselben Netz aus Rechnern. Jeder beteiligte Computer ist in der Lage, Dienste in Anspruch zu nehmen bzw. diese anzubieten. Aufgrund dieser steigenden Interaktion ist neben dem Handel von Lebensmitteln ohne klassischen stationären Händler branchenübergreifend auch die Transaktion von Geld ohne eine klassische Bank möglich. Diverse Dienstleistungen wie beispielsweise die Beratung durch einen fachkundigen Anwalt kann durch eine Community wie „check my case" ersetzt werden und zeigt somit das innovative Potenzial einer P2P-Plattform mit möglichst implementierter E-Commerce-Schnittstelle.[172]

Die Erkenntnis aus diesem Grundkonzept eröffnet auch für den stationären Lebensmittelhändler neue Möglichkeiten, dem Kunden

---

[170] Vgl. W&V 2017.
[171] Duden 2018.
[172] Vgl. Sorge 2007, S. 102.

mehr Wert(e) zu bieten. Zusätzliche digitale Serviceleistungen über die Einbindung von Partnern in eine Plattform könnten z. B. eine Profilierung und Abgrenzung gegenüber der Vielzahl an virtuellen und realen Angeboten sowie Marktteilnehmern ermöglichen. Die zweigleisige Lösung der Plattform zur Verbindung zwischen virtueller und realer Welt kann zudem laut einer Studie mit über 3000 Teilnehmern der Firma Kantar TNS im Auftrag der IT-Firma Comarch ein alternatives und inspirierendes Shopping-Erlebnis schaffen. 87 Prozent finden es selbstverständlich, dass digitale Dienste beim Einkauf vor Ort behilflich sein werden. Interessant an dieser europaweiten Studie ist, dass jeder zweite der deutschen Befragten so bald wie möglich mithilfe eines digitalen Navigationssystems durch das Geschäft gelotst werden möchte.[173]

Eine Studie über Konsumtrends konstatiert zudem: „Alles, was Komplexität reduziert, rückt in den Fokus der Aufmerksamkeit. Alles, was dem Leben Orientierung bietet, trifft auf eine unerfüllte Sehnsucht." [174] Die Faktoren Personalisierung und Transparenz beschleunigen zudem die Veränderungen und können durch technische Implementierungen möglich gemacht werden.[175] Der klassische Austausch von Waren gegen Geld resultiert im stationären Lebensmittelhandel in einer Preisaggressivität, die seit Jahrzehnten ein branchenweites und bekanntes Erkennungs-, jedoch kein Alleinstellungsmerkmal mehr ist. Die technischen Möglichkeiten bieten das Potenzial, den Austausch von Dienst- und Serviceleistungen gegen Geld oder Daten als zusätzliche Profilierung

---

[173] Vgl. W&V 2017.
[174] Matthias Horx 2005.
[175] Vgl. Katzengruber/Pförtner 2017, S. 80.

zu nutzen. Nach dem Vorbild der IPPs kann eine Plattformlösung gegenüber dem Kunden als vorrangigem Anwender im Frontend als digitaler Assistent deklariert werden. Dieser würde laut Ergebnis einer repräsentativen Studie von 65 Prozent der Befragten ausprobiert werden. 40 Prozent der Teilnehmer dieser Studie gaben zudem an, über dieses Medium hilfreiche Informationen auf Produktebene abrufen zu wollen. Außerdem genießt neben der Nutzung von kostenfreiem W-LAN auch das Self-Scanning eine außerordentlich hohe Aufmerksamkeit von 74 sowie 72 Prozent unter allen Befragten. Entscheidend sind der angebotene Service und dessen Inhalt über die Plattform oder als mobile Lösung, worauf eine Studie der YouGov Community eine Antwort hat. Über die Hälfte der Deutschen (58 Prozent) sehen das Essen als einen wichtigen sowie 12 Prozent als den wichtigsten Teil des Lebens. Die zunehmende Bedeutung leitet sich aus dem Wunsch nach weniger Zucker, Salz oder Fettgehalt ab. Ein weiteres Ergebnis der Studie zeigt zudem ein deutlicheres Bewusstsein im Umgang mit Lebensmitteln. Gefragt sind individuelle Informationen rund um Qualität, Herkunft sowie Transparenz der Verarbeitung.[176]

Die Möglichkeiten der Ausgestaltung eines digitalen Assistenten – auch durch Kooperationen – sind vielfältig. Gelingt es dem stationären Händler, diese Infrastruktur im Hintergrund aufzubauen, um dem Kunden diesen zusätzlichen Wert zu bieten, entsteht eine Wertschöpfung auf Basis von Ressourcen, die nicht umfassend im Besitz des anbietenden Unternehmens sind.[177] Im

---

[176] Vgl. Loeck 2018, S. 6 f.
[177] Vgl. Parker/Choudary/Van Alstyne 2017, S. 46.

Lebensmittelhandel kaufen täglich unterschiedliche Konsumenten mit den verschiedensten Lebensstilen und Essgewohnheiten ihre bevorzugten Produkte ein. Der Trend zur gesünderen bzw. nachhaltigeren Ernährung/Lebensweise und das damit verbundene steigende Informationsbedürfnis werden in vielen Zusammenhängen bereits aufgegriffen. Die Rezeptur des hauseigenen Schokopuddings von Rewe beispielsweise wurde im Zuge der Kampagne „Du bist Zucker" umgestellt. Von mehr als 100.000 eingegangenen Stimmen wählten 45 Prozent die Rezeptur mit 30 Prozent weniger Zucker. Lediglich 5 Prozent aller Teilnehmer entschieden sich für den ursprünglichen Geschmack mit ursprünglicher Rezeptur. Die Zusammensetzung mit weniger als 40 Prozent Zuckeranteil wurde von 30 Prozent gewählt, die um 20 Prozent reduzierte Rezeptur von immerhin einem Fünftel der Teilnehmer.[178]

Dieser Entwicklung möchte als erster Hersteller in Deutschland Danone mit einem alternativen Konzept folgen, welches bereits in Frankreich umgesetzt wurde: Auch bei uns soll die Nährwertkennzeichnung Nutri-Score eingeführt werden. Damit und mit weiteren geplanten Änderungen verfolgt man bis zum Jahr 2030 das Ziel, dem Konsumenten eine Orientierungshilfe für einen gesünderen Warenkorb zu geben. Das Nutri-Score-System wurde von zwei Wissenschaftlern entwickelt, dessen farbliche Gestaltung fällt je nach Bewertung der Inhaltsstoffe aus. Die grüne, gelbe oder rote Kennzeichnung vereinfacht die Unterscheidung im Alltag der Kunden. Inhalte der Nährwertziele sind die Reduktion von Zucker, gesättigten Fettsäuren sowie die Anpassung des Energiegehaltes.

---

[178] Vgl. Müller 2018.

Mithilfe der Bewertung sowie der Nährwertziele wird ein Wachstum erwartet. Dieses Konzept kann durch einen digitalen Assistenten substituiert werden. Außerdem besteht die Möglichkeit, durch eine unabhängige Bewertung von Verbraucherschützern, Krankenkassen oder Ärzteverbänden die Glaubwürdigkeit zu unterstützen.[179] Die Techniker Krankenkasse z. B. bietet ihren Versicherten mit dem TK-Gesundheits-Coach eine Lösung zur aktiven Auseinandersetzung mit dem Thema Gesundheit. Dieser unterstützt den Anwender dabei, die persönlichen gesundheitlichen Ziele zu erreichen: beispielsweise Steigerung der Fitness, Verbesserung der Ernährung, Bewältigung von Stress, Steigerung des Wohlbefindens oder Gewichtsreduktion. Die notwendigen Coachings werden auf Grundlage einer Basisanamnese erstellt, die relevante individuelle Informationen abfragt. Im Anschluss beginnt die Planung der „Challenges", die während der Woche fest eingeplant werden können. Mithilfe der Auswertung aller Informationen und der erreichten Level ist man als Nutzer über den aktuellen persönlichen Leistungsstand informiert.[180] Die möglichen Ausgestaltungen durch eine Kooperation mit einem stationären Händler sind vielfältig und könnten einen erlebbaren Wert für den Kunden bieten. Wichtig für diese Kooperation ist jedoch, dass eine Entscheidungsgrundlage, also die Hypothese für die Nutzung der digitalen Transformation, besteht. Außerdem sollte ein Konzept durch den Kunden effizient und pragmatisch genutzt werden können, damit das damit verbundene strategische Geschäftsziel des

---

[179] Vgl. Lebensmittelzeitung 2018.
[180] Vgl. TK-Gesundheitscoach 2018.

Lebensmittelhändlers erreicht werden kann. Alle Initiativen müssen entlang der Gesamtvision der Organisation ausgerichtet sein und diese exekutiv unterstützen. Bevor die Marktreife erreicht ist, muss als vorletzter Schritt das Prototyping bestanden sein. Die eingangs aufgestellte Hypothese muss validiert und bewiesen sein, bevor sie für das gesamte Unternehmen umgesetzt werden kann.[181] „Allthough innovation cannot be touched, heard, tasted or seen it can be felt. [...] In short, innovation is the engine of change and in today´s fiercely competitive environment resisting change is dangerous."[182]

3.2 Konzeptentwurf und Bewertung

Die mit dem Konzeptentwurf bezweckte Verknüpfung von Offline- und Online- Möglichkeiten aus Sicht des stationären Händlers kann je nach vorrangiger Zielgruppe unterschiedliche inhaltliche Ausrichtungen haben. Differiert werden drei Elemente digitaler POS-Technologien: Assistive Retailer Technology (ART), Assistive Customer Technology (ACT) sowie die Consumer Entertaining Retailment Technology (CERT). Die ART steht dem Verkaufsmitarbeiter unterstützend zur Seite, damit dieser individueller beraten und effizienter verkaufen kann. Das Verkaufsgespräch wird z. B. mit relevanten Informationen zu Produktangebot und Verkaufshistorie des Kunden versehen und vereinfacht die Möglichkeiten eines erfolgreichen Cross- oder Up-Sellings. Die ACT dient der Unterstützung des Kunden beim Einkauf, bei dem er digitale Serviceleistungen wie beispielsweise die interaktive Instore-

---

[181] Vgl. Petro 2018.
[182] Ahmed 1998, S. 30 f.

Navigation oder die mobile Bezahlfunktion über sein Smartphone nutzen kann. Im Kontrast dazu steht die CERT, die der Inszenierung des Markenerlebnisses am POS dienen soll und sich z. B. in Digital-Signage-Kontaktpunkten zeigt. Im Fokus dieser Technologie steht ein möglichst hoher Unterhaltungswert, der durch die Inspiration bzw. Überraschung des Kunden durch möglichst treffgenaue personalisierte Inhalte entsteht.[183]

Der selbst entwickelte Konzeptentwurf versucht, alle drei Elemente der POS-Technologien zu bündeln. Das Ziel besteht darin, die Bedürfnisse der Kunden nach einem modernen Einkaufserlebnis möglichst effizient und pragmatisch zu bedienen. Ausgehend von den Beweggründen für den Einkauf beim stationären Händler ergeben sich drei Erwartungshaltungen der Kunden, die zudem Berücksichtigung finden.

Der Mensch ist ein Gemeinschaftswesen, welches sich bewusst zum Einkauf insbesondere von Lebensmitteln trifft und in Gesellschaft anderer gerne „shoppt". Dieser Aspekt wirkt auf das Einkaufserlebnis ein und sollte trotz Technologieeinsatz nicht wesentlich verändert werden. Die steigende Bedeutung der Frischeabteilungen resultiert aus dem Interesse des Kunden, die Ware zu erfahren und mit allen Sinnen zu erleben. Daher sollte die Fülle an zusätzlichen Informationen, insbesondere im Zusammenhang mit einzelnen Produkten oder Warengruppen, zwischen High- und Low-Involvement differenzieren. Hinzu kommen Überraschungs- und Erlebnisaspekte außerhalb der vier Wände und der virtuellen Welt, die der Kunde schätzt und die eine hohe Bindungswirkung und

---

[183] Vgl. Holland 2014, S. 173 f.

Wiederkaufrate aus Sicht des Händlers erzielen. Mit der Einbindung eines Loyalty-Programms kann dieser Effekt unterstützt werden. Die Bereitstellung digitaler Dienstleistungen über eine Assistenzplattform ist in ihrem Umfang für den Endkunden sowie alle Beteiligten nur relevant, wenn aus Synergien bzw. Zusammenschlüssen zwischen stationärem Händler und Herstellern, Partnern bzw. Institutionen ein Benefit entspringt. Globale Einigkeit besteht hinsichtlich der Ziele aus Sicht der Händler: die mobile Anbahnung, Aushandlung und Abwicklung sämtlicher unternehmerischer Geschäftsprozesse im Austausch mit den Teilnehmern. Die Mission leitet sich aus einer agil ausgerichteten Plattform ab, die den erlebbaren Wert für den Kunden durch eine Verbindung von aktuell bedeutsamen Themen schafft (siehe Abschnitt 3.1). Der Aufbau könnte durch die Unterstützung bzw. Berücksichtigung der Themen Personalisierung, Benutzerfreundlichkeit, Technik, Nachhaltigkeit und Sicherheit profitieren.[184]

Im Mittelpunkt sollte der *Endkunde* stehen. Sein Bedürfnis nach zusätzlichen Informationen, insbesondere während des täglichen Einkaufs in der Filiale, sollte der digitale (mobile) Assistent erfüllen. Notwendig sind dazu einerseits ein vielfältiges und stetig wechselndes Sortiment und andererseits die technische Implikation von Kontaktpunkten. Die Plattform kann durch den Zugang über eine App mobil genutzt werden. Mit der Registrierung des Kunden wird dieses Konzept zum persönlichen Einkaufsassistenten. Registrierung

---

[184] Vgl. Metter 2017, S. 59 f.

und eindeutige Informationshistorie sollten über ein Portal erfolgen, durch dessen Abfragefenster ein Account generiert wird. Die Aktivierung zur Teilnahme könnte unterschiedlich erfolgen und zwischen zwei Kundentypen unterscheiden. Der registrierte Kunde hätte dabei im Vergleich zu einem nicht registrierten z. B. die Möglichkeit, alle Funktionen umfassend zu nutzen. Die Möglichkeiten, die ein nicht registrierter Kunde hat, könnten sein:

1. Artikel scannen und Standardinformationen abrufen: Herkunft und Preis des Produkts, mögliche Allergene, Hinweise bei Qualitäts- bzw. Sicherheitsbedenken usw.
2. Einen digitalen Einkaufszettel erstellen, speichern und nutzen
3. Verfügbare Rezepte des Rezeptberaters nutzen und die notwendigen Produkte zu seiner Einkaufsliste hinzufügen
4. Die interaktive Ladennavigation für einen bestimmten Zeitraum testen, jedoch keine Sonderangebote erhalten
5. Artikel scannen und nach Kriterien wie Preis oder Qualität bewerten

Damit ein Kunde registriert werden kann, sind Informationen relevant wie z. B.: Vor- und Nachname, Geburtsdatum, Postleitzahl, Ort, Straße, Geschlecht oder E-Mail-Adresse. Eine monatliche Gebühr könnte je nach Aufwand zur Bereitstellung der Serviceleistungen die vollumfängliche Nutzung aller Funktionen als Luxus erlebbar machen. Denkbare Möglichkeiten des registrierten Kunden sind:

1. Artikel scannen oder den Chatbot nach einzelnen Produkten befragen, um personalisierte Informationen zu bekommen. Diese könnten je nach Interesse die Verfügbarkeit in der gewünschten Filiale, eine Bewertung der Inhalts- und

Nährstoffe, Informationen zur Produktion, eine Bewertung des Ressourcenbedarfs oder Pressemitteilungen beinhalten.
2. Seinen Einkaufszettel selbst zusammenstellen oder auf Grundlage seiner historischen Einkäufe automatisierte Vorschläge erhalten und diese speichern
3. Hinterlegte Rezepte des Rezeptberaters nach unterschiedlichen Kriterien durchsuchen und die notwendigen Produkte dem Einkaufszettel hinzufügen
4. Artikel scannen und nach den Kriterien Preis, Qualität, Verpackungsgröße und sonstigen bewerten, weiterempfehlen oder reklamieren
5. Artikel scannen und über sein Guthaben (Geld, Loyalty-Punkte oder digitale Währung) bezahlen
6. Gekaufte Artikel zurückgeben und die Differenz neben der Barauszahlung auch auf seinem Account durch eine eindeutige Zuordnung in Form von Punkten oder Guthaben umbuchen lassen
7. Treuepunkte mit dem Scannen oder dem Kauf von Artikeln oder dem Nutzen von Sonderangeboten sammeln, diese als Zahlungsmittel einlösen oder gegen Prämien eintauschen
8. Die interaktive Ladennavigation nutzen und personalisierte lokale Angebote erhalten

Die Bereitschaft des Kunden zur Registrierung wird durch Informationen, Angebotsausweitung, bessere Preise, die Reduktion von Such- und Transaktionskosten sowie des Kaufrisikos,

Unterhaltung und Unterstützung während der Nachkaufphase beeinflusst.[185]

Die gebotenen Möglichkeiten der Plattform benötigen Schnittstellen zwischen on- und offline, damit die unterschiedlichen Austauschbeziehungen die Motivation des Kunden ermöglichen können. Technologien wie Beacons, Virtual oder Augmented Reality oder Chatbots könnten die beschriebenen Funktionalitäten pragmatisch abbilden. Die Schnittstelle zur App oder Website kann auch durch QR-Codes erfolgen, Digital Signage kann die Inhalte der App bzw. Website für jeden Interessierten zugänglich machen. Denkbar wären QR-Codes z. B. bei High-Involvement-Produkten als Ergänzung zur Preisauszeichnung. Mit der Einbindung eines CRM (siehe Abschnitt 4.2) können die Inhalte gesteuert und über unterschiedlichen Kontaktpunkte zum Nutzer auf Grundlage der vorhandenen Daten personalisiert werden. Aufgrund der täglichen Reizüberflutung von durchschnittlich 5000 Werbebotschaften pro Tag ist eine elegante und wahrgenommene Kontaktaufnahme vonseiten des Anbieters zum Kunden von der nützlichen, konkreten und kontextbezogenen Informationen abhängig.[186]

Der *stationäre Händler* ist in diesem Konzeptentwurf der Betreiber der Plattform. Er hat die Souveränität über die unterschiedlichen Austauschbeziehungen innerhalb der App oder Website. Die Erweiterung der Electronic-Commerce-Strategie durch die Implementierung einer Mobile-Commerce-Lösung ermöglicht die

---

[185] Vgl. Binckebanck/Elste 2016, S. 17 f.
[186] Vgl. Metter 2017, S. 62 f.

Unabhängigkeit von Zeit und Ort.[187] Der Ubiquitous Commerce (lat. „ubi" steht für überall) bietet zudem eine Perspektive, den Konzeptentwurf bis hin zu einem nahtlosen Informationsfluss zwischen Händler, Hersteller, Lieferant, Institution oder Partner auszubauen.[188] Die Verantwortung des stationären Händlers liegt, insbesondere gegenüber dem Kunden, in der Bereitstellung der uneingeschränkten Verfügbarkeit gebotener Serviceleistungen und Inhalte innerhalb und außerhalb des stationären Ladengeschäfts. Ziel ist, die verfügbare Verkaufsfläche mithilfe der Informationen aus der Plattform produktiver zu machen. Zusätzlich kann durch den Einsatz unterschiedlicher Technologien bzw. das Angebot innovativer Serviceleistungen die Prozesskomplexität reduziert werden. Senkung von Kosten, Schaffung von Bekanntheit und Optimierung des Images können zudem durch eine digitale Lösung gelingen.[189]

Eine Grundvoraussetzung für die Verbesserung der Effektivität ist, potenzielle Skaleneffekte zu erschließen, indem ein kontinuierlicher Anstieg der Nutzerzahlen initiiert wird. Kann der Kunde vom erlebbaren ergänzenden Wert überzeugt werden, so tragen Netzwerkeffekte zum überdurchschnittlichen Wachstum der Plattform bei.[190] Die aktuelle beobachtbare Situation im LEH zeigt, dass die Kundenberatung durch qualifizierte Mitarbeiter insbesondere in den Frischebereichen erfolgt. Der digitale mobile Assistent könnte mit Blick auf Warengruppen wie z. B. Bier, Wein oder Beauty und Healthcare diese Beratungsleistung durch eine verkaufsfördernde

---

[187] Vgl. Hierl 2017, S. 129 f.
[188] Vgl. Onpulson 2018.
[189] Vgl. Binckebanck/Elste 2016, S. 12 f.
[190] Vgl. Parker/Choudary/Van Alstyne 2017, S. 28.

Positionierung einzelner Produkte sinnvoll unterstützen. Die dazu notwendigen Informationen unterstreichen die Bedeutung der Kooperation mit Herstellern, Partnern oder Institutionen.

Mithilfe dieser Zusammenarbeit entsteht aufgrund der höheren Reichweite eine Community, die wiederum Einfluss auf die positive bzw. negative Richtung der Netzwerkeffekte hat. Der Hebel einer Community auf den einzelnen Nutzer zeigt sich beispielsweise, wenn gleiche oder ähnliche Produktmerkmale beanstandet werden und dieses Feedback den konkreten Handlungsbedarf für den Händler offenlegt. Vergleichbar ist dieser Effekt mit dem Fahrtenvermittler Uber. Je mehr Fahrer ihre Fahrten dank einer erhöhten Nachfrage anbieten, desto geringer sind die Wartezeiten und Preise für die Nutzer.[191]

Neben Imageeffekten und einer verbesserten Kommunikation mit den Kunden steht mit dem Aufbau der Assistenzplattform der betriebswirtschaftliche Nutzen im Zentrum der Investitionen. Der ROI ergibt sich etwa aus einer gesteigerten Frequenz, einem höheren Flächenumsatz, dem höheren Umsatz pro Mitarbeiter sowie einer verbesserten Verhandlungssituation mit Herstellern z. B. um die Höhe der Werbekostenzuschüsse (WKZ). Der Händler hat die Möglichkeit als Betreiber, bei Erfüllung gestellter Bedingungen über Exklusivrechte zusätzliche Partner zur Teilnahme zu legitimieren. Der Austausch der Kundendaten gegen verfügbare Serviceleistungen ist gleichzeitig eine Datengrundlage über bestehende Bedürfnisse der Kunden. Die Informationen über das Feedback zu Produkten können auch für Hersteller interessant sein.

---

[191] Vgl. Dörner 2016.

Die Legitimation zur Teilnahme ist aus Sicht des Händlers allerdings mit der Einhaltung von vorab definierten Normanforderungen verbunden. Permanente Zeitknappheit, aber auch Informationsreizüberflutung sowie die hohe Dynamik während des Einkaufs im stationären Handel liefern die Begründung für die Einhaltung der Normanforderungen bereitgestellter Inhalte.[192] Der Synergieeffekt aus Kooperationen mit Institutionen ergibt sich aus dem Austausch zwischen Aufmerksamkeit und externem Image. Die inhaltlich vertrauenswürdige Zusammensetzung der Informationsquellen für die Bereitstellung der Dienstleistungen ist abhängig von den teilnehmenden Institutionen bzw. Herstellern. Diese Entscheidung sollte vom Händler getroffen werden, damit eine optimale Vertrauensbasis und eine effiziente Imagewirkung erzielt werden können.

Am Beispiel der Produktberatung wird deutlich, dass die Kombination der Bewertungen durch Institutionen im Vergleich zum Hersteller bei fehlender einheitlicher Bewertungsgrundlage entgegengesetzte Ergebnisse und somit Beratungsleistungen zur Folge haben kann (siehe Abschnitt 3.1). Das Beispiel der technisch möglichen Rezeptberatung verdeutlicht aber auch, dass mit der Einbindung einer extern bestehenden Serviceleistung mehrere Ziele erreicht werden können. Der Dienstleister „KptnCook" beispielsweise bietet eine hybride Lösung aus Rezeptberatung und Location-Based-Services an, die für den Händler interessant sein können. Die Kooperation würde eine Win-Win-Situation eröffnen, in der für den Händler, aber in diesem Fall auch für „KptnCook" erhöhte

---

[192] Vgl. Mahn 2013.

Aufmerksamkeit sowie gesteigerte aktive Nutzung erreicht werden könnten. Eine Argumentationshilfe bzw. Absicherung für eine Kooperation könnte zudem ein Beitragsmodell für beide Vertragspartner sein, welches die negative bzw. positive Performance monetär ausgleicht. Mit diesem Nutzenversprechen vereinfacht sich zusätzlich für den Händler die Suche nach neuen Herstellern, Partnern oder Institutionen.

Mit dem personalisierten Einkaufszettel könnte dem Händler z. B. ein Überraschungseffekt gelingen, wenn dieser auf Grundlage der Daten treffend erstellt werden kann. Die notwendigen Informationen stammen aus der Interaktion des Nutzers sowie seinen angegebenen Präferenzen beispielsweise bei der Rezeptberatung. Die Unabhängigkeit der inhaltlichen Zusammenstellung setzt belastbare Daten voraus, weshalb während der Aufbauphase diese Funktion nach definierten Kriterien erfolgen sollte.

Der Anbieter steht in der strategischen Ausrichtung auch vor der Entscheidung, welche Seite im Aufeinandertreffen der verschiedenen Stakeholder im zeitlichen Verlauf subventioniert wird. Der kostenintensive Aufbauprozess wird neben ihm auch von den Herstellern und Partnern getragen, deren Interesse eine Auslastung der Nutzung voraussetzt. Aus diesem Grund muss die Seite, die stark nach Qualität verlangt, in der Subventionierung berücksichtigt werden im Gegensatz zu der Seite, die Qualität liefern muss.[193] Ein Praxisbeispiel aus der Anwendungsentwicklung für Videospiele verdeutlicht diesen Effekt: Je höher die Lizenzbedingungen des Plattformanbieters, desto höher ist der Anspruch an die Qualität. Die

---

[193] Vgl. Eisenmann/Parker/Van Alstyne 2006.

Qualitätskriterien beinhalten auch den Wirkungsgrad der gesamten Plattform aufgrund der Korrelation des assoziierten Images des Betreibers ausgehend vom Nutzer. Der hohe Fixkostenblock für Anwendungsentwickler amortisiert sich nur im Fall einer großen Community. Unabhängig von der Lizenzgebühr berechnen Entwickler die höchsten Preise, die ein Markt trägt, unter Berücksichtigung der bewerteten Zahlungsbereitschaft auf Anbieterseite.[194]

Die *Hersteller* verfügen im Verhältnis zum Händler über höhere Margen.[195] Den Willen zur Erschließung neuer Absatzwege mit digitalen Möglichkeiten zeigt der Trend der Vertikalisierung. Der Aufbau von Endkundenkontakten durch die Kooperation an einer Service-Plattform des stationären Händlers ist der Vorteil einer Partizipation des Herstellers.[196] Eliminiert wird dabei der Spagat zwischen Direktvertrieb und herkömmlichem Vertrieb über Händler, insbesondere für kleinere Marken. Der Austausch zwischen Exklusivrechten des Händlers zur inhaltlichen Darstellung des Markenportfolios und den Serviceleistungen des Herstellers kann ein mögliches Win-Win-Szenario sein. Die Legitimation zur Ausgestaltung des personalisierten Contents könnte zudem Einsparpotenziale für den Hersteller in seinen Marketing- und Vertriebsaktivitäten bieten. Der reibungslose Informationsaustausch zwischen Hersteller und Händler ist die Grundlage für die Erschließung aller geplanten bzw. fixierten Synergieeffekte.

---

[194] Vgl. ebd.
[195] Vgl. Hartmann 2015.
[196] Vgl. Rothhaar 2017.

Eindeutige Ziele der Hersteller sind Markenbildung und Steigerung des Abverkaufs, der auch durch eine verbesserte Kommunikation zwischen Hersteller und Kunde entstehen kann. Dieser Effekt der zusätzlichen Einnahme- und Kontaktquellen könnte neben Investitionen in den Aufbau auch mit erhöhten WKZ vergütet werden. Die ermittelte Höhe des Investitionsvolumens kann durch einen Gebührenkatalog erfolgen, der die positive bzw. negative Höhe des Transaktionsvolumens aktueller bzw. zukünftiger Austauschbeziehungen bewertet und beziffert. Entscheidend ist die Transparenz über die Menge an ausgetauschten Daten. Je höher die positiven Auswirkungen der Transaktionen, desto höher die Zahlungsbereitschaft und umso geringer die Amortisationsdauer.[197]

Die Reduktion von Informationsasymmetrien ermöglicht zudem, dem Kunden basierend auf seinen Bedürfnissen eine attraktive Zusammenstellung der Produktpalette anzubieten. Dies setzt voraus, dass der Hersteller bereit ist, die relevanten Informationen zu seinen Produkten allen Nutzern der Plattform zur Verfügung zu stellen. Diese Synergie kann je nach strategischer Ausrichtung des Anbieters die Beteiligung an historischen Abverkaufsdaten bedeuten, damit dem Hersteller zum Beispiel die Möglichkeit der kontinuierlichen Warenversorgung ermöglicht werden kann. Zudem ergeben sich weitere Kosteneinsparpotenziale, indem durch ein konvergentes Marketing zusätzliche Aktivierungskosten reduziert werden können. Die Bewertung der Produkte, für die sich der Kunde vorrangig interessiert, kann eine mögliche Diskussionsgrundlage innerhalb der individuellen Ausgestaltung basierend auf den Anforderungen des

---

[197] Vgl. Eisenmann/Parker/Van Alstyne 2006.

Anbieters sein. Die Rolle des Herstellers kann nur umfassend gewahrt sein, wenn der bezweckte Kernwert (digitale Serviceleistungen) angeboten werden kann und der Kundenstamm davon vergrößert wird.[198]

Weitere Stakeholder sind schließlich die *Institutionen und Partner*, die sich als zusätzliche Dienstleister verstehen und die Chance bekommen, über die aktive Community einen besseren und breiteren Marktzugang zu erhalten. Der Unterschied zu den Produzenten ist abhängig von der bereitgestellten Leistung. Das Wertversprechen der Partner liegt jedoch indirekt in der Realisierung von Serviceleistungen durch die Implementierung notwendiger Technologien oder Methoden. Die Funktion des mobilen Bezahlens z. B. mit der Eingliederung des Anbieters „Mishi-Pay" würde ein Win-Win-Szenario für Händler und Partner bedeuten. Vorhandene Lösungen ermöglichen es, Funktionen individuell für den Endkunden auszugestalten und durch eine flexible Integration notwendige Anpassungen vorzunehmen. Mit der Einbindung eines Loyalty-Programms könnten zudem kreative Anreize z. B. durch personalisierte Coupons gesetzt werden, damit die Kontinuität der Nutzung erhöht wird. So kann auf Grundlage der ermittelten Interaktionsrate innerhalb der App der Kunde von zusätzlichen persönlichen Coupons profitieren.
Ein Beispiel für die Integration als Partner in der Plattform ist die White-Lable-Lösung „Myfavorito". Die damit bezweckte höhere Reichweite innerhalb der angesprochenen Community kann Partnern

---

[198] Vgl. Creatlr 2018.

oder Institutionen den Anreiz geben, das Investitionsrisiko mitzutragen. [199] Neben der Kooperationen mit technologischen Partnern kann die Qualität der Produktinformation zum Beispiel durch das FOSHU-Siegel erhöht werden. Mit diesem könnte die gesundheitliche Förderung eines Produktes bzw. funktionellen Lebensmittels gekennzeichnet werden.[200]

Die *Bewertung* erfolgt durch die Gegenüberstellung der Kosten im Verhältnis zum Nutzen. Hinzu kommt je nach Informations- und Entwicklungsstand ein IT Business Case, der detaillierte aktuelle und zukünftige Geschäftswerte sowie Risiken enthält. Die Elemente sind Projekt- und Systemrisiken, Wirtschaftlichkeitsanalyse, Stakeholder, Technologie sowie strategische Ausrichtung. [201] Die Bewertung dieses Konzeptentwurfs und somit des Investitionsvolumens umfasst die möglichst skalierbare Wertsteigerung des Nutzens aus dem Verhältnis zu den potenziellen Kosten. Die Bestimmung der Rentabilität einer Investition erfolgt über die Kennzahl des ROI und setzt eine Kosten-Nutzen-Analyse (KNA) voraus. Im Verhältnis gesetzt werden das Investment und die gestiegenen Umsätze bzw. geringeren Kosten. Sind die erwarteten Kosten höher als der erzielte Nutzen, kommen strategische Gründe zum Tragen, die eine Konzeptumsetzung dennoch erfordern.[202]

Maßgeblichen Einfluss auf diese Wertsteigerung haben die Stakeholder wie beispielsweise Kunden und Mitarbeiter, aber auch

---

[199] Vgl. ebd.
[200] Vgl. Kuschmann 2009.
[201] Vgl. Brugger 2005, S. 163 f.
[202] Vgl. ebd., S. 99 f.

Hersteller, Partner oder Institutionen. Der Wertbeitrag resultiert aus der vertraglich geregelten Kooperationsstrategie, der effizienten Erweiterung von Kernkompetenzen, der sinnvollen Generierung und Auswertung von neuem Wissen sowie der gezielten Allokation von neuen Beteiligungen durch den Händler. Die operativen und strategischen Auswirkungen durch den Aufbau der beschriebenen Architektur verändern die Art und Weise der Unternehmensführung. Der weitere Wertbeitrag erfolgt durch schnellere Prozesse, zielgerichtete Bedürfniserfüllung und geringere Kosten u. a. durch Kooperationen.

Der Zugriff auf vielversprechende Technologien durch die Kooperation mit Entwicklungstreibern wird zur neuen Kernkompetenz des Managements und fordert ein eindeutiges Verständnis für die eigene Leistungsfähigkeit der Fachabteilungen. Das Softwareunternehmen Siebel beispielsweise bindet ab einem Entwicklungshorizont von über sechs Monaten externe Unternehmen mit ein und erspart sich somit Investitionen in Forschung und Entwicklung. Die Dynamik des Wettbewerbs und die Grenzenlosigkeit des virtuellen Raums eliminieren die Grenzenlosigkeit eines Produktes, weshalb der Menge, dem Preis und den Kosten eine steigende Bedeutung zukommt.[203]

Die Werthaltigkeit für die breite Masse durch einen erschwinglichen Preis bestimmt die Größe des Marktes. „Get big fast" (GBF) – ein Motto, welches von Amazon-Gründer Jeff Bezos geprägt wurde – verdeutlicht das Ziel mit der Gründung dieser Plattform. Bedeutend für die Zielerreichung sind außerdem strategisch gestaltete Preise

---

[203] Vgl. ebd.

und deren Auswirkung auf die Nachfrage- bzw. Angebotsseite. Gewinne können einerseits durch konsequente Kostenkontrollen gesteigert werden. Andererseits können zu einer Wertsteigerung auch die Auswirkungen auf den Markenwert bzw. die Markteintrittschancen für Nachahmer beeinflusst werden. Das Ziel aus dieser Kombination: hohe Gewinne durch rasches Wachstum. Für die nachhaltige Umsetzung ist zudem eine faire prozentuale Verteilung der Wertanteile zwischen Herstellern, Partnern oder Institutionen zu fixieren, damit die Zusammenarbeit im gegenseitigen Interesse erfolgt. Grundlage für die Investitionsentscheidung ist eine möglichst nachweisbare Wertsteigerung durch Auswirkungen auf den Umsatz und die Gewinnmargen, aber auch die anfänglich hohen Fixkosten sind zu berücksichtigen. [204] Die in der nachfolgenden Tabelle dargestellte Gegenüberstellung von Kosten und Nutzen ist aus der Perspektive des stationären Händlers erstellt. Sie bewertet mögliche Treiber auf Kosten- sowie Nutzenseite.

---

[204] Vgl. Wildemann 2001, S. 85 f.

Kosten		Nutzen
Einmalige Investitionskosten	*Anschaffungskosten Hardware* (Entwicklungs-, Test- und Produktivumgebung) Applikationsserver/ Betriebssystem Datenbank-server/ Betriebssystem *Integrationskosten* Kosten der Integration externer Systeme Kosten für Entwicklung notwendiger Schnittstellen Kosten der Anbindung von Partnern Kosten für die Entwicklung des Contents Kosten des Rollouts *Anschaffungs-kosten Software* Lizenzkosten Cloud Lizenzkosten Partner Lizenzkosten Hersteller Lizenzkosten Institutionen *Projektkosten der Einführung* Kosten Customizing Installationskosten	**Monetär bewertbarer Nutzen** -Umsatz-steigerung -Gewinn-steigerung -Einsparung von Personalkosten -Einsparung von Marketingkosten -Einsparung von Investitionen in F&E -Einsparung von Investitionen in externe Marktforschung -Einsparung in Investitionen externer Beratung -Markenwert -Economies of Scale/ Scope -Verbesserung der Verhandlungsstrategie **Nicht monetär bewertbarer Nutzen** Beschleunigung des Workflows Zeitersparnis **Nicht quantifizierbarer Nutzen** Imageverbesserung Kunden-zufriedenheit Erhöhung der Produktbindung

	Kosten d. Testdurchführung Kosten für Pilotbetrieb Kosten für Schulung und Training der Mitarbeiter sowie Lieferanten Kosten der Erfassung der Stammdaten Kosten externer Berater Kosten für Erstellung der Anforderungsanalyse zur Teilnahme weiterer Stakeholder Kosten für Softwareauswahl Reisekosten	Hersteller-zufriedenheit Erhöhte Wettbewerbs-fähigkeit Höheres Serviceempfinden (Kunde) Erhöhung der Qualität von Produkten und Dienstleistungen Bessere Informationen Erhöhung der Markttransparenz Steigende Motivation der Mitarbeiter in Vertrieb, Marketing etc. Intensivere Zusammenarbeit mit Lieferanten Effektivere Gesamtorganisation
Einmalige Investitionskosten	***Integrationskosten*** Kosten der Integration externer und interner Systeme sowie Anbindung Kosten zur Entwicklung und Anpassung von Schnittstellen	

Laufende Kosten (Betriebskosten)	***Nutzungskosten***
	Transaktionsgebühren auf elektronischen Marktplätzen
	Laufende Gebühren externer Service-Provider
	Kosten für Administration
	Wartung und Anwender-Support (intern/extern)
	Verwaltungskosten
	Kosten Systembetreuung durch Programmierer
	Kosten für Pflege des Contents
	Kosten für Updates
	Anteilige IT-Gemeinkosten
	Kosten für Datenübertragung
	Plattformkosten
	Rechenleistung
	Speicherung, Back-up, Archivierung der Daten
	Monitoring
	Kosten für Re-Investition
	Kapitalkosten

Tabelle 3: Gegenüberstellung der Kosten und Nutzen

Quelle: Eigene Darstellung in Anlehnung an Adam 2012, S. 49.

3.3 Technische Anforderungen

„The Internet of Things connects devices such as everyday consumer objects and industrial equipment onto the network, enabling information gathering and management of these devices via software to increase efficency, enable new services, or archieve other health, safety, or environmental benefits."[205] Der Konzeptentwurf beschreibt ein System, in dem unterschiedliche Leistungen von Plattformen für den Endkunden, aber auch Unternehmen zu einer Gesamtlösung vernetzt werden. Die Vernetzung mithilfe der IoT-Technologie bildet das Zentrum des digitalen Geschäftsmodells eines stationären Lebensmittelhändlers. Das Ergebnis einer Recherche von Goldman Sachs beziffert die mit dem Internet verbundenen Geräte für das Jahr 2020 auf 28 Milliarden.[206]

Einfluss auf diese Zahl kann der Umschwung innerhalb der IT-Infrastruktur während der nächsten Jahre haben. Der Wechsel aus eigenen Rechenzentren in die Cloud, laut einer Studie von Interxion in Zusammenarbeit mit dem Marktforschungsunternehmen Research, führt binnen der nächsten zwei Jahre zur Halbierung des „On-Premise" und zur Verdopplung der „Public Cloud". Die strategische Ausrichtung unterscheidet jedoch zwischen vier Gruppen, die laut der Studie in bis zu fünf Infrastructure-as-a-Service- bzw. Platform-as-a-Service-Dienstleistern verortet sind und somit nach einem Multi-Cloud-Konzept die Kriterien der Kostenersparnis, Flexibilität, Sicherheit und Skalierbarkeit einhalten.[207]

---

[205] Goldman Sachs 2014.
[206] Vgl. ebd.
[207] Vgl. Kroker 2018.

Die erste Gruppe umfasst Anwendungen wie z. B. die klassische Unternehmens-Software (ERP oder CRM), die innerhalb einer privaten Cloud aufgrund der Sicherheitsanforderungen und des direkten Zugriffs hinterlegt sind. Das Outsourcen in ein externes Rechenzentrum kann je nach Priorität vorgenommen werden. Die zweite Gruppe besteht z. B. aus Anwendungen für das Personalwesen oder Marketing. Auch hier liegt der Speicherort in unmittelbarer Nähe, auch aufgrund der Datenschutzvorschriften. Die dritte Gruppe, zu der auch potenziell die im Konzeptentwurf beschriebene Plattform zählt, kann über ein Cloud-Mischmodell realisiert werden, bei dem die Daten in einer „Private" oder einer „Public" Cloud hinterlegt sind. Die letzte Gruppe umfasst das eigene Rechenzentrum, dessen traditionelles technisches Konzept bis 2020 nur noch von 5,3 Prozent aller Studienteilnehmer unberührt bleibt.[208] Für den Konzeptentwurf bietet sich eine Multi-Cloud-Lösung an. Die Vorteile sind einerseits, dass die angebotenen digitalen Serviceleistungen agil erweitert werden können, und andererseits, dass dem Händler als Betreiber sowie den Kooperationspartnern die Möglichkeit zum Wachstum ermöglicht wird. Entscheidend ist, die branchenspezifischen Kompetenzen mit dem systemtechnischen Know-how zu verknüpfen. Dies mündet darin, dass eine nahtlose Organisation von Transaktionen zwischen Akteuren sowie deren wirtschaftlicher Verwertung über die Plattform möglich wird.[209] Die Umsetzung erfordert eine Investition in eine technische Infrastruktur, damit die digitalen Leistungen durch Technologie gestaltet und

---

[208] Vgl. ebd.
[209] Vgl. Hoffmeister 2017, S. 17 f.

weitestgehend automatisiert werden können. Zu Beginn geht es dabei um die Vernetzung aller Verkaufskanäle, damit insbesondere das situative und das selektive Kaufverhalten abgedeckt werden können. Mit zukunftsfähigen Technologien können durch das IoT zum Beispiel Warenbestände automatisch nachbestellt werden. Künstliche Intelligenz und Machine Learning helfen dabei, Prognosen und Trends in die Produktempfehlung z. B. für die Funktion des Rezeptberaters einzubeziehen. Mithilfe von Virtual bzw. Augmented Reality können Informationen zudem am POS erlebbarer gestaltet werden.

Ziel ist, den POS durch den Einsatz von Technologien im beschriebenen Szenario des digitalen Assistenten zu einem Ort der Entdeckung und der Interaktion mit Produkten bzw. (digitalen) Experten zu machen.[210]

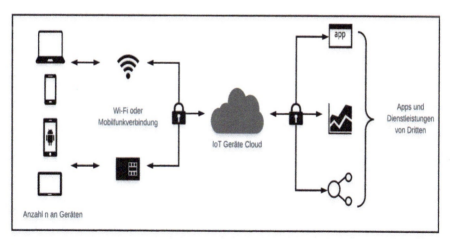

Abbildung 19: Framework IoT-Plattform
Quelle: Eigene Darstellung in Anlehnung an Jeffrey Lee 2018.

---

[210] Vgl. Digital Commerce 2017, S. 10 f.

Die Abbildung veranschaulicht vereinfacht die Komponenten, deren Interaktion das Framework der IoT-Plattform abbildet. Letztere verarbeitet die Daten der Geräte und stellt dem Kunden im Front-End die Funktionen (siehe Abschnitt 3.2) zur Verfügung. Die wichtigste Anforderung ist, dass aus Sicht des Nutzers ein Nutzenerlebnis durch eine möglichst hohe Usability entsteht.

Die Usability des erweiterten Geschäftsprozesses für eine erfolgreiche Umsetzung ist von fünf vorgelagerten Komponenten abhängig. Diese sind die physischen Dinge, die der Kunde bzw. der Mitarbeiter nutzen kann, damit die Serviceleistungen nutzbar werden, wie beispielsweise Digital Signage, mobile Datenerfassungsgeräte, Smartphones, aber auch Sensoren oder Sendeeinheiten wie Beacons. Außerdem muss die Verbindung zum Internet gewährleistet sein, damit der Nutzer „always online" sein kann.[211] Die Alternative kann eine dezentrale Datenverarbeitung durch die Einbindung eines Edge-Computings sein, mit dem die Bandbreite des WIFIs geschont werden kann.[212]

Ein weiteres Kriterium sind die notwendigen Daten zur Realisierung der digitalen Dienste. Ursprung bzw. Speicherung sowie Erhebung dieser Informationen sind einerseits von der Schnittstelle zu einem Kooperationspartner und andererseits von der Verwendung am POS zum Beispiel durch das Erfassen eines Mitarbeiters abhängig. Verfügbare Daten müssen zudem mithilfe von Analysewerkzeugen ausgewertet werden, damit durch künstliche Intelligenz valide Prognosen erstellt werden können. Die daraus abgeleiteten

---

[211] Vgl. Giese/Spaan/Acar 2018, S. 4 f.
[212] Vgl. Interview 2 Xenia Giese.

Maßnahmen sind für die Kontinuität der Nutzung bzw. Datenhistorie notwendig. Entscheidend ist die Umsetzungsstrategie, die einerseits auf „White-Lable-Lösungen" aufsetzen oder andererseits eine Eigenentwicklung umsetzen kann. Für beide Lösungen gilt zu klären, welche Oberfläche für welchen Nutzer (Kunde oder Mitarbeiter) geboten wird. Die Ausrichtung der Plattform sollte für das Front-End eine mobile Lösung in Form einer App, aber auch eine Website bieten. Hinzu kommt die Middleware, die den reibungslosen Datenaustausch zwischen den Anwendungsprogrammen sowie z. T. unterschiedlichen Betriebssystemen ermöglicht. Das Back-End umfasst alle notwendigen Komponenten rund um Kundendaten oder Tools zur Kundensegmentierung wie beispielsweise CRM, Loyalty- oder Analytics-Plattform. Die Produktinformationen können geteilt verwaltet werden. Das Product-Information-Management (PIM) beinhaltet beispielsweise Stammdaten der Artikel. Das Master-Data-Management (MDM) etwa umfasst Medien auf Artikelebene oder zusätzliche Informationen zum Produkt. Die Qualität dieser Daten ist die Voraussetzung der Darstellung im Front-End durch das Scannen eines QR-Codes, EAN-Codes oder des gesamten Artikels. Hinzu kommt, dass individuelle Dashboards auf Grundlage der Daten erstellt werden müssen, damit die verfügbaren Informationen für den Mitarbeiter ausgewertet werden können (z. B. Microsoft Dynamics Suite).[213]

Die Entscheidung zwischen Eigenlösung („Do it yourself"), Best-of-Breed-Ansatz oder der White-Lable-Lösung („All in one") setzt die

---

[213] Vgl. ebd.

Bewertung der bezweckten Wertschöpfungstiefe voraus, die den Lösungsschritt rechtfertigen muss.[214]

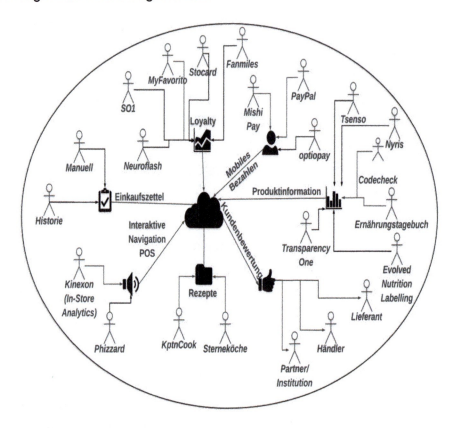

Abbildung 20: Datenquellen für B2B und B2C

Quelle: Eigener Entwurf.

3.3.1 Best-of-Breed-Lösung – Make

Die Best-of-Breed-Lösung stammt aus dem Anwendungsbereich von Enterprise-Resource-Systemen (ERP), mit denen eine bestmögliche Lösung gefunden und integriert wird. Sie besteht aus Teilbereichen

---

[214] Vgl. Lauchenauer 2017.

unterschiedlicher Anbieter, die zu einer Gesamtlösung vereint werden. Dieser Ansatz ist ein üblicher Weg, die technischen Gegebenheiten innerhalb eines Unternehmens weiter auszubauen. Die historisch gewachsenen IT-Architekturen zeigen sich in unterschiedlichen Systemen wie beispielsweise für Artikeldaten, Artikelabverkäufe oder Kundendaten. Aufgrund unterschiedlicher Systempartner wird eine Parallelstruktur aufgebaut. Diese vorerst voneinander losgelöst errichteten Systeme technologisch und organisch zu einer Gesamtlösung zusammenzuführen, stellt nicht geringe Anforderungen an das Unternehmen.[215]

Mit Blick auf die digitale Plattform kann dieser Ansatz im Vergleich zu einer All-in-One-Lösung ohne digitale Roadmap zu einem komplizierten und zeitintensiven Unterfangen werden. Die Herausforderung besteht darin, die notwendigen Informationen zu bündeln, den Funktionsumfang einzugrenzen und zu bewerten sowie die Kompatibilität zu prüfen – z. B. bei der Verknüpfung des PIM mit dem CRM. Die Umsetzung erfolgt mit agilen Methoden sowie kurzen Entwicklungszyklen, damit möglichst früh die Umsetzung der Planungen sichtbar wird. Sobald die ersten Systemteile funktionieren, beginnen Tests sowie die Content-Redaktion. Aufgrund der stetigen Veränderung müssen die „Silos" überwunden werden, damit funktionale Anpassungen an die Kundenbedürfnisse ergriffen werden können.[216]

Die unterschiedlichen IoT-Anwendungsszenarien, bereitgestellt durch integrierte Software, mit Programmierschnittstellen z. B. APIs

---

[215] Vgl. Interview 2 Xenia Giese.
[216] Vgl. Nachbauer 2016.

zu verbinden, kann dabei sehr schwierig werden.[217] Eine weitere Anforderung ist zudem, Software und Hardware – bestehend aus allen Kontaktpunkten zu Kunden, Sensoren oder Geräten – zu einem agilen Gesamtsystem zusammenzufassen. Zudem sollte gewährleistet sein, dass die ausgetauschten Informationen manuell oder automatisiert den Wertschöpfungsprozess beeinflussen können. Die Agilität der Architektur ermöglicht es, einzelne Komponenten auszutauschen und durch andere zu ersetzen, ohne das Gesamtkonzept zu gefährden.[218]

3.3.2 All-in One-Lösung – Buy

Die All-in-One-Lösungen der unterschiedlichen Anbieter unterscheiden sich neben dem Preismodell auch bei der technischen Komplexität. Von Vorteil ist, dass diese Art der technischen Umsetzung einen geringeren Aufwand darstellt, indem auf eine vorhandene IoT-Plattform-Lösung zurückgegriffen wird. Je nach Business Case kann diese an die individuellen Vorstellungen angepasst oder erweitert werden. Die gebündelten Lösungen bieten Funktionalitäten und Services, deren Entwicklungsbudget mittlerweile aus Milliardenbeträgen besteht. Die Kompatibilität mit Geräten und Systemen durch Protokolle, Schnittstellen (APIs), Software Development Kits (SDKs) und Konnektoren sollte dabei in jedem Fall gewährleistet sein.[219] Die App könnte zum Beispiel als White-Lable-Lösung verwendet werden und über unterschiedliche User-IDs zugänglich sein.

---

[217] Vgl. Senger 2018.
[218] Vgl. Lorenz 2017.
[219] Vgl. Ebd.

Support und Instandhaltung liegen in der Verantwortung des Anbieters. Ein weiterer Vorteil besteht darin, dass schneller eine kritische bzw. wirtschaftlich sinnvolle Masse an Nutzern erreicht werden kann. Tools und Werkzeuge in der Cloud sind zudem aufgrund der Einheitlichkeit flexibler anpassbar. Zur Gewährleistung gehört i.d.R. auch die Absicherung von Datenschutzanforderungen, die im Front-End z. B. über einen Navigationspunkt individuell eingestellt werden können.[220]

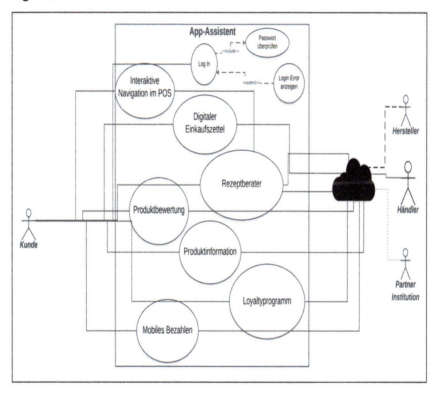

Abbildung 21: Funktionen des mobilen Assistenten

Quelle: Eigener Entwurf.

---

[220] Vgl. Interview 2 Xenia Giese.

Die in der Abbildung dargestellten Funktionen stellen nach der Unified Modelling Language (UML) einzelne Use Cases dar, die nach dem Konzeptentwurf realisiert werden müssen. Die Funktionen bestehend aus den Leistungen der Partner, Hersteller bzw. des Händlers benötigen eine IoT-Plattform zur agilen Umsetzung. .

Das Aktivitätsdiagramm verdeutlicht einen konkreten Use Case am Beispiel der Produktinformation. Die Aktivität beginnt mit dem Scannen des Artikels und endet mit dem im Idealfall personalisierten Feedback.[221]

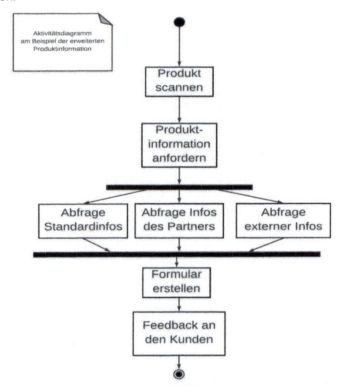

Abbildung 22 Exemplarisches Aktivitätsdiagramm
Quelle: Eigener Entwurf in Anlehnung an Steffens 2004

---

[221] Vgl. Rouse 2013.

3.4 Anforderungen an die Umsetzung

Die Anforderungen an die Umsetzung können mit dem Top-down-Ansatz verglichen werden. Vom Allgemeinen bzw. Übergeordneten schrittweise zum Speziellen, Untergeordneten zu gelangen, verdeutlicht die Tragweite der digitalen Transformation. Die strategische Entscheidung gibt die Richtung vor, mit der ein Konzept erstellt wird und die betroffenen Prozesse ermittelt werden. Die gewünschte CJ verdeutlicht die Potenziale, die mithilfe einer Roadmap sukzessive erschlossen werden. Ein umfassendes Konzept gibt die Anforderungen, insbesondere an die technischen Komponenten vor.

Die geplanten Vorhaben der digitalen Transformation zu bewältigen, kann über unterschiedliche Technologieansätze erfolgen, weshalb diese Entscheidung zu umfassenden Anforderungen der Umsetzung führt. Die Einhaltung derselben ist im Vergleich bei kleinen und jungen Unternehmen – mit vielen „Digital Natives" – einfacher als bei mittleren bis größeren Unternehmen, deren IT-komplette Systeme für neue digitale Dienste und Lösungen angepasst werden müssen. Diese Entwicklung ist ein komplexer Vorgang, in dem Menschen, Prozesse und Systeme einheitlich dem Kunden begegnen sollten. Die Gewährleistung der Einheitlichkeit kann auch durch den Einbezug neuer Schnittstellen die Reorganisation der Customer Journey bedeuten.[222]

Die e-Spirit AG hat in diesem Zusammenhang eine Umfrage unter 200 Entscheidern aus den Bereichen Marketing, IT und Management durchgeführt. Die Teilnehmer wurden zu unterschiedlichen

---

[222] Vgl. Schumacher/Meyer 2004, S. 204 f.

Anforderungen der digitalen Transformation und Umsetzung einer modernen CJ befragt. Die erste Erkenntnis aus dieser Befragung ist, dass, je mehr unterschiedliche Systeme, Datenbanken und Kanäle bei der Transformation miteinbezogen werden müssen, desto komplexer die damit verbundenen Probleme sind. 39 Prozent der Befragten bevorzugen eine Kombination unterschiedlicher Systeme nach dem „Best of Breed"-Ansatz (Best of Breed = das Beste jeder Lösung). Demgegenüber stehen 35 Prozent, die eine All-in-One-Lösung möchten. 26 Prozent sehen die Entwicklung kundenspezifischer Lösungen als die beste Möglichkeit an.[223]

Von allen Befragten gaben 50 Prozent an, über mehr als acht kundenseitig zugängliche Systeme zu verfügen, bei 27 Prozent davon sind es sogar elf oder mehr. Aus diesen historisch gewachsenen Tools die relevanten Informationen zu entnehmen, bewerten 70 Prozent der Unternehmen als verbesserungswürdig. Hingegen sehen 42 Prozent der Befragten den Stand der Integration ihrer Systeme als „einigermaßen akzeptabel" an. Beachtliche 28 Prozent geben an, unzufrieden oder sogar sehr unzufrieden zu sein.

Der Aufbau einer Plattform richtet neben technischen und prozessualen Aspekten auch organisationale Anforderungen an den Besitzer. Der Veränderungsprozess bedeutet für den Händler ein neues Grundverständnis, im Sinne einer Orchestrierung mehrere Parteien zu entwickeln. Das Ziel besteht darin, die Transaktionen aller Teilnehmer zu erleichtern.

Damit dieses Umdenken gelingt, sind vier Erfolgsfaktoren notwendig: digitale Innovationsfähigkeit, strategische sowie organisatorische

---

[223] Vgl. e-Spirit 2017.

Flexibilität, Vernetzungs- und Integrationsfähigkeit sowie Bedienerfreundlichkeit. [224] Zusätzlich zeigen bereits vertikalisierte Unternehmen in anderen Branchen wie beispielsweise H&M oder Zara, dass besonders Kompetenzen in bruchfreien Prozessen und stabilen Vernetzungen gefragt sind. Dieser Zustand kann aus der Differenz zwischen bestehenden Strukturen und den Anforderungen der Digitalisierung ermittelt werden. Der erste Schritt integriert standardisierte Prozesse, damit insbesondere die Bereiche Warenbewirtschaftung, Filiallogistik sowie Warenpräsentation inklusive Verkauf von den technischen Potenzialen und Chancen zur Wertschöpfung profitieren können. Das Kerngeschäft muss erst vollständig funktionieren, bevor auf aktuelle technologische Trends wie Virtual Reality, Machine Learning oder Chatbots eingegangen werden kann.

Ein weiterer Aspekt umfasst in erster Linie unabhängig der zeitlichen Dringlichkeit die erwartete Arbeitserleichterung und Bequemlichkeit für den Anwender. Im Kontext des Konzeptentwurfs steht hier die Vermittlung des zusätzlich geschaffenen Wertes für den stationären Händler sowie die Mitarbeiter, Hersteller, Partner und insbesondere die Kunden. Ist dieser Schritt getan, folgt der Aufbau des digitalen Konzepts der Plattform, welches mit einer funktionierenden Unternehmenswebsite beginnt. Diese virtuelle Schnittstelle ist Drehscheibe und Anlaufpunkt, Arbeitserleichterung und Handelsplattform sowie die stabile Basis für die zukünftige Geschäftsentwicklung.

---

[224] Vgl. Wirtz 2018, S. 41 f.

Danach erfolgt die Individualisierung durch die Einbindung der Hersteller und Partner, die gleichzeitig im Austausch mit den Daten die bezweckten Funktionen für den Kunden anbieten. Die Schrittfolge bis hin zur Omni-Channel-Lösung geht im Anschluss über den Ausbau des Informationszugangs sowie die Angebotserweiterung durch den Einbezug zusätzlicher Schnittstellen, Technologien und Inhalte. [225] Innerhalb dieser Vorgehensweise sind zusätzliche Anforderungen zu berücksichtigen.

Ein wichtiger Aspekt ergibt sich indirekt aus den Antworten auf die Frage nach den Beweggründen für die digitale Transformation. 63 Prozent aller Befragten der erwähnten Studie sehen die Chance, die Customer Experience zu verbessern. Von 200 Teilnehmern geben mehr als die Hälfte (53 Prozent) an, mithilfe der Transformation agiler und reaktionsschneller werden zu wollen. Mit 47 Prozent sehen etwas weniger als die Hälfte die Möglichkeit, Prozesse effizienter zu gestalten und Betriebskosten zu senken. 35 Prozent nennen die höheren Aktivitäten der Wettbewerber im digitalen Bereich als Beweggrund. Gleichzeitig prophezeien 30 Prozent den Untergang des eigenen Unternehmens, wenn die Herausforderungen nicht angegangen werden. Lediglich 11 Prozent sehen sich durch den Druck des Kunden dazu verpflichtet, neue Wege zu gehen. [226] Auffällig ist, dass insbesondere die Haltung des Kunden die geringste Aufmerksamkeit bekommt. Dieser hat allerdings während der Umsetzung einer datengetriebenen technischen Innovation durch zusätzliche Anforderungen die Möglichkeit, den Prozess der

---

[225] Vgl. Jesewski 2007, S. 2 f.
[226] Vgl. e-Spirit 2017.

Umsetzung zu beeinflussen. Die Frage ist, welcher verändernde Umstand eintreten muss, damit sich die Anforderungen ändern. Aufschluss gibt die Erkenntnis, ob Firmen, die Entscheidungen über den Kunden durch Algorithmen treffen, die dazu verwendeten Daten und Kriterien offenlegen sollten. 61,5 Prozent der 200 Teilnehmer beantworten diese Frage mit „Ja, auf jeden Fall", 18,5 Prozent mit „eher ja". Die übrigen 20 Prozent verteilen sich annähernd gleich über die restlichen Antwortmöglichkeiten von „unentschieden" bis „nein".[227] Die Gewichtung dieser Einschätzungen zeigt die Aktualität im Zusammenhang mit personenbezogenen Daten, die zu dem viel zitierten „gläsernen Kunden" führen. Das insbesondere in Deutschland in diesem Zusammenhang bestehende Misstrauen der Kunden zeigt sich in einer hohen Sensibilität, die nicht zu unterschätzen ist, sobald eine persönliche Konfrontation bzw. Betroffenheit mit diesem Thema besteht. Unbestritten ist neben der Sensibilität dieses Themas in der Öffentlichkeit, dass der zukünftige Erfolg von Unternehmen in direktem Zusammenhang mit der datengetriebenen Ausrichtung der Geschäftsmodelle steht. „Am Ende des Tages ist das nichts anderes als das, was im Onlinehandel längst passiert."[228] Mit dieser Einschätzung positioniert sich Ulrich Spaan vom Handelsforschungsinstitut EHI zum Thema der Speicherung, Analyse und Weitergabe von Daten.

Nicht nur statistische Erhebungen zu diesem Thema zeigen eine aktive Auseinandersetzung, auch die politischen Entscheidungen tragen zur Neuregelung der Verhältnisse bei.[229] Aus Sicht der

---

[227] Vgl. Braun 2017, S. 3 f.
[228] Forster 2017.
[229] Vgl. Schmiechen 2018.

Unternehmen gerade im europäischen Raum sind Gesetze wie z. B. die Datenschutzgrundverordnung (DSGVO) ein wichtiger Aspekt, insbesondere während der Umsetzung neuer Konzepte. Neben der Auswirkung auf die Usability, deren Anspruch eine möglichst geringe „Click through"-Rate ist, beinhaltet diese Verordnung viele Restriktionen, die bei einer Rechtsverletzung schwerwiegende finanzielle Folgen haben können.[230] Die Vorgaben der DSGVO gelten für alle Unternehmen, die in der EU ansässig sind bzw. personenbezogene Daten von EU-Bürgern verarbeiten. Diese Daten sind z. B. Name, Adresse, E-Mail-Adresse, Telefonnummer, Geburtsort, Kontodaten, Kfz-Kennzeichen oder Standortdaten. Unabhängig von der DSGVO gelten die nachfolgenden Grundsätze des Datenschutzrechts. Vorrangig sind Erhebung, Verarbeitung und Nutzung personenbezogener Daten ohne Einwilligung der betroffenen Person verboten. Aus diesem Grund ist für die Zustimmung ein zusätzliches Hinweisfenster verpflichtend notwendig. Alle Informationen müssen präzise, transparent, verständlich, leicht zugänglich, in klarer und einfacher Sprache dem Nutzer zugehen. Es besteht der Grundsatz der Datensparsamkeit und Zweckbindung, was bedeutet, dass nur so viele Daten erhoben werden dürfen, wie für den beabsichtigten Zweck tatsächlich benötigt werden. Die Datenrichtigkeit richtet den Anspruch an inhaltlich und sachlich richtig und aktuell gehaltene Datensätze. Artikel 32 der DSGVO schreibt den Grundsatz der Datensicherheit fest, der ein dem Risiko angemessenes Schutzniveau gewährleisten muss. Diese Gewährleistungspflicht erfordert technische und organisatorische

---

[230] Vgl. ebd.

Maßnahmen. Dazu gehören je nach Stand der Technik die Implementierungskosten sowie der Einbezug der Ergebnisse einer Risikoanalyse. Außerdem sollte für die Umsetzung Artikel 17 berücksichtigt werden, der dem Nutzer das Recht auf Vergessenwerden einräumt. Die Datenübertragbarkeit räumt nach Artikel 20 dem Nutzer die Möglichkeit ein, seine persönlichen Datensätze problemlos zu einem anderen Anbieter mitzunehmen. Die Kontrolle der Einhaltung regelt die Rechenschaftspflicht, nach der Artikel 5 Absatz 2 die Nachweispflicht bei der Aufsichtsbehörde festschreibt.[231]

Die DSGVO, deren Inhalt auf europäischer Ebene gültig ist, wird durch die E-Privacy-Verordnung (EPVO) 2019 vertieft. Diese löst die Richtlinie von 2002 sowie die Cookie-Richtlinie von 2009 ab und gilt nach Beschluss ebenfalls innerhalb der gesamten Europäischen Union. Die EPVO ist als eine Erweiterung des deutschen Telemediengesetzes sowie des Gesetzes gegen unlauteren Wettbewerb zu verstehen und soll insbesondere dem Schutz des Verbrauchers dienen. Ihre Auswirkungen treffen lediglich Konzepte, deren Finanzierung über cookie-basierte Werbung erfolgt. Aktuell gibt es eine Vielzahl an Webseiten, die eine höhere Trefferquote ihrer Werbeanzeigen durch das Informationsinteresse der Nutzer bezwecken wollen. Die Verfolgung des Nutzerverhaltens soll allerdings eingeschränkt werden. Diese Auswirkung unterstreicht die Bedeutung der account-basierten Umsetzung des digitalen Assistenten. Dienstleister, deren Angebot aus Kommunikationsmedien wie beispielsweise Telefon, Internetzugang,

---

[231] Vgl. Siebert 2018.

E-Mail, Chat, Messenger sowie Audio- und Videochat besteht oder Tracking-Cookies für personalisierte Onlinewerbung einsetzen, sind von dieser Regelung betroffen.

Für die Nutzung des mobilen Assistenten über die App ist nach jetzigem Stand und Auslegung der EPVO lediglich eine Anpassung der Nutzungsbedingungen notwendig. Die Auswirkungen für die Website hingegen würden aus Sicht des stationären Händlers gravierender sein, sollte kein Nutzer-Account verpflichtend sein. Neben der künftig eingeschränkten Effektivität der momentan personalisierten Onlinewerbung, die laut dem Verband deutscher Zeitschriftenverlage mit einem Schaden für die Werbebranche von mehr als 300 Millionen Euro rechnen muss, gelten mit Inkrafttreten des Gesetzes auch besondere Anforderungen an den Backend-Bereich analog zur DSGVO.[232]

Mit dem Recht auf Vergessenwerden muss jeder Betreiber die Datenbanken so überarbeiten, dass jederzeit einzelne Datensätze auch aus allen Back-ups gelöscht werden können. Ähnlich wie bei der DSGVO gelten auch für die EPVO Bußgelder, die bei Verstoß bis zu 4 Prozent des weltweiten Vorjahresumsatzes bzw. bis 20 Millionen Euro betragen.[233]

Die steigende Bedeutung technologischer Neuerungen wird trotz der juristischen Regulierungsversuche nicht gebremst. Der Technologiekonzern Apple wirbt damit, dass nur wenig persönliche Daten gesammelt oder verarbeitet werden. „Wir lehnen die Anschauung ab, dass man nur dann das Beste aus der Technologie

---

[232] Vgl. Sturm 2018.
[233] Vgl. Relemind 2018.

herausholen kann, wenn Nutzer ihr Recht auf Privatsphäre abgeben. Deshalb wählen wir einen anderen Weg: So wenig Daten wie möglich zu sammeln und sorgfältig und respektvoll zu sein, wenn die Privatsphäre in unserer Obhut ist. Weil uns bewusst ist, dass die Daten Ihnen gehören."[234] Dieses Zitat von Tim Cook zeigt, dass ein Bewusstsein für die Sensibilität im Umgang mit Daten vorhanden ist, die technologische Veränderung jedoch in Abhängigkeit von den notwendigen Daten sowie der Performance der Produkte steht. Sobald der Reifegrad einer technologischen Innovation so weit ist, dass künstliche Intelligenz zum Einsatz kommen kann, liegt es an jedem Nutzer, ob diese auf Grundlage der freigegebenen Informationen die Lernfähigkeit dieser Dienste vorantreibt. Eine Verweigerung ist an die Akzeptanz gekoppelt, dass ein nicht reibungslos funktionierendes System nicht das volle Potenzial ausschöpft.

Eine weitere Anforderung insbesondere mit der Einführung einer technologischen Innovation zeigt der Patentantrag von Walmart zur akustischen Überwachung des Kassenbereichs in den USA. Der Hintergrund dieses Patents ist die Messung der Effizienz der Mitarbeiter sowie der Zufriedenheitsbewertung des Kunden. Die Technik „Listening to the Front-End" beinhaltet die Positionierung mehrerer Audiosensoren in der Kassenzone, damit Kosten reduziert und die Kundenzufriedenheit verbessert werden können. Die Ermittlung valider Kennzahlen erfolgt beispielsweise über die Geräusche beim Verpacken der Produkte oder beim Platzieren im

---

[234] Schmiechen 2018.

Einkaufswagen.[235] Nach § 87 Absatz 1 Nummer 6 des Betriebsverfassungsgesetzbuches steht in Deutschland dem Betriebsrat (BR) ein Mitbestimmungsrecht bei der Einführung und Anwendung von technischen Überwachungseinrichtungen zu, die dazu bestimmt sind, das Verhalten oder die Leistung des Mitarbeiters zu überwachen. Der Begriff der technischen Einrichtung ist weit gefasst, weshalb jede optische, mechanische, akustische oder elektronische Einrichtung (Hard- und Software) dazu zählt.[236]

Ein Testversuch der Technologie von Walmart ist aus diesem Grund in Deutschland undenkbar. Die Anforderung aufgrund der Mitbestimmung des BR ist, in der strategischen Ausgestaltung des Einkaufsassistenten mögliche Bedenken bei zusätzlichen Funktionen für Mitarbeiter zu berücksichtigen.

---

[235] Vgl. Wittenhorst 2018.
[236] Vgl. § 87 Abs.1 Nr. 6 BetrVG.

4. Einzigartige Kreativität

„*There is only one valid definition of business purpose: to create a customer. [...] Because it is its purpose to create a customer, any business enterprise has two – and only these two – basic functions: marketing and innovation. They are the enterpreneurial functions.*"[237]

Peter Drucker (1909-2005)

Peter Drucker benennt aus seiner Sicht die zwei Basisfunktionen eines Geschäftszwecks. Einerseits die des Marketings und somit die inhaltliche Ausrichtung des Folgenden. Andererseits ist die umfassende Auseinandersetzung mit der Thematik der Innovationen Bestandteil dieses Kapitels.

Das Marketing steht in unmittelbarem Zusammenhang mit einer Marke, die mit Blick in das Gesetz über den Schutz von Marken oder sonstigen Zeichen durch unterschiedliche Erkennungsmerkmale definiert wird. Laut diesem Gesetzestext können als Marken „[...] alle Zeichen, insbesondere Wörter einschließlich Personennamen, Abbildungen, Buchstaben, Zahlen, Hörzeichen, dreidimensionale Gestaltung einschließlich der Form einer Ware oder ihrer Verpackung sowie sonstige Aufmachungen einschließlich Farben und Farbzusammenstellungen geschützt werden, die geeignet sind, Waren oder Dienstleistungen eines Unternehmens von denjenigen anderer zu unterscheiden".[238]

Einzigartige Kreativität steht für eine Markenstrategie, welche die Inspiration des Kunden zentriert. Die inhaltliche Ausrichtung geht

---

[237] Peter Drucker 1968, o. S.
[238] § 3 Abs. 1 MarkenG.

dazu auf die Herausforderungen ein, die mit der Gestaltung einer Markenstrategie sowie der methodischen Umsetzung von Kreativität innerhalb eines Unternehmens verbunden sind. Die notwendigen Ressourcen und Informationen ergeben sich zum Großteil aus den relevanten Kontaktpunkten der Kommunikationswege. Der planbare Einsatz gelingt, wenn der gewünschte Zielkunde mit einer optimalen Zusammenstellung von Inhalten entlang der Customer Journey angesprochen werden kann. Die Ausgestaltung des Inhaltes, welcher über die Kontaktpunkte zum Kunden vermittelt wird, entspringt aus der Methodik der neurolinguistischen Programmierung. Mithilfe des methodischen Ansatzes kognitiver Beeinflussung kann es möglich sein, den Konzeptentwurf zielführend zu positionieren. Damit soll bei einer gewünschten Zielgruppe Inspiration geweckt werden. Unter Einbezug der Aspekte Transparenz, Sicherheit, Personalisierung und Nachhaltigkeit steht insbesondere die vertrauensvolle Interaktion zwischen allen Stakeholdern im Vordergrund. Die Ausgestaltung einer Marketingkampagne richtet sich an einer möglichst kreativen Ausgestaltung, der Identifikation durch Personalisierung, dem Vertrauen durch Transparenz und an der Inspiration durch sinnstiftende Inhalte aus.

Doch zunächst soll folgende Frage beantwortet werden: „Wie ist und bleibt man kreativ?"

„Das Gute am Kreativ sein ist, dass es nie aufhört. Es gibt immer irgendetwas, was man besser machen könnte. Immer eine neue Idee, die es zu entdecken und umzusetzen [gilt]. [...] Entweder es handelt sich um eine unerwartete Lösung für ein erwartetes Problem oder aber um eine erwartete Idee für ein unerwartetes Problem."²³⁹ Rei Inamoto schätzt die Kreativität als Charaktereigenschaft ein, die sich mit der notwendigen Grundvoraussetzung trainieren lässt, beispielsweise, indem man sich unter die Zielgruppe mischt. Die Erkenntnisse können im Anschluss dazu beitragen, die notwendige Lösung an die Komplexität der Anforderung anzupassen.

Ein weiterer interessanter Aspekt Inamotos ist der Umgang mit dem Versagen. Dieses Thema ist für ihn in der Kreation wichtiger als der immerwährende Erfolg. Der Grund dafür ist, dass man aus Fehlern wesentlich mehr lernen kann als nur aus Erfolgen.²⁴⁰

---

[239] Rei Inamoto 2014
[240] Vgl. W&V 20/2014, S.26.

4.1 Die Herausforderungen

"Vorbei sind die Zeiten, in der die Verbraucher treu der Markeneinführung eines Unternehmens folgten. Über Jahrzehnte teure etablierte Markenwerte geraten ins Wanken, wenn der Verbraucher online über Empfehlungs- und Bewertungsrankings die Qualität und den Erfolg eines Produktes bestimmt. Der Kunde war schon immer König, doch erst jetzt übernimmt er wirklich die Macht und beginnt zu regieren."[241]

Rapp Collins (2006)

Dieses Zitat beschreibt eine der wesentlichen Herausforderungen, denen sich ein Markenverantwortlicher stellen muss. Der Smartshopper im 21. Jahrhundert ist durch die fehlenden Grenzen des digitalen Raums mit einem Mausklick umfassend informiert und aufgrund personalisierter Inhalte nur durch Innovationen oder Schnäppchen einer Marke treu.[242] Hinzu kommen transparent verfügbare Kundenbewertungen, auf die ein aufrichtiges Unternehmen nur indirekten Einfluss hat. Diese Bewertung könnte zum Beispiel durch das in Kapitel 3 beschriebene Konzept direkt beeinflusst werden, wenn Inszenierung, Steuerung und Führung der Marke wieder gelingen.

Die Beibehaltung des Markenwerts richtet sich nach der markenstrategischen Ausrichtung im Sinne einer Produkt-, Dach- oder Familienstrategie.[243] Im Hinblick auf den beschriebenen Konzeptentwurf handelt es sich um ein dienstleistendes digitales

---

[241] Rapp Collins 2006, o. S.
[242] Vgl. Gaiser/Linxweiler 2017, S. 100 f.
[243] Vgl. Esch 2014, S. 397 f.

Produkt mit vielen Funktionen, weshalb die Ausrichtung auf eine Dachmarkenstrategie naheliegt. Das Versprechen für den Kunden ist die pragmatische Zusammenstellung digitaler Serviceleistungen, die unabhängig von Ort und Zeit genutzt werden können. Die Positionierung ergibt sich aus der personalisierten inhaltlichen Ausgestaltung für jeden Nutzer, die sich an dessen Erwartungen und individuellen Vorlieben orientiert. Unterschiedliche Kontaktpunkte (siehe Abschnitt 4.3) ermöglichen eine verkürzte Reaktionszeit der Partner, Hersteller, Institutionen sowie des anbietenden Händlers mit dem Kunden und entgegengesetzt.

Ein weiterer Effekt der kooperativen Ausrichtung ist, durch horizontale, vertikale oder laterale Markenallianzen die Möglichkeit der Differenzierung zu schaffen. Spill-over-Effekte, deren negative Ausstrahlung das Gesamtangebot eines Unternehmens betreffen kann, entstehen, wenn die klare namentliche Abgrenzung vom anbietenden stationären Händler unterbleibt. Die Synergieeffekte der Markenallianzen können den gegenseitigen Bekanntheitsgrad je nach Namensgebung steigern, die Sympathie sowie das Vertrauen erhöhen und die Möglichkeit für zusätzliche Lizenzeinnahmen bieten.[244] Gelten für diese Allianzen einheitliche markenrelevante Kriterien, so profitieren die teilnehmenden Partner, Hersteller und Händler von vereinfachten verkürzten Abstimmungsprozessen bei notwendigen strategischen Entscheidungen.[245]

Wichtig ist die Namensgebung des digitalen Assistenten, die Auswirkungen auf die Kosten der Einführung und den Aufbau der

---

[244] Vgl. ebd., S. 184 f.
[245] Vgl. ebd., S. 399 f.

Marke hat. Ein weiterer Aspekt ist die Aufteilung der Kosten, die mit der Erweiterung der Teilnehmer auf Anbieterseite geringer werden und zusätzlich die Profilierung der Produktmarke vorantreiben.[246] Die Bündelung aller Teilnehmer auf Anbieterseite sieht sich zudem mit der flexiblen inhaltlichen Konzeption konfrontiert. Die sich ändernden Umstände aufseiten der Erwartungen der Kunden fordern diese Anpassungsfähigkeit. Für den Fall einer nicht rechtzeitigen inhaltlichen Veränderung müssen insbesondere in Auswirkung auf die Markenpflege notwendige Relaunch-Prozesse geprüft und initiiert werden.[247]

Unabhängig von den Möglichkeiten einer inhaltlichen Ausgestaltung können auch ein Markentransfer sowie ein Line-Enlargement die Markenpflege unterstützen. Mit Blick auf die strategische Ausrichtung ergibt sich die Option, die personenbezogenen Daten im Austausch mit Kooperationspartnern anderer Branchen wie beispielsweise Versicherungen oder Fitnessstudios zu verwenden. Diese Erweiterung auf diese Branchen könnte aus Sicht des stationären Händlers sinnvoll sein. Das Zielgruppenpotenzial wird vergrößert und der Markt kann breiter und segmentspezifischer abgedeckt werden.[248] Die notwendigen Voraussetzungen sind: klar abgrenzbare Markt- und Zielgruppensegmente definieren, das Produkt in den Kompetenzbereich der Marke platzieren und ein eindeutiges kaufrelevantes Markenimage aufbauen.[249]

---

[246] Vgl. Gaiser/Linxweiler 2017, S. 91 f.
[247] Vgl. Theobald 2016, S. 34 f.
[248] Vgl. Esch 2014, S. 411 f.
[249] Vgl. ebd., S. 417 f.

Die inhaltliche Ausrichtung auf unterschiedliche Zielgruppen kann auch durch eine geografische Ausdehnung auf neue Gebiete erfolgen. Voraussetzung ist, dass unabhängig von Zeit und Ort die Möglichkeit besteht, die angebotenen Leistungen zu nutzen bzw. auf das bestehende Angebot aufmerksam gemacht zu werden. Ein möglichst standardisiertes Leistungsangebot, welches über einen einheitlichen Markennamen mit einheitlichem Markenzeichen vertrieben wird, ermöglicht bei einer steigenden Auslastung die Realisierung von „Economies of Scale and Scope". Zusätzlich können mit einer einheitlichen Kommunikation die Grenzenlosigkeit des Internets und die Verbreitung innerhalb nationaler Medien gefördert werden. Dies kann durch eine standardisierte Markenstrategie erfolgen, die unterschiedliche Bedürfnisse getreu dem Motto „so global wie möglich, so lokal wie nötig" berücksichtigt.[250]

Betrachtet man die Entwicklung der nationalen Markenanmeldungen sowie den Markenbestand zwischen den Jahren 1993 bis 2014, so haben sich die jährlichen Anmeldungen von 38.206 auf 66.613 um knapp 75 Prozent erhöht. Der Bestand ist von 354.872 um knapp 224 Prozent angestiegen. Dieses Wachstum zeigt die Tendenz des Marktvolumens von Marken, die sich individuell gegenüber dem Kunden positionieren.[251] Zu Marken zählen beispielsweise auch virtuelle Marktplätze, Stromanbieter oder Romanfiguren, die unterschiedliche Assoziationen hervorrufen. Ausschlaggebend für eine starke Marke ist eine positive Assoziation beim Endkunden. Verbraucherunsicherheiten werden durch Transparenz und Qualität

---

[250] Theobald 2018, S. 39.
[251] Vgl. Deutsches Patent- und Markenamt 2015.

der gebotenen Leistungen reduziert. So gelingt es den Marken, dem Kunden eine einfache Orientierung anhand der gelieferten Inhalte und Services zu bieten. Je transparenter der Zusatznutzen, desto eher kann sich ein Erfolg einstellen, der sich in der Menge an Daten bzw. der erhaltenen Geldleistung zeigt.[252] Die Anforderung neben der formalen Markierung des Produkts oder der Dienstleistung auf dem Weg zur Marke ist, dass der Konsument auf Nachfrage konkrete Informationen zum Leistungsangebot einer Marke benennen kann. Ziel ist ein immaterieller Wert, der ein unverwechselbares Vorstellungsbild des Produkts oder der Dienstleistung in der Psyche des Konsumenten verankert.[253]

Strategische Entscheidungen fußen auf der aktuellen Situation des anbietenden Unternehmens und definieren die strategischen Ziele. Diese bilden eine strategische Route, ein festgelegtes Leistungsprogramm und legen die Prioritäten fest. Die einzelnen Betätigungsfelder werden im Anschluss bei der Verteilung von Ressourcen berücksichtigt. Hinzu kommen Festlegungen, die für die Markenführung gelten und sich nach der Gestaltung und Steuerung des Markenportfolios richten. Die Markenebene basiert auf den strategischen Entscheidungen und lenkt die zusätzliche Aufgabe und Ausrichtung der einzelnen Marke bzw. Markenlinie.

Ausgehend von den übergeordneten Unternehmenszielen in Abhängigkeit von der aktuellen Situation des Unternehmens und der Marke werden markenstrategische Ziele festgelegt und die Grundsatzstrategie definiert. Dazu zählen die Positionierung, die

---

[252] Vgl. Hempelmann/Grunwald 2008, S. 300 ff.
[253] Vgl. Meffert 2000, S. 847 f.

Zielgruppe sowie verfügbare Absatzquellen. Die benötigten Instrumente unterliegen dem konkreten Rahmen der operativen Marketingmix-Entscheidungen.[254] Der in der Abbildung dargestellte Prozess ist in der inhaltlichen Ausgestaltung und Durchführung sehr dynamisch, erfordert die Berücksichtigung der Ergebnisse aus Situationsanalyse und strategischer Ausrichtung auf allen Ebenen,[255] und endet mit der Kontrolle des Erfolges. Diese orientiert sich in der Ausrichtung der Bewertung an internen und externen Kriterien.

---

[254] Vgl. Gaiser/Linxweiler 2017, S. 13 f.
[255] Vgl. Meffert 2000, S.849f.

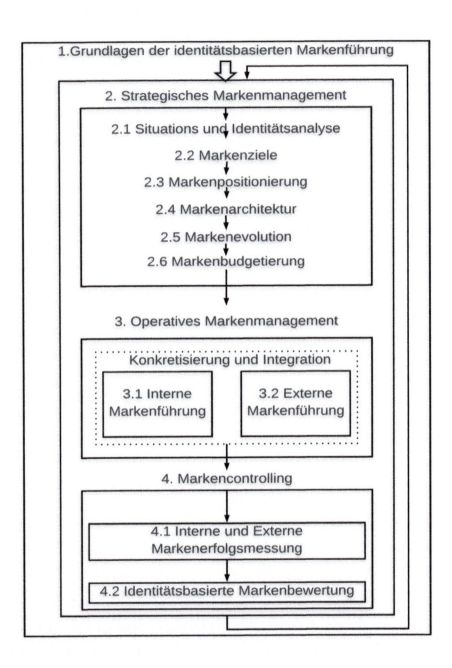

Abbildung 23: Prozess der Markenführung

Quelle: Eigene Darstellung in Anlehnung an Burmann 2018, S. 10.

Strategische Entscheidungen orientieren sich an dem gesellschaftlichen und gesamtwirtschaftlichen Umfeld. Dieses beschreibt die unterschiedlichen Auswirkungen auf die betroffenen Bereiche, deren Handeln auf die Marke einzahlt.[256] Das Verhalten der Kunden wird zunehmend flexibler und somit schwieriger zu erfassen, um mögliche Prognosen abzuleiten. Unabhängig der Generationen bilden sich unterschiedliche kleinere und instabilere Käufergruppen. Global betrachtet gibt es einen erkennbaren Trend. Die Zweiklassengesellschaft trennt inzwischen immer deutlicher in „wohlhabend" und „nicht wohlhabend". In der detaillierten Betrachtung zeigen sich die Gründe dieser globalen Entwicklung, z. B. in der Abhängigkeit zwischen Haushaltsgröße und Zahlungsbereitschaft. Einerseits steigt der Anspruch der Singles oder DINKs (double income no kids), andererseits sinkt die Zahlungsbereitschaft der Familien oder Rentner, die primär auf den Preis achten. Über beide Tendenzen und Haushaltsgrößen hinweg sind ein Anstieg des Qualitätsanspruchs sowie der Wunsch nach Sicherheit und Stabilität zu erkennen.[257]

Diese Entwicklung kann mit der flächendeckenden durchschnittlich hohen Angebotsbreite und -tiefe in Verbindung stehen, die das Verhalten des Konsumenten prägt. Eine weitere Entwicklung ist, dass der multioptionale Verbraucher sowohl Luxus- als auch Discountprodukte kauft.[258] Zudem ist die steigende Anzahl an Smartshoppern nicht zu vernachlässigen. Im Gegensatz zum klassischen Schnäppchenjäger sind diese auf der Suche nach dem

---

[256] Vgl. Burmann 2018, S. 10 f.
[257] Vgl. Opaschowski 2006, S. 59 f.
[258] Vgl. Gaiser/Linxweiler 2017, S. 15 f.

optimalen Preis- und Leistungsverhältnis edler Marken. Sie weisen eine geringe Markentreue auf, haben ein höheres Einkommen und sind überdurchschnittlich gut informiert.[259] Ebenfalls wichtig ist die zunehmende Bedeutung der Corporate Social Responsibility (CSR), auch aufgrund des steigenden Interesses auf Nachfrageseite. Die Anzahl der LOHAS-Anhänger (Lifestyle of Health and Sustainability), die gesunde, nachhaltige und qualitative Ansprüche verbinden, ist laut GfK ConsumerScan von 22 auf 28 Prozent gestiegen.[260] Nicht zu vernachlässigen ist zudem der Prosument. Dieser ist ein aktiver Marktpartner der Wertschöpfung eines Unternehmens, dessen Einfluss und Macht durch das Web 2.0 an Wirkungskraft gewinnt.[261] Die klassischen Instrumente des Marketings genießen bei dieser Art von Konsumenten eine geringe Überzeugungskraft.[262]

Die Komplexität unterschiedlicher Konsumtypen und deren Anspruch, ihren individuellen Erwartungen gerecht zu werden, zeigen die Herausforderungen, denen sich ein stationärer Lebensmittelhändler stellen muss. Den Veränderungen der Konsumentenansprüche kann z. B. mit einem regional angepassten Angebot begegnet werden. Diese Entwicklungen auf horizontaler Ebene verlagern sich durch moderne Distributionsstrukturen zu einem vertikalen Wettbewerb. Der Konsum verteilt sich auf die physischen und virtuellen Einkaufswelten und fordert „Multi-Channel-Lösungen", die das „Channel-Hopping" des Kunden ermöglichen sollen.

---

[259] Vgl. Esch 2014, S. 39 f.
[260] Vgl. Markenartikel Magazin 2016, S. 26 f.
[261] Vgl. Bendel 2018.
[262] Vgl. Gaiser/Linxweiler 2017, S. 17 f.

Der Erfolg einer Marke, unabhängig von Hersteller oder Händler, wird in Zukunft von einer für den Verbraucher erkennbaren Positionierungsstrategie abhängig sein. Der Anspruch an einen relevanten Zusatznutzen steigt.[263]

Die Polarisierung der Märkte ergibt sich aus dem Kampf zwischen Handels- und Markensystemen. Die Gefahr besteht, dass weniger profilierte Marken existenziell an Marktanteilen verlieren. Die Polarisierung ergibt sich aus der individuellen Wertvorstellung über Produkte (High vs. Low Involvement), die der Lebens- und Existenzsicherung dienen oder Luxus- und Sozialstatus ausdrücken. [264] Das exponentiell steigende Produkt- und Markenangebot führt zu einer verwässerten Unterscheidbarkeit für den Konsumenten. Emotionale Produktdifferenzierung ist in Zeiten der Austauschbarkeit der Angebote wesentlich professioneller und mit höherem Aufwand zu handhaben.

Neben der Ausdehnung des Produktangebots steht der klare konkrete Nutzen des einzelnen Produkts im Fokus des Konsumenten. Diese Information kann z.B. mit in die inhaltliche Ausgestaltung der vielfältigen Kommunikationsmittel des Einkaufsassistenten integriert werden. Die Reduktion der „Consumer Confusion" sorgt insbesondere im Lebensmittelhandel für straffe Sortimente, eine transparente Preispolitik sowie eine standardisierte POS-Gestaltung, bei der ein mobiler Begleiter die Profilierung unterstützen kann.[265]

Aufgrund der vorherrschenden Medienflut, bestehend aus klassischen und Onlinekanälen, ist der Wirkungsgrad abhängig von

---

[263] Vgl. ebd., S. 110 f.
[264] Vgl. ebd., S. 112 f.
[265] Vgl. Esch 2014, S. 30 f.

der Zentralität des Kunden, die mithilfe eines CRM möglich wird. Die Auswahl der Kontaktpunkte richtet sich deshalb nach der Erreichbarkeit der gewünschten Zielgruppe, die digitale, aber auch klassische Medien unterstützt. „Der vernetzte Mensch will partizipieren."[266] Dieses Zitat verdeutlicht den Stellenwert, der die Verbindung zwischen Marke und Kunde ausmacht, und kann als Leitsatz verwendet werden. Ein Praxisbeispiel ist der Internetbrowser Firefox, der sein ikonisches Logo überarbeitet hat. Dazu wurden die User am Redesign beteiligt. Laut Unternehmensangaben war ein neues Logo notwendig, weil die bisherige Darstellung die Anwendungen aus dem Mozilla-Portfolio nicht repräsentieren konnte.[267]

Mit dem erfolgreichen Aufbau einer Marke und der strategischen Ausrichtung ergeben sich weitere Herausforderungen, die aufgrund von Nachlässigkeiten auftreten können. Ein Beispiel stellen die übermäßigen Preis-Promotions dar, die auch als „Aktionitis" bezeichnet werden. Der Anteil am Gesamtumsatz durch diese Art der Kommunikation zeigt einen Anstieg von 19,7 Prozent im Jahr 2007 auf 27,4 Prozent im Jahr 2014 und somit den zunehmenden Zugzwang von Marken, sich zu positionieren.[268] Diese Strategie kann jedoch die langfristige Bindung reduzieren, die Zahlungsbereitschaft minimieren und die Markenpersönlichkeit unglaubwürdig machen. Alternativen sind konsequente Pflege der Marke, Steigerung der

---

[266] Theobald 2018, S. 118.
[267] Vgl. Rondinella 2018.
[268] Statista 2014.

emotionalen Bindung von bzw. zu Verbrauchern sowie eine hohe Nutzendifferenzierung hinsichtlich Qualität und Nachhaltigkeit.[269] Die Markendehnung kann einerseits eine Chance, andererseits – bei einer unsensiblen und leichtfertigen Ausrichtung – eine Verwässerung des Markenprofils bedeuten. Die erzielten zusätzlichen Umsätze auf ergänzenden Märkten oder Marktsegmenten, welche die Stagnation der Märkte überwinden sollen, stehen dennoch in engem Zusammenhang mit den Kernwerten einer Marke. Die Kernwerte einer Marke müssen klar und einzigartig sein, damit die Gefahr der Markenmonotonie bzw. -homogenität reduziert werden kann. Die Substituierbarkeit der angebotenen Leistung kann laut 76 Prozent der deutschen Befragten durch die Gestaltung der Medien reduziert werden, indem Marken einen Beitrag zur Verbesserung der Lebensqualität und des Wohlbefindens leisten.[270]

„One face to the customer" steht für die Grundvoraussetzung in der Markenkommunikation über alle Kontaktpunkte hinweg. Das Ziel ist, die Positionierung der Marke zum Ausdruck zu bringen. Dazu werden die verwendeten Kanäle inhaltlich, formal und zeitlich aufeinander abgestimmt.[271]

Das Aachener Institut Dialego hat insgesamt 4016 Konsumenten durch offene Fragen zu ihrem Markenvertrauen untersucht. Zu den Vertrauenswürdigsten zählen insgesamt 3895 Marken aus 27 Produktkategorien. Im Bereich der Handelsunternehmen ist Edeka im Vergleich zu den 147 weiteren genannten Handelsunternehmen an

---

[269] Vgl. Gaiser/Linxweiser 2017, S. 114 f.
[270] Vgl. Bolloré 2017, S. 5.
[271] Vgl. Gaiser/Linxweiler 2017, S. 115 f.

der Spitze vor Rewe. Die Investitionen zeigen die Positionierung beider Handelsunternehmen gegenüber dem Wettbewerb als Retail-Brand. Die Faktoren der erfolgreichen Positionierung ergeben sich nach der Befragung aus Aspekten wie Verlässlichkeit, dem Ernstnehmen von Kundenbedürfnissen sowie einem guten Kundenservice.[272]

„Best Brands zeichnet die Marken aus, die eine langfristige, emotionale Beziehung zu den Konsumenten aufbauen konnten. Ihnen gelingt es, die individuellen Interessen insbesondere der Millennials anzusprechen und gleichzeitig dem Wunsch nach Gemeinschaft gerecht zu werden. Dazu gehört eine smarte Inszenierung in sozialen Medien, die das emotionale Gemeinschaftserlebnis betont und trotzdem innovative Coolness vermittelt."[273]

---

[272] Vgl. Brecht 2018.
[273] Michael Müller in GFK ConsumerScan 2016.

4.2 Customer Relationship Management

„*One face to the Customer*"²⁷⁴

Unbekannt

Dieser Leitgedanke bzw. Ansatz einer Organisationsform kann mithilfe der technischen Unterstützung durch das CRM inhaltlich, formal und zeitlich mit Wirkung auf den Kunden umgesetzt werden. Dies gelingt durch die Datensammlung und -auswertung von Kundenbeziehungen.²⁷⁵ Der Ansatz steht für einen Ansprechpartner, der sich um alle Anliegen der Kunden kümmert und somit aktiv die Kundenzufriedenheit steigert.²⁷⁶

Die höchste Kundenzufriedenheit ist das Ziel jedes Unternehmens, für dessen Erreichen eine Wirkungskette existiert. Die Bestandteile sind vergleichbar mit dem Ergebnis einer Studie der Ludwig-Maximilians-Universität München, die der Fragestellung nachging: „Was macht eine Ehe stabil?" Das Ergebnis zeigt vier Aspekte, die den Erfolg einer Ehe ausmachen:²⁷⁷

1. Toleranz und Akzeptanz
2. Vertrauen, Offenheit und Ehrlichkeit
3. Liebe und Zuneigung
4. Konstruktive Konfliktlösung und Kommunikation

Der oben genannte Leitsatz in Kombination mit diesem Studienergebnis erfordert ein Management, welches sich dieser Herausforderung stellt. Mithilfe der Vielzahl an Lösungen, die durch

---

²⁷⁴ Vgl. Wankenhut 2015.
²⁷⁵ Vgl. Binckebanck/Elste 2016, S. 7 f.
²⁷⁶ Vgl. Wirtschaftslexikon 2018.
²⁷⁷ Vgl. ebd.

Informationssysteme geboten werden, ist diese Kombination möglich. Plattformübergreifend werden im CRM die Informationen über den Kunden gesammelt, zentral gespeichert und dem autorisierten Mitarbeiter zur Verfügung gestellt. Die personalisierte Kommunikation mit dem Kunden auf Grundlage seiner Bedürfnisse wird in jedem verwendeten Kommunikationskanal berücksichtigt. Das zentrale Informationssystem hat das vorrangige Ziel, eine Unterstützung für alle Marketing-, Vertriebs und Servicekonzepte zu geben. Die Kommunikation entlang der CJ mit dem Kunden wird einfacher, wenn die gespeicherten Informationen aus dem Nutzungsprofil analysiert werden und über dem Zeitverlauf eine Historie der Daten entsteht. CRM-Systeme bieten neben der Unterstützung auch die Möglichkeit zur Planung und Kontrolle kundenbezogener Geschäftsprozesse.[278] Die erfolgreiche Kommunikation wird durch Personalisierung möglich und spricht auf Grundlage einer Historie an Daten den Kunden treffender an. Ein Loyalty-Programm bietet mit attraktiven Vorteilen, zusätzlich zu den gebotenen Serviceleistungen des digitalen Einkaufsassistenten, die Möglichkeit, die Kontinuität der Daten durch Prämien voranzutreiben. Der Unterschied zwischen CRM und einem Loyalty-Programm ergibt sich aus der Marken-Kunden-Beziehung und den damit verbundenen Erwartungen. Mithilfe des CRM wird versucht, alle potenziellen Kunden zu erreichen, auch diejenigen, die nicht registriert sind und den digitalen Assistenten trotzdem nutzen. Unabhängig vom Front-End können mithilfe des CRM auch alle weiteren Kundenkontaktpunkte gesteuert werden (siehe Abbildung 23).

---

[278] Vgl. Eichen/Hinterhuber/Matzler/Stahl 2004, S. 7 f.

Das Loyalty-Programm hingegen strebt eine differenzierte und exklusive Erfahrung für registrierte Mitglieder an, es beinhaltet unterschiedliche Vorteile und will das Markenerlebnis verbessern.[279] Wird der Kunde zu einem Fan der Marke, ist er bereit, seine persönlichen Informationen dafür herzugeben. Im Gegenzug steht die persönliche, exklusive und lohnende Interaktion. Die gesammelten Daten liefern wichtige Erkenntnisse über individuelle Bedürfnisse auf Grundlage der gekauften Produkte bzw. der Interaktion innerhalb des Assistenten. Die Treuewirkung ergibt sich aus dem Sammelverhalten nach Punkten und Vergünstigungen. Attraktivität bieten außerdem teilnehmende Partner auch aus anderen Branchen.

Die Verbindung von Loyalty-Programmen mit Bonussystemen ermöglicht zudem eine Steigerung der zusätzlich verkauften Produkte um 30 bis 50 Prozent. Der durchschnittliche Bon-Wert liegt beim Loyalty-Kunden um 40 bis 90 Prozent höher als beim Normalkunden. Dieser Effekt ergibt sich aus zwei unterschiedlichen Ursachen. Einerseits wird der ohnehin treue Kunde zum Programmmitglied, weil für ihn ein klarer rationaler Nutzen entsteht, andererseits wird der durchschnittliche Kunde stärker an das Unternehmen gebunden als vor seiner Teilnahme. Der Wert für den Händler aus der gesammelten Datenmenge ergibt sich aus dem Einblick in mögliche Zusammenhänge unterschiedlicher Sortimente. Wenn Schlussfolgerungen aus der Korrelation von Artikel A und B gezogen werden können, so ergibt sich die Möglichkeit, das Category Management zu optimieren.[280]

---

[279] Vgl. Mclaren 2016.
[280] Vgl. acquisa 2018.

Die Möglichkeiten des CRM sind vielfältig, benötigen allerdings einen Kunden-Account, in dem Daten wie Wohnort, Alter sowie Informationen der Promotions bzw. Verkaufsdaten hinterlegt sind. Der Vorteil einer Eigenlösung im Vergleich zu Anbietern wie Payback oder Deutschland-Card besteht darin, die Hoheit über alle Informationen zu besitzen und diese nicht extern erwerben zu müssen. Eine Lösung dafür bietet zum Beispiel Microsoft 365 Dynamics. Die Voraussetzung ist, die Marketingaktivitäten in das CRM zu implementieren.[281] Nachdem dieser Schritt erfolgt ist, muss auf dem Weg zur personalisierten Kommunikation eine Kundensegmentierung erfolgen. Damit können auf Grundlage der Informationen bestimmte Zielgruppen mit gleichen Interessen bzw. ähnlichen Lebensstilen angesprochen werden. Allerdings ist so noch nicht die Individualisierung gelöst, die den Fokus auf das Thema „Segments of One" richtet.

Die individuelle Behandlung des Kunden steht im Mittelpunkt und sollte für die Datenverwaltung innerhalb des Segments die Möglichkeit bieten, weiterhin personalisieren bzw. segmentieren zu können. Wichtig ist hierfür eine Datenbank, die relevante Informationen beinhaltet und ein Segment mit der relevanten Zielgruppe sowie einen automatisierten Prozess für eine effiziente Kommunikation hat. Wichtige Informationsträger für eine personalisierte Ansprache sind die Berührungspunkte des Kunden/Anwenders, z. B. Social Media, E-Mail, Direct Mail usw.[282] Dabei kommt es darauf an, dass neben Abverkaufsdaten möglichst

---

[281] Vgl. Interview 2 Xenia Giese.
[282] Vgl. Cross-Channel Marketing 2015.

viele Informationen erfasst werden, damit bei jeder Interaktion mit der Marke die zukünftige Kommunikation verbessert werden kann. Geografische Daten wie Ort, Uhrzeit oder Wetter können ebenso ein Bestandteil der relevanten Mitteilung über den richtigen Kanal zum richtigen Zeitpunkt sein. Cross- oder Up-Selling wird mithilfe von Marketing-Automation-Tools effizient möglich.[283]

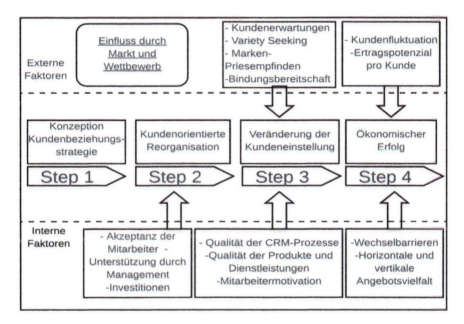

Abbildung 24 Wirkungskette Customer-Relationship-Management

Quelle: Eigene Darstellung in Anlehnung an Wirtschaftslexikon 2018.

„Michael Kosinski, ein Psychologe aus Stanford, hat mehr als 50.000 Facebookprofile analysiert und konnte verschiedene Dinge wie Ethnie, sexuelle Orientierung, Alkohol- und Drogenkonsum und politische Gesinnung vorhersagen. Es gibt auf jeden Fall Methoden, um anhand der Daten Konsumverhalten oder Wahlverhalten zu

---

[283] Vgl. Interview 2 Xenia Giese.

beeinflussen. Teilweise funktioniert diese psychometrische Vorhersage besser als die Vorhersage durch nahestehende Personen."[284]

4.3 Die moderne Customer Journey

Die Customer Journey ist ein Prozess, der zwischen dem ersten Kaufimpuls und der Kaufentscheidung stattfindet. Charakteristisch ist dabei die Nutzung verschiedener Medien und Kontaktkanäle, die zu den spezifischen Anliegen und der aktuellen Situation des jeweiligen Kunden passen und Informationen liefern.

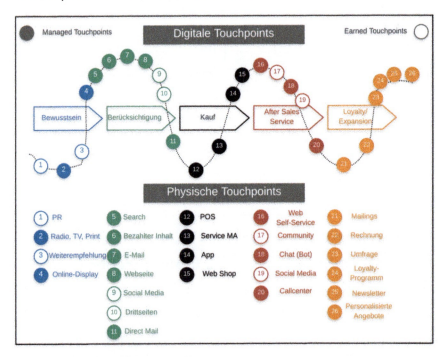

Abbildung 25: Die Customer Journey

Quelle: Eigene Darstellung in Anlehnung an Neumann 2017.

---

[284] Interview 1 Elisabeth Voigt.

Zu der in der Abbildung dargestellten Customer Journey und den sich daraus ergebenden Kontaktpunkten zählt auch die Verpackung als kritische Erfolgsgröße. Tests haben gezeigt, dass bei einem Verpackungs-Relaunch in 30 Prozent der Fälle der Verkauf rückläufig ist und lediglich 20 Prozent eine Absatzsteigerung erzielen.[285] Effektive Marketingkommunikation führt innerhalb einer Kampagne integriert durch alle Medien.[286] Die Vielzahl an Möglichkeiten für Unternehmen, mit dem Kunden in Kontakt zu treten, ist insbesondere durch digitale Touchpoints erheblich gestiegen. Die Summe aller Kontaktpunkte und der Informationen ermöglicht es, geplante Maßnahmen zielgerichtet abzuleiten und zu steuern, die Budgetierung der Medien zu verorten und das Tracking entlang der Offline- und Onlinekanäle anhand der Kundenwünsche zu ermöglichen. Ausschlaggebend ist die Informationsbeschaffung des Kunden, die nur grob abschätzbar ist. Teile dieses Prozesses stehen in keinem direkt beeinflussbaren Zusammenhang mit dem Angebot eines Unternehmens. Insbesondere der Handel hat sein Informationsmonopol bei der Beratung durch digitale Plattformen wie Facebook, TripAdvisor oder Check24 verloren. Der Vorteil für die Anbieter und Nutzer liegt in einer höheren Glaubwürdigkeit durch transparente Nutzererfahrungen und -bewertungen sowie einem hohen Maß an Detailgenauigkeit und Objektivität.

Möglichkeiten aus Sicht des Händlers mit einem komplementären Angebot über den digitalen Assistenten ergeben sich aus der fehlenden Authentizität der Bewertung. Aktuell kann auf den virtuellen

---

[285] Vgl. Hedewig-Mohr 2018.
[286] Vgl. Markenlexikon 2011, S. 5 ff.

Plattformen nicht eindeutig zwischen Blogger, Eintrag eines Anbieters oder langjährigem Nutzer unterschieden werden. Neben den inhaltlichen Anforderungen wie der Kooperation mit mehreren glaubwürdigen Partnern ist das Zusammenspiel der Zielgruppe und ihrer Mediennutzung zu bewerten. Dazu wird insbesondere die Medienaffinität im Verhältnis zur Zielgruppe erfasst. Die daraus gewonnenen Erkenntnisse müssen stetig überprüft werden, da insbesondere neue digitale Dienste zur vereinfachten Kommunikation genutzt werden und Menschen ihr Kommunikationsverhalten im Familien-, Freundes- und Kollegenkreis ändern.[287]

„Es gibt ein Viertel der Gesellschaft, die durch das Internet nicht erreichbar ist."[288] Eine Erweiterung ist in Form eines Medienwürfels möglich, dessen Parameter aus Zielgruppe, Medien und Kommunikationsanlässen bestehen. Die Darstellung erfordert eine Big-Data-Anwendung, die Informationen aus internen und externen Datenquellen generiert. Entscheidend ist die Auswahl der Medien des Kunden, die sich auf in der Vergangenheit genutzte Kanäle bezieht. Hinzu kommen Ergebnisse aus Befragungen zum bevorzugten Mediennutzungsverhalten sowie zum damit verbundenen Stellenwert der verwendeten Medien. Erfahrungswerte von Marketing- oder Vertriebspartnern, zu welchem Anlass eine Zielgruppe erfolgreich adressiert werden kann, helfen zudem unter Berücksichtigung der von Wettbewerbern genutzten Medien eine Bewertung vorzunehmen und diese über ein Analysetool wie z.B. Google Analytics darzustellen.[289] Die Herausforderung im Tracking der CJ besteht in

---

[287] Vgl. ebd., S. 7 ff.
[288] Markus Reuter 2018.
[289] Vgl. Böcker 2015, S. 167 ff.

der Lösungsfindung zur Sicherstellung der einheitlichen Analyse über Online- und Offlinemedien hinweg.

Die Verortung des Budgets zur Auswahl der einzusetzenden Medien muss primär die unterschiedlichen Kostenarten berücksichtigen. Hinzu kommen im Vergleich zwischen Offline- und Online-Kanal der Wirkungsgrad der Benutzerfreundlichkeit, die Qualität der Informationsverarbeitung und die Auswirkung auf die Wahrnehmung einer Leistung. Zu bewerten sind außerdem Lebensdauer und Stärke des Kontaktimpulses der eingesetzten Medien.

Obwohl ein Brief allein schon eine hohe Öffnungsquote hat und die Aufmerksamkeit durch das haptische Erlebnis beeinflusst wird, ist der Inhalt entscheidend für die Auswahl des Kontaktmediums.[290] Die Ansprache einer individuellen Zielgruppe erfolgt unter Berücksichtigung unterschiedlicher Aspekte. Zum einen ist das Medien-Involvement im Internet wesentlich höher als bei der Nutzung von Offline-Kontaktpunkten. In diesem Zusammenhang unterscheiden sich die Online-Kanäle als Pull-Medium von klassischen Push-Medien. Der Grund dafür ist die Interaktion des Nutzers, der in den modernen Kanälen entscheiden kann, welche Informationen er bezieht. Die Individualisierung der Mediennutzung vermischt klassische und moderne Kommunikationswege. Insbesondere der Anspruch an die Interaktivität der Kommunikation im Netz ermöglicht Unternehmen bzw. Marken, die aktive Kommunikation mit den Zielgruppen aufzubauen. Vor dem Hintergrund der Informationsüberlastung, die zu einer Verarbeitungsrate von durchschnittlich nur 2 Prozent der

---

[290] Vgl. ebd., S. 173 f.

angebotenen Informationen führt, steigt die Herausforderung der Auswahl der Kommunikationswege sowie der inhaltlich sinnvollen Gestaltung.

Im direkten Kontakt zum Kunden stehen insbesondere die Marktmitarbeiter, bei denen Schulungen und weiterführende Informationen notwendig sind. Die persönliche Überzeugung von den angebotenen Leistungen könnte einen Einfluss auf die Zahlungsbereitschaft des Kunden haben. Diese Kommunikation sollte dem Motto „tue Gutes und rede darüber" folgen.[291]

Damit nicht langfristig Potenziale verloren gehen, sind Investitionen und Tests notwendig, damit Kompetenzen und Erfahrungswerte in der Verknüpfung aus digitalem und klassischem Marketing entstehen. Das Stichwort „always in beta, always testing" versteht Agilität als Voraussetzung der permanenten Veränderung. Die Mediennutzung unterliegt einer hohen Wachstums- und Nutzungsdynamik. Daher steht der „Mobile First"-Gedanke im Zentrum der Fragestellung rund um die Ausschöpfung des Nutzungs- und Reichweitenpotenzials. Diese Ausrichtung bedient die zunehmend mobile Realität.[292]

Junge Erwachsene sind im Vergleich zu älteren Nutzern wesentlich schneller inhaltlich gesättigt und erwarten eine an die Realität angepasste Darstellung. Der Aufbau einer Kompetenz und Struktur, die auf das Verhalten und die Interessen der Menschen ausgerichtet sind, hat Erfolg, wenn eine schnelle, agile und relevante, auf die Zielgruppe ausgerichtete Kreation möglich wird. Die Fragestellung lautet dann: „Welche der eingesetzten Gattungen hat am meisten

---

[291] Vgl. Hütz 2007, S. 22 f.
[292] Vgl. Rieber 2017.

dazu beigetragen, die Marke in den Köpfen der Konsumenten zu verankern?"

Das bereitgestellte Angebot insbesondere im Online-Marketing unterliegt konstanten Messbarkeitskriterien wie beispielsweise der Conversion-Rate, der Click-Through-Rate oder der Cost-per-Click-Kennzahl.[293]

Ein möglichst einheitlicher und inhaltlich abgestimmter Werbeauftritt erhöht die Wahrscheinlichkeit der Werbeerinnerung. Die gewünschte Assoziation ergibt sich aus der Werbeüberzeugung und dem positiven Kaufakt.

Mit einer einheitlichen Kampagne wird eine Idee umgesetzt, die in ihrer Wirkung über alle Kanäle hinweg die Zersplitterung der Kommunikationswirkung bezweckt. Die Aufgaben einer Kampagne richten sich jedoch nun an eine emotionale Motivlage, die Produkt- oder Markenpräferenzen hervorrufen und Impulskäufe durch eine funktionierende Attraktivierung steigern soll. Dies kann sich beispielsweise aus einer zeitlich begrenzten Verfügbarkeit und hohen Aktualität ergeben. Hinzu kommt die soziale Verankerung des Produkts oder der Marke, die z. B. durch die Nutzung der digitalen Touchpoints gefördert werden kann. Zu berücksichtigen sind Awareness, Argumentation, Aktivierung sowie Akzeptanz: Awareness ergibt sich aus der Stimulation emotionaler Motivatoren, die positive Verbindungen zwischen Gefühlen und einer Marke während der Benutzung herstellen. Dies setzt das Wissen voraus, wo die emotionalen Treiber und Barrieren der jeweiligen

---

[293] Vgl. Choi 2018.

Produktkategorie liegen. Die Argumentation zielt auf die Auflösung kognitiver Dissonanzen ab und versucht, den rationalen Entscheidungsgedanken unter Berücksichtigung der Vor- und Nachteile zu beeinflussen. Die Aktivierung möchte den Kauf- oder Konsumakt auslösen –beispielsweise über Produktsamples, Finanzierungen, Beratungs- oder Umtauschserviceleistungen. Die Akzeptanz ergibt sich aus der Einbindung des Kunden in die Markenkommunikation. Die Aufgabe besteht darin, den inhaltlichen Bestandteil z. B. nach einer Lebenswelt oder unterschiedlichen Themen wie Hobbys anzupassen, damit ein möglichst hoher Grad der Verkehrsfähigkeit entsteht.[294]

Im Zuge der Marktdurchdringung mobiler Technologien ist der Wechsel des Informationskanals im Kaufprozess alltäglich und nicht mehr auszuschließen. Mobil abgerufene Informationen beinhalten dabei die Gefahr, dass Kunden im POS gewünschte Produkte bei der Online-Konkurrenz kaufen (z. B. im Fall einer Out-of-Stock-Situation). Multi-Channel-Händler sollten daher bestrebt sein, die Kanalwechsel mit eigenen Vertriebssystemen zu begleiten.[295]

Eine Studie von Deloitte zeigt, wie es möglich sein kann, Kunden einfacher zu erreichen. Die Analyse geht der Fragestellung auf den Grund, welches Nutzungsprofil deutsche Mobilfunknutzer gegenüber Smartphones aufweisen. Dank der hohen Usability sehen viele der 2000 Befragten den dauerhaften Begleiter als unverzichtbar an.[296] Aufgrund der festen Verankerung in der Gesellschaft besteht mit Blick auf das Ergebnis der Studie Grund zu der Annahme, dass die

---

[294] Vgl. Markenlexikon 2011, S. 5 ff.
[295] Vgl. Spreer/Kallweit/Gutknecht/Toporowski 2012, S. 28 ff.
[296] Vgl. Deloitte 2018.

übermäßige Smartphone-Nutzung zu einer Sucht werden kann. Das freigesetzte Dopamin (Glückshormon) kann den gleichen Suchteffekt erzielen wie ein Glücksspielautomat.[297]

Somit ist nicht verwunderlich, dass über 40 Prozent der Deutschen innerhalb von 15 Minuten nach dem Aufstehen auf ihr Mobiltelefon schauen. Im Vergleich zum letzten Jahr hat sich dieser Wert um 11 Prozent gesteigert. Altersübergreifend hingegen wird im Schnitt 29 Mal am Tag auf das Smartphone geschaut. Geht man davon aus, dass ein durchschnittlicher Tag 17 Stunden hat, in denen der Nutzer die Möglichkeit hat, auf sein Smartphone zu schauen, so könnte man davon ausgehen, dass dies statistisch gesehen nach jeweils 35 Minuten passiert. Diese Intensität ist mit 56 Mal am Tag bei den 18- bis 24-Jährigen knapp 6 Mal höher als vergleichsweise bei der Altersgruppe der 65- bis 75-Jährigen (9 Mal).[298]

Die Gelegenheiten, bei denen ein Smartphone genutzt wird, nennt die Studie mit 85 Prozent bei der Arbeit, 75 Prozent beim Fernsehen, in etwa gleichgestellt mit der Nutzung in Bus und Bahn (74 Prozent) sowie beim Einkaufen (73 Prozent). Selbst beim Essen (55 Prozent) ist das Mobiltelefon bei mehr als jedem Zweiten in Verwendung. Fast jeder Dritte nutzt es beim Autofahren (30 Prozent) oder Überqueren der Straßen (29 Prozent). Während der Verwendung werden Inhalte gelesen (47 Prozent), gefolgt von Social Networking mit 35 Prozent. Besonders beliebt sind selbst erstellte Fotos oder Short-Form-Videos. Aufgrund der intensiven Nutzung werden Konsumenten künftig

---

[297] Vgl. Hubik 2014.
[298] Vgl. Deloitte 2018.

stärker jene Dienste und Inhalte annehmen, die ihnen einen besonderen Mehr- oder Unterhaltungswert versprechen.[299]

Die Positionierung gegenüber den digitalen Wettbewerbern kann über die Kombination aus Inhalt und individueller Ansprache erfolgen.[300] Die Vielzahl an Möglichkeiten muss innerhalb der App übersichtlich, strukturiert, nicht überfordernd und orientiert an den Bedürfnissen sowie Motiven der Nutzer abgebildet werden. Diese Voraussetzung ist der Schlüssel, dass alle relevanten Informationen innerhalb der Anwendung nach dem persönlichen Ziel des Nutzers verarbeitet und gespeichert werden sowie eine beeinflussende Wirkung auf Wahrnehmungsvorgänge erzielt werden kann. Die bestehende Erwartung an das Medium ist, dass es einen Ausgleich zwischen Informationsangebot und -bedürfnis schafft. Der Mensch verhält sich in einer bestimmten Art und Weise, wenn ein entsprechender angeborener Trieb, ein Defizit- oder Wachstumsbedürfnis oder ein entsprechendes Motiv vorliegt.[301]

Der Restaurantbetreiber McDonald´s beispielsweise baut den Kontaktpunkt seiner Smartphone-App aus und strebt damit eine neue Art und Weise der Kundenbeziehung an. Dem Nutzer werden Funktionen wie der vereinfachte Bestellvorgang oder personalisierte Coupons auf Basis der Kaufhistorie geboten. Der Lieferdienst zählt ebenfalls zu den Möglichkeiten, der jedoch aus einer Zusammenarbeit mit dem Anbieter Foodora resultiert und an die Bedingung geknüpft ist, dass dieser Zugriff auf die Kundendaten der

---

[299] Vgl. ebd.
[300] Vgl. Forster 2018.
[301] Vgl. Esch 2014, S. 257 f.

Fast-Food-Kette hat.[302] „In einer digitalisierten Gesellschaft müssen Unternehmen sich gegenüber ihren Kunden und Gästen digitalisiert präsentieren. Das gilt selbstverständlich auch für McDonald's."[303] Dieses Beispiel verdeutlicht, dass unabhängig von der Branche neue Funktionen sowie Kooperationen mit Partnern zu einem Ausbau des Geschäftsmodells angegangen werden. Wichtig in der Kommunikation für den stationären Händler ist, auch am POS die Möglichkeiten des Einkaufsassistenten zu inszenieren. Dazu könnten QR-Codes oder die Beacon-Technologie genutzt werden. Letztere sind Sender oder Empfänger, die auf der Funktionstechnologie von Bluetooth basieren. Mit dieser Technologie kann zum Beispiel die Funktion des mobilen Bezahlens ermöglicht werden. Diese würde zudem das Problem der Wartezeit an der Kasse lösen. Mithilfe der Beacon-Technologie ist es außerdem möglich, ortsgenaue Angebote, Nachrichten oder Empfehlungen zu versenden. Im Austausch erhält der stationäre Händler die Nutzungsdaten sowie wichtige Informationen über die Laufwege des Kunden. Hersteller wie beispielsweise Philips oder Osram bieten diese Technologie in Kombination mit Beleuchtungssystemen an, die eine einfache Integration am POS ermöglicht.[304]

Eine alternative Möglichkeit sind QR-Codes, die als Schnittstelle zwischen Angeboten, Inhalten des Chat-Bots oder den Serviceleistungen genutzt werden können. Ein Chatbot ist laut Definition ein technisches Dialogsystem, das durch künstliche Intelligenz in der Lage ist, textuelle sowie auditive Inhalte

---

[302] Vgl. Campillo-Lounbeck 2018.
[303] Holger Beck in Campillo-Lounbeck 2018.
[304] Vgl. Weber 2018.

wiederzugeben. Der menschenähnliche Dialog erfolgt über Webseiten, Apps, aber auch Instant-Messaging-Systeme oder animierte Avatare. Der Inhalt könnte auch hier aus den verfügbaren Serviceleistungen, Produkten oder Problemlösungen bestehen. Die Eingabe des Nutzers gibt die Bedingung vor, für die eine passende vordefinierte Antwort mit einem Textbaustein gegeben wird. Regeln für die Nutzung sowie die Fragestellungen können mithilfe einer Chatiquette geregelt werden, indem z.B. nur interessierte Gäste bzw. Kunden begrüßt und unterhalten bzw. informiert werden.

Die Anforderung an einen Chatbot ist es, ein adäquates und moralisch vertretbares Interagieren mit dem Nutzer zu bieten.[305] Die möglichst präzise Lösung einer Fragestellung hilft der Problemlösung für den Kunden und stellt somit eine Möglichkeit für einen Nutzer zur Interaktion mit einer Marke dar.[306] Produkte wie die Sprachassistenten der bekanntesten Hersteller Amazon oder Google zeigen neue Wege des Voice Commerce.[307] Dieser Trend wird in den kommenden Jahren voranschreiten. Zu diesem Ergebnis kommt eine Studie von ECC Köln und SAP Hybris zum Thema „The Future of Voice". 28 Prozent der Befragten zwischen 20 und 69 Jahren nutzen die Stimme, um ein Gerät zu bedienen. 82 Prozent im Alter zwischen 14 und 19 Jahren suchen mittels Sprachsteuerung nach Informationen. Sogar jeder zweite 20- bis 69-Jährige nutzt diese

---

[305] Vgl. Bendel 2018.
[306] Vgl. Sturm 2018.
[307] Vgl. Greenberg 2017.

Möglichkeit.[308] Ein weiterer Trend liegt in der inhaltlichen bzw. auditiven Kommunikation, die um die visuelle Komponente ergänzt werden kann. Augmented Reality bildet in der realen Umgebung auf einem mobilen Endgerät eine zusätzliche digitale Ebene ab, in die Inhalte jeglicher Art integriert werden können. Inspirierende bzw. kaufrelevante Inhalte könnten durch das Anvisieren eines Objekts (unabhängig von einem QR-Code) dargestellt werden und das Einkaufserlebnis positiv beeinflussen. Möglich wird dies durch das Informationsverhalten des Nutzers, welches mit einer 3D-Animation oder einem 3D-Cover bedient werden kann. Die Einbindung digitaler Marketingtechnologien kann positive Auswirkungen auf die Zufriedenheit des Nutzers mit den gebotenen Produkten, Serviceleistungen oder dem Gesamtunternehmen haben. Das Verhältnis aus wahrgenommenem Nutzen und wahrgenommener Einfachheit während der Nutzung beeinflusst in unterschiedlichem Maße die Wiedernutzungsabsicht und somit die Akzeptanz einer Technologie.[309] Der effektive Einsatz derselben steht aufgrund der gewünschten reibungslosen Performance noch am Anfang. Hierzu geht der Netzwerkausrüster Ericsson allerdings davon aus, dass mit der neuen Mobilfunktechnologie 5G der Durchbruch für Virtual und Augmented Reality im Einzelhandel bevorsteht. Die Voraussetzung ist eine Übertragungsgeschwindigkeit von 10.000 Mbit/s, die ab 2020 im Massenmarkt eingeführt werden soll.[310] Mithilfe der Digital

---

[308] Vgl. ECC Köln 2018.
[309] Vgl. Spreer/Kallweit/Gutknecht/Toporowski 2012, S. 28 ff.
[310] Vgl. W&V 2017.

Signage können auch die knapp 20 Prozent der Gesellschaft ohne Smartphone die digitalen Möglichkeiten nutzen.[311]

Die Alternative zum Smartphone kann auch ein Wearable sein, welches auch offline funktioniert. Ein denkbares Szenario ist eine Smartwatch oder ein Armband, bevorzugt aus recyceltem Ozeanplastik, mit integriertem RFID-Chip. Offline können darauf pro Einkauf Loyalty-Punkte gutgeschrieben werden bzw. durch ein gespeichertes Guthaben die Bezahlung ermöglichen. Die Vielzahl an Kontaktpunkten zeigt, dass Technologien immense Möglichkeiten zur Ausgestaltung bieten. Die Akzeptanz der neuen Entwicklungen kann mithilfe des Technology-Acceptance-Modells untersucht werden. Die Entscheidungsgrößen sind der wahrgenommene Nutzen, die wahrgenommene Einfachheit der Nutzung und der wahrgenommene Spaß bei der Nutzung. Das Ergebnis aus der Korrelation dieser Variablen ergibt die Einflussgröße auf die Nutzungsabsicht.[312]

---

[311] Vgl. IT-Wissen.info 2018.
[312] Vgl. Davis 1985.

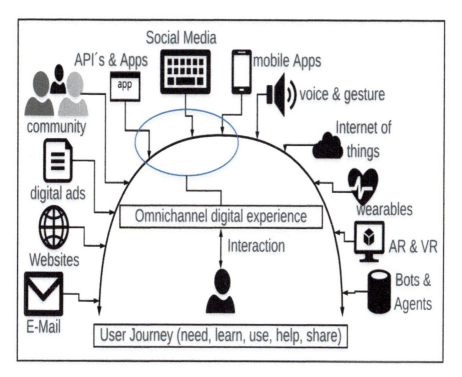

Abbildung 26: Landscape of Digital Experience

Quelle: Eigene Darstellung in Anlehnung an Hinchcliffe 2016.

4.4 Neurolinguistisches Programmieren

„Man kann nicht nicht kommunizieren."[313]

Paul Watzlawik (1921-2007)

Das neurolinguistische Programmieren ist ein Modell zur Beschreibung und konstruktiven Veränderung eines auf subjektiven Erfahrungen beruhenden Weltbildes. Letzteres resultiert aus der Summe externer und interner Informationsbausteine.[314] Das NLP setzt sich aus mehreren Teilgebieten zusammen. „Neuro" steht für den Bereich, der das Verhalten über die gefilterte Wahrnehmung eines Menschen durch das Nervensystem und alle fünf Sinne steuert. Die sprachliche Codierung von Kommunikations- oder Wahrnehmungsmustern steht für den Wortbaustein „Linguistisch". Zur Sprache zählt neben der verbalen auch die nonverbale Kommunikation (Mimik, Gestik, Schrift). Die „Programmierung" als letzte Komponente steht für gezielte pragmatische Denk- und Verhaltensweisen, die als Erkenntnislehre eine Intervention auf unterschiedlichen Ebenen hervorrufen können.[315]

Das NLP verfolgt die Grundannahme, dass im Mittelpunkt ein positives Menschenbild steht. Der vierdimensionale Prozess umfasst strategisches Denken, das Verständnis jener Prozesse, die ein Verhalten beeinflussen, die Entwicklung von Kompetenzen und Flexibilität im eigenen Verhalten. Die erfolgreiche Anwendung der unterschiedlichen NLP-Techniken setzt die Integration von zehn Werten in die eigene Persönlichkeit voraus.

---

[313] Watzlawick 2011, S. 53.
[314] Vgl. Seuhs-Schoeller 2013, S. 18 f.
[315] Vgl. Heitsch 1995, S. 11 f.

Respekt ist die erste Grundannahme und steht für die Einzigartigkeit des Menschen sowie den respektvollen Umgang. Das Weltbild ist individuell und unterliegt subjektiven Erfahrungen, die unterschiedlich sprachlich verarbeitet werden. Daraus ergibt sich eine einzigartige Landkarte, die nicht deckungsgleich mit der realen Landschaft ist. Dennoch orientiert sich jeder Mensch an dieser Annahme, woraus sich das Verhalten zur Aufrechterhaltung ableitet. Es ergibt sich aus den Auswahloptionen, die je nach individueller und rationaler Auslegung den größten Nutzen bzw. Sinn stiften. Veränderung bedeutet, aus gewohnten Strukturen auszubrechen, die sich aus einem subjektiven Weltbild insbesondere der sprachlichen Deutung ergeben. Die Annahme der Vielzahl an Einschränkungen, denen man sich im Leben ausgesetzt sieht, existiert in der objektiven Welt nicht. Dieser Grundsatz ermutigt, das Leben vielfältiger zu gestalten. Die konstante Umdeutung ist die Anforderung einer dauerhaften Veränderung. Sie ist insbesondere notwendig, wenn Sinn und Nutzen des Verhaltens erhebliche subjektive Einschränkungen bedeuten. Die notwendigen Ressourcen und Fähigkeiten zur Veränderung stecken potenziell in jedem Menschen und können durch geeignete Techniken aktiviert werden. Die angestrebte, balancierte Wechselwirkung aus Körper und Geist wird als kybernetisches System bezeichnet, welches sich wechselseitig beeinflusst. Aus dem Unbewussten resultiert die Vielzahl kreativer und autonomer Prozesse des menschlichen Verhaltens, welches durch das Bewusstsein begrenzt wird. Die Dominanz steht für das Element innerhalb des individuellen Systems mit der größten Flexibilität und den meisten Wahlmöglichkeiten. Die letzte Grundannahme ist die

Übereinstimmung aus Absicht und Ergebnis des menschlichen Verhaltens. Die konsequente Überprüfung setzt eine positive Absicht voraus, die bei fehlender Übereinstimmung eine Verhaltensänderung herbeiführen kann.

Basierend auf den NLP-Modellen und -Techniken wurde primär eine strukturierte medizinische Behandlungsmethode für psychische Störungen weiterentwickelt, wobei die Techniken in fünf unterschiedliche Mechanismen unterschieden werden. Der Rapport steht für die Übereinstimmung der Chemie und Wellenlänge beider Gesprächspartner. Charakteristisch ist das Angleichen beider Gesprächsteilnehmer auf Sach- und Beziehungsebene. Der Aufbau eines gegenseitigen Vertrauens sowie dessen Weiterentwicklung und Pflege erfordern die Bereitschaft zur Teilnahme an der subjektiven Welt des Gegenübers. Hindernisse für das Gespräch sind der Einbezug eigener Probleme sowie der Mangel an Zeit. Die Übereinstimmung beider Gesprächspartner ergibt sich aus unterschiedlichen Aspekten. Einerseits kann dies unbewusst über die Wesensgleichheit erfolgen, die andererseits auch bewusst hergestellt werden kann. Die aufrichtige Basis ist die Bereitschaft beider Parteien, aufeinander zuzugehen, ein „echtes Verständnis" zu schaffen und eine verständnisvolle Akzeptanz zu erzielen.[316] Das Ergebnis einer irrtümlichen Übereinstimmung resultiert aus dem Spiegeln bzw. Angleichen an die Verhaltensmuster des Gesprächspartners.

Das Kalibrieren ist die zweite Technik, die bezeichnend für die Beobachtung externer Signale des Gesprächspartners ist. Der Zweck

---

[316] Vgl. Schieferle/Winteler/Wild 1995, S. 2 f.

besteht darin, die inneren Zustände und Prozesse zu verstehen und zu interpretieren. Die Beobachtung berücksichtigt innere Geschehnisse und externe Zeichen. Aufgrund der kontinuierlichen Veränderungen innerhalb des Gesprächs lassen sich keine verallgemeinernden Rückschlüsse für die Zukunft treffen. Zur Wahrnehmung der individuellen Sinnesausdrücke des Gesprächspartners kommt die Reflexion des eigenen Selbstausdrucks, der bewusst oder unbewusst ein Feedback in der Kommunikation ausdrückt.[317]

Die dritte Technik ist das Pacing und baut auf einem erfolgreichen Rapport auf, dessen wahrgenommene Merkmale erkannt und interpretiert wurden. Der bewusste Eingriff in den Rapport erfolgt über die Wiedergabe des Selbstausdrucks eines Gesprächspartners durch verbale (Matching) oder nonverbale Zeichen (Mirroring)[318]. Der Pacer übernimmt dazu die Verhaltensweisen des Gepacten mit dem Ziel, positive Gefühle wie zum Beispiel Vertrauen zu erzeugen. Zu beachten ist die Einhaltung einer respektvollen Distanz aufgrund der Gefahr vor negativen Auswirkungen auf die Kommunikation, wenn der Gepacte die Verhaltensbeeinflussung des Pacers durchschaut.

Das Leading zeichnet sich dadurch aus, dass der Geführte eines Gesprächs den Führenden unterbewusst als Vorbild anerkennt, positive Gefühle und Vertrauen entgegenbringt und somit die Voraussetzung schafft, den Kommunikationsverlust so gering wie möglich zu halten. Auf dieser Basis ergeben sich neue Standpunkte,

---

[317] Vgl. Jeserich (1995), S. 205 in Bauer/Heinrich/Smack 2012, S. 275.
[318] Vgl. Bierbaum (1993), S. 90 in Bauer/Heinrich/Smack 2012, S. 280.

alternative Sichtweisen und Problemlösungen für bisher nicht entdeckte Alternativen.[319]

Das Ankern bezeichnet die bewusste oder unbewusste Speicherung emotionaler Zustände oder Erfahrungen. Die Reaktion eines Menschen bezieht sich häufig auf gespeicherte emotionale Erlebnisse, weshalb ein Anker in Form von Stimmlagen, Worten, Gesichtsausdrücken oder Berührungen diese lindern kann. Rettende Anker wirken, wenn der Mensch sich damit identifizieren kann, Probleme löst und somit überwindet.[320]

Diese Ansätze sind auf Denk- und Verhaltensmuster erweiterbar, sodass Lernprozesse des Managements durch effizientere Ziele erreicht werden können. Interessant ist dieses Modell daher auch im Kontext der Kommunikationspolitik. Dieser Bereich des Marketingmix eines Unternehmens bezieht sich in der Anwendung auf eine Vielzahl von Innen- und Außenwirkungen, die Einfluss auf die interne, aber auch externe Umwelt des Unternehmens haben. Im Fokus steht dabei der Mensch, der Werbung empfängt und auf Grundlage dessen seine Kaufentscheidung trifft. Die Verhaltensbeeinflussung der Innenwirkung basiert auf einem psychotherapeutischen Verfahren zur Kommunikations- und Persönlichkeitsentwicklung. Die Lern- und Lebensgestaltung kann Ängste verstehen und die Barrieren der subjektiven inneren Schranken durch Hilfestellungen abbauen. Dieser Teil stellt die Erforschung der eigenen Identität in den Fokus und versucht die Zusammenhänge menschlicher Beziehungen und das Funktionieren familiärer Strukturen sowie soziologischer

---

[319] Vgl. Bachmair, (1994), S. 37 in Bauer/Heinrich/Smack 2012, S. 293.
[320] Vgl. Dilts (1994), S. 130 in Bauer/Heinrich/Smack 2012, S. 300.

Gemeinschaften zu beleuchten. Die Außenwirkung bezweckt die Verbesserung der Kommunikation und zwischenmenschlichen Zusammenarbeit. Dazu gibt es konkrete Werkzeuge und Techniken, die eine persönliche Höchstleistung fördern können. Ein System aus Vorannahmen wird genutzt, um die Wesenszüge der Kommunikation zu erforschen und Veränderungsprozesse des Menschen zu analysieren.

Die erste Konsequenz ist, dass mithilfe moderner Psychologie ein Kommunikationsziel effektiv entstehen kann. Die Gedanken, Meinungen und Wertvorstellungen der Zielgruppe können durch eine auf das angebotene Produkt oder die Dienstleistung angepasste Kommunikation verändert werden. Der Austragungsort ist dabei die psychologisch übergeordnete „Meta-Ebene". Das Ziel ist, die Botschaft an das Unbewusste in den Köpfen der Zielgruppe zu richten.[321] Die Herausforderungen zur Vermittlung markenkonformer Erlebnisse verdeutlichen der Konstruktivismus der Kommunikation, der Kontextualismus als Rahmen von Erlebnissen und der Perspektivismus als Standpunkt des Betrachters. Im Konstruktivismus wird zwischen der Realität erster Ordnung der materiellen Welt sowie der Realität zweiter Ordnung der zugeschriebenen Bedeutung unterschieden.[322] Vergleichbar ist diese Erkenntnis mit dem Sender-Empfänger-Modell. Die Informationen des Senders stehen in keinem Verhältnis zu der interpretierten Botschaft des Empfängers und schaffen somit keinen Zusammenhang zwischen den Inhalten des Erlebten und den

---

[321] Vgl. Seuhs-Schoeller 2013, S. 13 ff.
[322] Vgl. Watzlawik 2011, S. 38 ff.

Geschehnissen der Welt.[323] Grund dafür ist der unterschiedliche Wissensstand der kommunizierenden Parteien, der durch eine direkte Konfrontation mit Informationen eine schrittweise Anpassung zwischen konstruierter und erlebter Wirklichkeit bewirkt.[324]

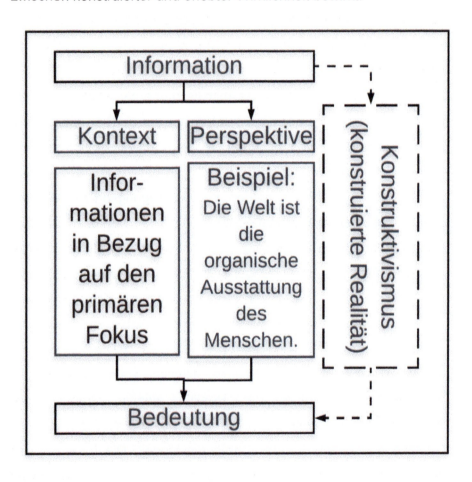

Abbildung 27: Konstruktivismus

Quelle: Eigene Darstellung in Anlehnung an Esch 2014, S. 226.

---

[323] Vgl. Roth (2010), S. 84.
[324] Vgl. Watzlawik 2011, S. 42 ff.

Insbesondere in Zeiten, in denen durch transparente Bewertungen negative Facetten eines Unternehmens ins rechte Licht gerückt werden sollen, ist das Ergebnis einer Kampagne auf die Kommunikation zurückzuführen. Das Erlebnis ist der Stellhebel, der Kontext und Perspektive (siehe Abbildung 25) mit Inhalt füllt.[325] Der Kontext gibt der vermittelten Information die Bedeutung. Wichtig sind dabei die Motive, Bedürfnisse und Wünsche des Kunden, die unterschiedliche Konsumzusammenhänge ausmachen. Die Kontextausprägungen können beispielsweise allgemein (Ort/Zeit), subjektbezogen (Mutter/Kind), objektbezogen (Haus/Zelt) oder kulturell (West/Ost) sein.[326] „Contextual information is always information that is identified in relation to something else that is the primary focus of our attention."[327]

Die Perspektive geht auf den Standpunkt des Betrachters oder Empfängers der Information ein. Aufgrund unterschiedlicher physischer, psychischer und organischer Positionen der angesprochenen Individuen entstehen individuelle Denkstile, Anschauungsformen und Deutungsmuster, die kognitiv und emotional geprägt sind. Die Herausforderung ist, mögliche Klischeevorstellungen zu vermeiden und die Grenzen der Assoziationen zu erweitern.[328]

Die Kommunikationstechnik des „Brand Reframing" dient als wissenschaftlich begründeter Ansatz und somit praktisches Lösungsinstrument.[329] Der Begriff „Frame" oder „Framing" ist dabei

---
[325] Vgl. ebd., S. 9.
[326] Vgl. Esch 2014, S. 25 f.
[327] Schiffrin (2006), S. 32 in Bauer/Heinrich/Smack 2012, S. 302.
[328] Vgl. Esch 2014, S. 27.
[329] Vgl. Bauer/Heinrich/Smack 2012, S. 307.

ein theoretisches Konstrukt, mit dessen Hilfe die kommunizierte Information interpretiert wird. Wird ein Proband zum Beispiel nach dem Aussehen eines Vogels gefragt, so ist die in der Vorstellung erzeugte Darstellung mit hoher Wahrscheinlichkeit ein Tier, welches dem Aussehen eines Spatzes oder Rotkehlchens ähnelt. Im Vergleich dazu wird die Wüste mit unerträglicher Hitze und fehlender Vegetation verbunden. Diesen Rahmen zu verändern, ist das Ziel von Reframing. „Unter Brand Reframing versteht man die Veränderung der konzeptuellen und/oder emotionalen Sichtweise, in der die Marke erlebt wird. Die Marke wird in einen neuen Rahmen (Frame) gesetzt, der die Markeneigenschaften der gleichen Marke ebenso gut oder sogar besser repräsentiert und dadurch die komplette Bedeutung der Marke verändert."[330]

Besteht das Ziel darin, negative Assoziationen anzugehen und gezielt zu beeinflussen, so gelingt das mithilfe des Reframings über zwei unterschiedliche Wege. Einerseits kommt hier die objektive Grundannahme der NLP zum Tragen, mit der die positiven wie negativen Eigenschaften in einen nützlichen Rahmen gesetzt werden. Der übermittelten Information wird durch einen Überraschungseffekt Ausdruck verliehen.[331]

Andererseits gelingt das Reframing durch die inhaltliche Veränderung der Perspektive. Eine Neubewertung der Situation oder einzelner Eigenschaften durch einen Perspektivwechsel ermöglicht es ebenfalls, das Erlebnis des Empfängers zu ändern. Damit gelingt eine Neuausrichtung der Sichtweise auf eine Marke, ohne dass der Kern

---

[330] Esch 2014, S. 30.
[331] Vgl. Bandler/Grinder 2010, S. 13.

der Marke verändert wird. Anwendung kann diese Methode z. B. in der vergleichenden Werbung finden.[332]

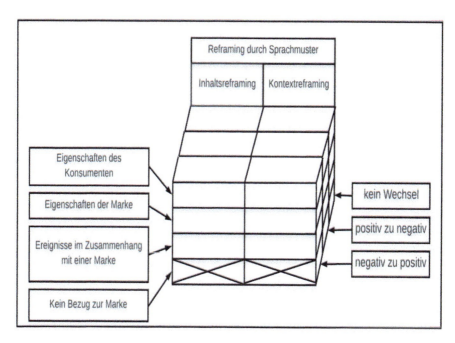

Abbildung 28: Ausgestaltung des Brand Reframing
Quelle: Eigene Darstellung in Anlehnung an Esch 2014, S. 83.

Den Gestaltungsmöglichkeiten des Reframings sind keine Grenzen gesetzt. Verwendet werden neben Produkt- und Markeneigenschaften auch die Konsumenteneigenschaften, die beispielsweise bei Baumärkten handwerklich begabte Männer (oder Frauen) darstellen. Die inhaltliche Ausrichtung ist offen und sollte die Gefahr der Austauschbarkeit durch zu geringen inhaltlichen Bezug berücksichtigen.[333] Die Umweltschutzorganisation Greenpeace wechselt beispielsweise häufig von einem entspannenden zu einem

---

[332] Vgl. Esch 2014, S. 33 f.
[333] Vgl. ebd., S. 57 f.

bedrohlichen Kontext, um z. B. auf den Schutz der Weltmeere hinzuweisen: „Atmen Sie ein, atmen Sie aus. Sie sind das Meer. Spüren Sie Ihre Weite. Spüren Sie Ihre Tiefe. Sie atmen ein, Sie atmen aus. Sie vergessen den Ölteppich, der auf Ihnen treibt. Atmen Sie ein und die Klimaerwärmung breitet sich in Ihnen aus. Vergessen Sie nicht zu atmen."[334]

Das Brand Reframing kann verbal, aber auch nonverbal gestaltet werden. Im Fokus stehen dabei immer Effektivität und Effizienz. Anhand vorab definierter Zielgrößen kann mit deren kausalen Zusammenhängen ein Zielsystem erstellt werden. Erfolg entsteht am Ende dieser Kette mit einem Kauf. Der Beitrag, den die Werbemaßnahme dazu leistet, ist der Werbekontakt, die Reichweite oder die Sehbeteiligung.[335] Die Wirkung des Werbekontakts in Korrelation mit dem Markenwissen ergibt sich aus dem Aktivierungsgrad einer Werbebotschaft durch physische, emotionale oder überraschende Reize. Affektive Reaktionen, wie z. B. der Aha-Effekt, treten durch sinnvolle und kreative Bedeutungswechsel auf.

---

[334] Ebd., S.57f. nach Greenpeace 2014
[335] Vgl. Spitzer 2012, S. 49 f.

Das in diesem Moment ausgeschüttete Hormon Dopamin erhöht die Informationsverarbeitung und Erinnerungsleistung.[336]

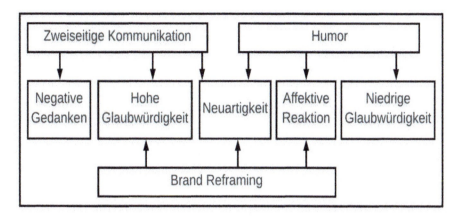

Abbildung 29: Wirkung zweiseitiger Kommunikation
Quelle: Eigene Darstellung in Anlehnung an Esch 2014, S. 167.

Gelingt eine zweiseitige Kommunikation, bei der auch Nachteile der Marke oder des Produkts in der Werbebotschaft verarbeitet sind, so kann dies Auswirkungen auf die Kaufentscheidung haben. Die Inokulationstheorie begründet das Adaptionsverhalten des Konsumenten mit der über die Zeitdauer immer wiederkehrenden Argumentationskette des Brand Reframing. Diese wird zur Abschwächung von Argumenten gegen das Markenimage im Vergleichsprozess mit anderen Marken eingesetzt. Die integrierte Kommunikation bestehender Imagestrukturen stärkt die Interpretation und schafft eine Kontinuität der Aufmerksamkeit, eine höhere Anzahl an Assoziationen mit der Marke sowie positive Gefühle der Konsumenten durch eine klare Bedürfnisorientierung.[337]

---

[336] Vgl. ebd., S. 111 f.
[337] Vgl. Esch 2014, S. 68 f.

Ein Beispiel für die Wahrnehmungsänderung beim Kunden ist die Marke Chipotle. Das mexikanische Unternehmen hat im Juni 2018 damit begonnen, die ursprüngliche Assoziation der Marke mit Fast-Casual-Essen hin zu einer zweckorientierten Lifestyle-Marke zu wandeln. Neben der Veränderung des Angebots und der damit verbundenen neuen Speisekarte liefern Expertenmeinungen weitere Möglichkeiten, neue Wege zu gehen. Der erste Schritt beginnt laut Mary Ann O´Brien damit, zu analysieren, was die Marke ausmacht und warum diese für die ideale Zielgruppe wichtig ist. Hinzu kommt laut Paul Benninghove, aufrichtig mit dem eigenen Leistungsvermögen umzugehen. Gemeint ist, die Kommunikation an das Wertversprechen anzupassen, was der Kunde am POS tatsächlich erfährt. Das tatsächlich Erlebbare schafft Vertrauen und Glaubwürdigkeit und mindert den Eindruck, mehr Geld verdienen zu wollen. Matthew Santos weist auf die Bedeutung der tatsächlichen Kundenbedürfnisse hin, warnt aber gleichzeitig davor, zu sehr auf die Menge zu hören und somit die Marke selbst zu verfehlen. Letzteres kann durch die Konzentration auf die Kernleistungen, in denen eine Marke gut ist, vermieden werden. Die Verknüpfung zu neuen Leistungen oder Produkten unterliegt einer funktionierenden Zusammenarbeit zwischen Marketing und Innovationsteam. Diese ist wichtig, damit auch die neuen Angebote die Marktbedürfnisse abdecken und im Einklang mit den bekannten Markenwerten stehen können. Rafael Romis weist zudem auf die Bedeutung der Spezialisierung hin. Diese sollte aus dem Motiv der Erweiterung der besten Leistung entspringen. Wichtig ist, mit dieser Spezialisierung gezielt ein spezifisches Publikum anzusprechen und nicht an alle zu appellieren. Die Spezifikation setzt neben dem Wissen über die Zielgruppe ein gleichwertiges Wissen über Konkurrenten voraus. Daryl McCullough unterstreicht die gesellschaftliche, kulturelle und ökologische Verantwortung einer Marke, die nach ihrer Ansicht vergleichbar mit einem Bürger ist. Dieser „Markenbürger" bezieht eine vordefinierte Stellung zu diesen Themen und verschafft sich mit dieser Ausrichtung die Möglichkeit, nachhaltige und intelligente Entscheidungen für die Zukunft zu treffen. In enger Verbindung zu dieser Positionierung stehen Werte, die mit der Neupositionierung im Storytelling mit einbezogen werden müssen. Das Ziel ist die Verbindung und Bindung von Kunden, die im Mittelpunkt stehen und nicht vorrangig auf bestimmte Services oder spezifische Angebote hingewiesen werden.[338]

---

[338] Vgl. Forbes Agency Council 2018.

5. Kontinuierliche Innovation

Dieses Kapitel geht auf die Fragestellung ein, wie ein Unternehmen innovativ bleiben kann, und orientiert sich an kreativen Möglichkeiten, die Bedürfnisbefriedigung der nach von Daniel Bell 1970 so benannten „Postindustrial Society"- langfristig zu verwirklichen. Das Ziel ist es, eine umfassende Darstellung der Anforderungen an die fortlaufende Weiterentwicklung einer Marke wissenschaftlich zu erarbeiten. Die inhaltlichen Schwerpunkte gehen dazu auf den Innovationsprozess, die Herausforderungen im Kontext eines stationären Lebensmittelhändlers sowie mögliche Entwicklungspotenziale ein, die sich aus dem Konzeptentwurf ergeben könnten.

Innovationen sind der Kern für die Dynamik und das Wachstum einer kapitalistisch ausgerichteten Ökonomie. Joseph Alois Schumpeter zählt bis heute mit seinen Beiträgen und Theorien zu den Koryphäen der Innovationsforschung. Er strukturiert und konzeptualisiert die Herangehensweise an Veränderungen und Erneuerungen als eine neue Kombination der Realität: „The doing of new things or the doing of things that are already done, in a new way."[339]

Im Fokus der fortlaufenden Weiterentwicklung stehen bisher unbefriedigte Bedürfnisse des Kunden, die stets auf neue und kreative Weise befriedigt werden müssen. Nach Schumpeter sind Weiterentwicklungen bzw. Innovationen vorhanden, wenn eins der fünf Kriterien zutreffend ist.[340]

---

[339] Schumpeter 1994, S. 3.
[340] Vgl. Borbély 2008, S. 2.

1. Herstellung eines neuen Produktes oder einer neuen Produktqualität
2. Einführung einer neuen, noch unbekannten Produktionsmethode
3. Erschließung eines neuen Absatzmarktes, auf dem ein Industriezweig noch nicht eingeführt war
4. Erschließung einer neuen Bezugsquelle von Rohstoffen oder Halbfabrikaten
5. Durchführung einer Neuorganisation (z. B. Schaffung oder Abschaffung einer Monopolstellung)

Damit eine dieser Möglichkeiten erreicht werden kann, ist die Innovationsfähigkeit notwendig. Einerseits wird diese durch die Unternehmenskultur als solche bestimmt und andererseits durch die tatsächliche Möglichkeit, diese zu realisieren. Für Letzteres gelten diese drei Kriterien:[341]

1. Die Risikobereitschaft, als Innovator ein wirtschaftliches Neuland zu betreten, auszubauen und selbst zu gestalten, obwohl der Überblick über alle Fehlerquellen nicht gewährleistet sein kann.
2. Die Fähigkeit, eine rationale Vorstellung einer Idee oder Invention als Möglichkeit und nicht als Traum zu sehen.
3. Die Überzeugungskraft, negative Umwelteinflüsse zu überwinden und Ablehnung zu umgehen. Eine Invention wird zur Innovation, wenn die Opposition diese nicht verhindert, Kooperationspartner gefunden werden und Konsumenten diese annehmen.

---

[341] Vgl. ebd., S. 3.

Der Vorsprung einer Innovation bietet bei einer erfolgreichen Markteinführung eine vorläufige Monopolstellung, die Gewinne erzielt und die Motivation des unternehmerischen Handelns erfüllt. In einem umkämpften Wettbewerbsumfeld, wie dem des Lebensmittelhandels, besteht dennoch die Gefahr der Adaption durch Wettbewerber. Diese Tatsache ist für die strategische Ausrichtung lediglich eine Frage der Zeit. Schumpeter unterscheidet dazu zwischen drei Unternehmerkategorien. Die Gruppe, der sog. „Avantgarde" bezeichnet die Pioniere, deren Risiko, aber auch erwarteter Profit im idealen Fall am höchsten ist. Die „early and late Adopters" folgen mit der Verbreitung der Innovation, woraus die „Laggers" entspringen. Diese übernehmen die Innovation erst viel später, wodurch deren Verbreitung im Wettbewerbsumfeld begünstigt wird. Von jedem Einzelunternehmer geht eine potenzielle Möglichkeit aus, durch ein innovatives Konzept einen Markt zu verändern.[342]

Schumpeters Ansätze postulieren, dass Innovationen und wirtschaftlich konjunktureller Aufschwung in enger Abhängigkeit zueinanderstehen, was am Imitationsverhalten der Wettbewerber liegt, die den Aufbau eines Marktes vorantreiben, und am Multiplikationseffekt, der den Konjunkturaufschwung auslöst. Schumpeters Ansatz des Konjunkturzyklus liegt in der Darstellung der Dynamik der nach Walras aufgestellten Theorie: „While Schumpeter was enough of a conventional economist to accept that equilibrium keeps returning in a homostatical way, he believed also that an

---
[342] Vgl. Schumpeter 1994, S. 4 f.

economy that works well is one that is continously bombarded by disequilibrating new production functions."[343]

Neue Produktfunktionen ergeben sich aus einem Zusammenspiel von Technik, Technologie, Produktion und Organisation. Aus neuen Austauschrelationen entstehen erfolgreiche, aber auch erfolglose Konstellationen mit stetig neuen Funktionen. Der Ansatz Schumpeters verarbeitet Erkenntnisse der Zyklenmodelle von Nikolai Kondratieff (1892–1932), Clement Junglar (1819–1905) und Joseph Kitchin (1861–1932).

Das Kondratieff-Zyklus-Theorem sieht, entgegen der Auffassung Schumpeters, Innovationen als Folge und nicht als Antriebskraft der Konjunkturzyklen. Die gesellschaftliche Entwicklung ergibt sich aus einer sinusförmigen Innovationsphase, die 47 bis 60 Jahre beträgt. Kondratieff entdeckte den Zusammenhang der langfristigen wirtschaftlichen Entwicklung mit wichtigen Erfindungen und Innovationen.[344]

---

[343] Ebd., S. 5.
[344] Vgl. Borbély 2008, S. 3.

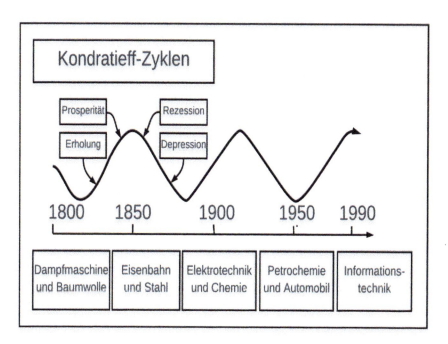

Abbildung 30: Kondratieff Zyklus

Quelle: Eigene Darstellung in Anlehnung an Bundeszentrale für politische Bildung 2016.

Joseph Junglar verglich seine Erkenntnisse aus dem wirtschaftlichen Kreislauf mit dem menschlichen Blutkreislauf. Der französische Arzt begann seine Analysen mit der Untersuchung der Geburten- und Sterberaten. In seinen späteren Auseinandersetzungen widmete er sich den Zins- und Kreditbewegungen im internationalen Vergleich zwischen Großbritannien, Frankreich und den USA zwischen 1803 und 1882. Das Ergebnis ist ein Zyklus, der sieben bis elf Jahre beträgt und als „Major Cycle" bekannt ist.[345] Schumpeter bezeichnete die Ergebnisse Junglars als Junglar-Zyklus, der für Pionierunternehmen

---

[345] Vgl. Villani 2018.

steht. Diese werden durch Bankkredite finanziert, können somit Innovationen durchsetzen und den Aufschwung auslösen.[346]

Joseph Kitchin gelang es, die regelmäßigen Rhythmen der Absatzzyklen innerhalb seines Bergbauunternehmens zu belegen. Innerhalb der Zeitspanne von 40 bis 53 Monaten begann zunächst die Aufstockung der Läger aufgrund einer höheren Umsatzperspektive und erhöhten Abverkaufs. Das verlangsamte Wachstum führte zu einem Rückgang der Produktion mit dem Ziel der Reduktion von gebundenem Kapital aufgrund unverkäuflicher Waren. Die Differenz aus aufeinanderfolgenden Maxima und Minima ergab die Bezeichnung der „Minor Cycles".[347]

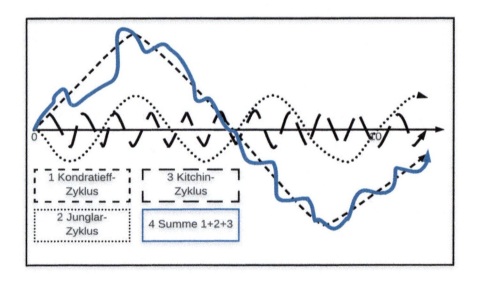

Abbildung 31 Kumulierter Konjunkturzyklus nach Schumpeter

Quelle: Eigene Darstellung in Anlehnung an Borbély 2008, S. 5.

---

[346] Vgl. Borbély 2008, S. 3.
[347] Vgl. Wirtschaftslexikon 2018.

„The cyclical fluctuations of trade are composed of minor cycles averaging 40 months in length, and major cycles, which are aggregates of two or three minor cycles."[348]

Schumpeter setzte sich in seiner Theorie mit der Kombination der drei Konjunkturmodelle auseinander. Daraus entstand das Drei-Zyklen-Schema, welches die gleichzeitige und überlagerte Abfolge mehrerer Zyklen darstellt. Die Annahme ist, dass Innovationen unterschiedliche Zeitansprüche bis zur Diffusion haben und deshalb die Diffusion unterschiedlich erfolgt.[349] Das Verständnis für Innovationen beginnt für Schumpeter mit der Auseinandersetzung der Kulturform des zukünftigen Kapitalismus. Er definiert diesen nicht als Modell, sondern als fortlaufenden Prozess, der aus Expansion und Wandel statt Kreislauf und Wiederkehr besteht. So bildet er seine Annahme der Konjunkturtheorie, die das verfügbare Geld für Investitionen nicht aus Vermögen, sondern aus Versprechen/Krediten schöpft. Aus diesem Prozess ergibt sich eine Kontinuität im Zusammenspiel und somit ein unabschließbarer Fortschrittsprozess.

Schumpeter gilt als der Schöpfer von Begriffen wie „Innovation", „Disruption", „Wagniskapital" oder „schöpferische Zerstörung". Die vier Produktionsfaktoren sind Boden, Arbeit, Kapital sowie Unternehmertum. Schumpeters Ansätze resultieren aus seinen Erkenntnissen während Fließbandfertigung und Massenkonsum sowie Weltwirtschaftskrise und Wohlstandsexpansion. Die überzeitliche Gültigkeit und heutige Relevanz ergeben sich aus der Theorie über die Dynamik des Kapitalismus. Diese entspringt aus

---

[348] Kitchin 1923, S. 10 in Borbély 2008, S. 4.
[349] Vgl. Borbély 2008, S. 4f.

dem monetären und ideeninduzierten Dauerumbruch, dem kein Verfallsdatum zugeordnet werden kann. Im heutigen Kontext der Disruption, die insbesondere aus dem Silicon Valley hervorgeht, besteht das Ziel in der Abschaffung des Wettbewerbs. „Innovationen seien unter der Regie von Marktmonopolisten viel billiger zu haben – und Konkurrenz fresse bloß die Profite von Konzernen auf, die dem Allgemeinwohl dienen."[350]

Schumpeters Disruptionsdenken steht jedoch für die Bewegung auf ein Ziel, das sich von selbst bewegt, entgegen den Monopolisierungsbemühungen aus dem Silicon Valley. Eine Zukunft, aber kein Wissen von dieser Zukunft zu haben, unterliegt dem Ansatz der Bedürfnisorientierung der Produktion. „Denke immer das Neue ins Offene!" Diese Einschätzung steht für das Unternehmertum, das sich außerhalb der gewohnten Bahn bewegt und nicht durch Eigennutz und rationales Kalkül angetrieben wird. Die fortlaufende Konjunkturtheorie Schumpeters basiert auf der politischen Unterstützung dieser Wirtschaftsordnung.[351] Sein Grundgesetz dieser Ordnung ist: „Ohne Innovation keine Zukunft – ohne Zukunft keine Innovation."[352]

5.1 Der Innovationsprozess

Eine Innovation bezeichnet nach wirtschaftswissenschaftlicher Definition einen technischen, sozialen oder wirtschaftlichen Wandel einhergehend mit einer komplexen Neuerung. Hinzu kommt die

---

[350] Peter Thiel in Turek 2017, S. 364.
[351] Vgl. Rudolph 1996, S. 15 f.
[352] Schumpeter 1994, S. 5.

Veränderung, die mit dieser Entdeckung/ Erfindung bis hin zu ihrer Einführung und Anwendung verbunden ist.[353]

Zu differenzieren sind die Begriffe Invention und Innovation. Die Idee, den Prototyp oder eine Konzeptentwicklung vor der Markteinführung umfasst eine Invention.[354] Sie ist dann gegeben, wenn daraus eine Umsetzung oder Verwertung für den Arbeitsmarkt entsteht. Das wirtschaftliche Ziel ist erreicht, wenn diese Innovation gewinnbringend durchgesetzt und verbreitet werden kann.[355] Produktinnovationen greifen auf der Ebene des Leistungsangebotes. Hingegen stehen Prozessinnovationen im Zusammenhang mit dem Prozess der Leistungserstellung. Die Veränderung im Humanbereich des Unternehmens wird durch Sozialinnovationen vorangetrieben. Mehr Wert für den Lebensmittelhandel im stationären und digitalen Wettbewerbsumfeld kann zum Beispiel aus der Synergie beider Geschäftskonzepte mit dem Einsatz technologischer Innovationen entspringen.[356] Entgegen der Definition herkömmlicher Innovationen charakterisiert diese Art der Neuerung das erforderliche technologische Know-how.

Der Vorteil technologischer Innovationen liegt in der einfachen Anwendbarkeit für den Nutzer. Hinzu kommt die Möglichkeit des übersichtlichen und gegenseitigen Datenaustauschs, der Profilierung sowie Rationalisierung.[357] Die technologische Innovation kombiniert Prozess- und Leistungsinnovationen und kann je nach Ausgestaltung

---

[353] Vgl. Specht 2018.
[354] Vgl. Neumair 2018.
[355] Vgl. Bachinger 2004, S. 6 in Borbély 2008, S. 3 f.
[356] Vgl. Gerpott 2005, S. 1 f.
[357] Vgl. Rudolph, 1996, S. 18 f.

auch den Bereich einer Sozialinnovation abdecken. Die nachfolgende Abbildung veranschaulicht Innovationskategorien im Einzelhandel.[358]

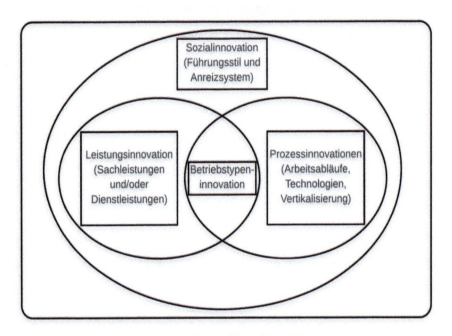

Abbildung 32: Innovationskategorien im Einzelhandel
Quelle: Eigene Darstellung in Anlehnung an Rudolph 1996, S. 18.

Bis eine Innovation erfolgreich umgesetzt ist, müssen die Prozessschritte durchlaufen werden. Der Anfang ist die Analyse feststellbarer Entwicklungstendenzen. Die Bereitschaft, sich den bestehenden Problemen zu widmen und Lösungen dafür zu entwickeln, dient dem eigenen Bestreben, im Angebot der Handelsleistung Fortschritte zu machen. Diese sind getrieben von veränderten Kundenbedürfnissen und Entwicklungen am Markt. Je detaillierter der Istzustand definiert werden kann, desto konkreter

---

[358] Vgl. ebd., 1996, S. 20 f.

werden die Lösungen für die Erreichung des Sollzustandes. Die notwendigen Informationen sind die technologische Machbarkeit, das Profil des Nutzers oder die Lösung eines technischen Problems. Übertragen auf den Einzelhandel können diese Informationen aus der Marktforschung oder der Datenhistorie von Kundenkontakten stammen.

Die Problemlösung resultiert aus der Gewinnung von Ideen und steht für den zweiten Schritt im Innovationsprozess. Die Invention wird in diesem Schritt bereits weiterentwickelt. Handelt es sich wie im beschriebenen Konzept um eine technologische Lösung, so ist die strukturelle Voraussetzung zu prüfen und durch Mitarbeiter weiterzuentwickeln.[359] Das gedankliche Neuland, das mit einem innovativen Ansatz betreten wird, erfordert ein hohes Maß an Kreativität und Einschätzungsvermögen zum praxiswirksamen Einsatz des ermittelten Lösungsansatzes. Die Gewinnung von Ideen kann dabei über zwei unterschiedliche Wege erfolgen: durch das Sammeln bestehender Ideen von Kunden, Lieferanten oder Wettbewerbern, andererseits können unterstützende Maßnahmen zum Hervorbringen weiterer Ideen ergriffen werden.

Je nach Problemstellung müssen Lösungsmöglichkeiten nicht die ideale Antwort bedeuten. In diesem Fall ist der Konkretisierungsgrad aus dem Abgleich zwischen Ist und Sollzustand entscheidend. Das Screening als Zwischenschritt vor der Bewertung einer Idee erhöht die Erfolgschancen nach einer eingehenden Prüfung und Beurteilung. Ausgehend von der Zielsetzung wird dabei die technische Umsetzbarkeit wirtschaftlich validiert. Der erwartete Markterfolg

---

[359] Vgl. Aspern 2017, S. 10 f.

sowie langfristige finanzielle Risiken umfassen die Entscheidungsprüfung. Aus diesem Grund besteht das entscheidungsbefugte Management aus einem Gremium, dessen Mitglieder aus Fach- und Führungskräften unterschiedlicher Bereiche zusammengesetzt ist. Auf Basis valider Informationen müssen logische und nachvollziehbare Rangfolgen präferierter Ideen und Konzepte gebildet werden. Valide Informationen können verbale Einschätzungen bis hin zu dynamischen Wirtschaftlichkeitsrechnungen sein, deren Aussagekraft ein möglichst genaues Bild der Wirklichkeit zeigt.

„Pick up the fruits of the ground, than you can get the high hanging fruits in the tree. Get the low hanging fruits first."[360] Dieses Zitat ist ausschlaggebend für die Effizienz in der Bewertung. Die Verfahren zur Prüfung der Wirtschaftlichkeit sollten mit einem möglichst geringen finanziellen und zeitlichen Aufwand verbunden sein. Denn ähnlich wie die reifende Frucht im Baum ist die Beständigkeit der Situation begrenzt bis zu dem Zeitpunkt, an dem die Frucht zu Boden fällt. Eine Innovation sollte nach Benutzerfreundlichkeit ausgerichtet sein und kann mit dem Voranschreiten der Entwicklungen am Markt nur erfolgreich sein, wenn die Möglichkeiten für den Nutzer verständlich und interpretierbar sind.

Die Datenmengen können, je präziser und kleiner sie sind, Änderungen und Aktualisierungen effektiv ermöglichen.

Der nächste Schritt ist die Ideenauswahl, deren Entscheidung die Realisierung anstößt. Ein interdisziplinäres Gremium aus Managern und Fachverantwortlichen kann abhängig oder unabhängig

---

[360] Aspern 2017, S. 10.

einberufen werden. Diese Entscheidungsträger verantworten den wirtschaftlichen Erfolg oder Misserfolg. Die wirtschaftliche und technische Umsetzung beginnt mit der Ideenrealisierung, deren Erfolg bereits planbar ist. Die präzise Planung erhebt den Anspruch, sach-, kosten- und termingerecht zu sein. Je nach inhaltlicher Ausgestaltung des realisierten Konzepts greifen Routineprozesse untermauert mit Erfahrungswerten, wenn geringe Anpassungen vorgenommen werden müssen. Völlig neuartige Konzepte erfordern ein Projektmanagement zur Realisierung sowie ein Produktmanagement zur Umsetzung von Produktinnovationen. Die zeitliche und inhaltliche Abstimmung zwischen den involvierten Unternehmensbereichen ist eine wichtige Grundvoraussetzung.

Das Projektteam beginnt zur zielstrebigen Umsetzung mit der Projetvorbereitung, während der ein Lastenheft erstellt wird. Darin enthalten sind die wesentlichen Leistungsdaten, die marktlichen und unternehmerischen Rahmenbedingungen sowie die voraussichtlichen Kosten. Definiert werden grobe Teilziele und Meilensteine. Diese Information ist wichtig für den zweiten Schritt der Projektplanung, die Kapazitäten und zeitliche Abläufe beinhaltet. Der letzte Schritt ist die Projektrealisierung mit einem Testdurchlauf zur erneuten Optimierung. Ein sog. „Trial and Error"-Prozess erhöht kurzfristig den Zeit- und Kostenaufwand. Dieser Schritt ist jedoch notwendig, da so die Marktreife und die langfristigen Erfolgschancen erheblich erhöht werden können.

Die Markteinführung wird ähnlich wie die Vorabprozesse durch das Projektcontrolling koordiniert und überwacht. Die Steuerung gelingt durch die Querschnittsfunktion und Übersicht aller Abschnitte des

Projektablaufs. Nun kommen die Instrumente des Marketing-Mix zum Einsatz. Diese sind notwendig, um den Produktlebenszyklus anzukurbeln und nachhaltig zu beeinflussen.[361] Auf diesem Weg wird eine Produktidee zu einer erfolgreichen Produktinnovation.[362]

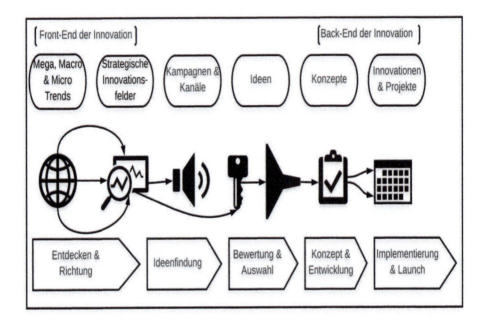

Abbildung 33: Der Innovationsprozess

Quelle: Eigene Darstellung in Anlehnung an von Aspern 2017.

Ein Exkurs in die Restaurantbranche zeigt exemplarisch, wie der Innovationsprozess umgesetzt werden kann. Diese Branche gleicht dem Lebensmittelhandel aufgrund des hohen Wettbewerbs, der Risikobereitschaft und den teilweise geringen Margen. Zudem stehen auch Restaurants vor der Herausforderung, einerseits eine makellose

---

[361] Vgl. Schmidt/Herstatt/Lehnen 2015, S. 17 f.
[362] Vgl. Hauschildt 2004, S. 30 f.

Konsistenz zu besitzen und andererseits innovativ zu sein. Während das Kochen als kreativ angesehen wird, geht es beim High-End-Kochen hauptsächlich um konstante und streng eingehaltene Wiederholungen. Hinzu kommt eine streng kontrollierte und hierarchische Umgebung. Um die drei Michelin-Sterne zu erhalten, müssen die Restaurants bei vielen Besuchen ein konstant einwandfreies Erlebnis bieten. Dies bedeutet eine präzise Standardisierung und eine strenge Qualitätskontrolle.

The Fat Duck in Großbritannien hat z. B. seit 2004 drei Michelin-Sterne mit Ausnahme von 2016 aufgrund von Renovierungsarbeiten erhalten. Ein Teil des Erfolgsrezeptes ist, die Kochtemperatur systematisch auf 0,1° C Genauigkeit zu kontrollieren. Zudem sind Rezepte in bis zu 40 Prozessschritte aufgeteilt und vorgegeben. Jeder Koch wird gut ausgebildet und selektiv für das Erlernen der Handwerkskunst rekrutiert. Die einzelnen Schritte werden stets auf Qualität vom Vorgesetzten geprüft. Diese Art der rigorosen Wiederholung schließt in ihrer Konsistenz die Kreativität jedoch nicht aus. Der Grundstein für neue Impulse wurde mit den Renovierungsarbeiten im Jahr 2016 gelegt. Das Ziel bestand darin, die Balance am besten durch Zeit und Raum für Forschung und Experimente sowie einen gründlichen Prozess für die Iteration und Standardisierung neuer Kreationen zu schaffen. Die Möglichkeit, aus Fehlern zu lernen, schnell zu prototypisieren oder nach neuen Ideen zu suchen, war geschaffen. Der entstandene Forschungs- und Entwicklungsbereich wurde zu einem neuen Arbeitsschritt für Teams, die aus Köchen, gelegentlich anderen Fachleuten, Lebensmittelwissenschaftlern, Designern oder Ingenieuren bestand.

Die Köche des Restaurants arbeiten zeitweise im Restaurantbetrieb sowie an F&E-Projekten, die darauf abzielen, das Kundenerlebnis zu verbessern. Projekte umfassen in der Ideenfindung auch teilweise die Zusammenarbeit mit Universitäten. Ein beliebtes Gericht der Fat Duck Group namens „The Meat Fruit" (eine überraschend realistisch aussehende „Mandarine" aus zartem Mandarinengelee und Hühnerleberpastete) wurde zum Beispiel von einem Rezept aus dem 15. Jahrhundert inspiriert, das von Historikern in Hampton erforscht wurde. Ein weiteres Gericht, genannt „Sound of the Sea" (verstärkt durch meerähnliche Klänge von einem iPod nano, versteckt in einer Muschel), stammt aus Kollaborationen zwischen der Forschungs- und Entwicklungsabteilung sowie dem Labor für experimentelle Psychologie in Oxford. Bis zur Umsetzung solcher innovativen Gerichte ist allerdings ein umfassender Prozess nötig. Er wird angekurbelt durch ein monatliches konzeptuelles Gericht, zubereitet von einem der Restaurantköche für das gesamte Team. Brainstormings und Feedback-Sitzungen mit dem Küchenchef und dem Küchenpersonal fördern die konstruktive und kreative Kultur. Diese multipliziert den Ideenpool und mildert den Widerstand gegenüber neuen Produkten oder Prozessen. Nachdem die Ideen sämtlicher Kreationen und Kollaborationen gesammelt sind, wird daraus durch die Unternehmensleitung ein Kernkonzept für jede Geschäftseinheit erstellt. Zu den Entscheidern zählt ein Team bestehend aus dem CEO, dem Leiter F&E sowie dem Leiter der jeweiligen Abteilung. Die Bestandteile des Kernkonzepts werden auf das F&E-Team, Prototyping und Tests auf die Küchenchefs aufgeteilt.

Im Fall technischer Komponenten wie beispielsweise Unterhaltungselektronik kommen Geschäftspartner hinzu. Während viele Projekte keinen Endkunden erreichen, werden sie sorgfältig in einer durchsuchbaren Datenbank angemeldet, die häufig verwendet wird, um zugewiesene Projekte zu verbessern und zu beschleunigen. Sobald sich die Ergebnisse einem fertigen Produkt nähern, wird ein Komitee einberufen, das ein Feedback abgeben kann. Dieses Komitee besteht aus Senior- und Juniorchefs, Sommeliers, Kellnern und anderen Mitarbeitern. Nach einigen Verbesserungszyklen gibt das Projektteam die Rezepte an die Küchenchefs zur Vorbereitung weiter. Ziel ist es, die schriftlichen Anweisungen des Rezepts zu testen. Diese Schrittfolge wird bis zur Freigabe für den Gast vom Chef begleitet.[363]

5.2 Die Herausforderungen

Zu den Herausforderungen zählt neben der technischen Umsetzung und strategischen Ausrichtung (siehe Kapitel 3) auch die Exzellenz der Markenführung (siehe Kapitel 4) sowie eine Neuausrichtung der Unternehmenskultur (Inhalt Kapitel 5). Letztere lässt sich zwischen einer organischen (förderlichen) und einer mechanistischen (hinderlichen) Struktur unterscheiden.[364] Die verallgemeinernde Definition der Unternehmenskultur lautet: „Organizational Culture: a pattern of basic assumptions – invented, discouvered, or developed by a given group as it learns to cope with its problems of external adaption and internal integration – that has worked well enough to be

---

[363] Vgl. Ospina 2018.
[364] Vgl. Leberling 2012, S. 75 f.

considered valid and, therefore, to be taught to new members as the correct way to perceive, think, and feel in relation to those problems"[365] Der Kernbestandteil einer Unternehmenskultur ist vergleichbar mit einem Koordinationsinstrument, das optimal auf die angestrebten Voraussetzungen und Bedingungen angepasst werden muss. Die Teilnahme von Mitarbeitern des Unternehmens an Ideenwettbewerben oder Innovationsanreizen erfolgt über deren Annahmen und Wertvorstellungen gegenüber der eigenen Arbeit, welche die Identität ausmachen.[366]

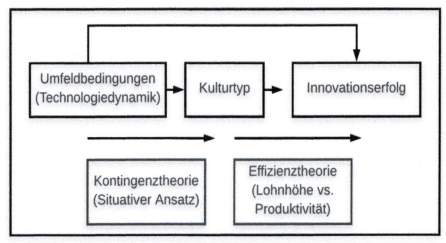

Abbildung 34: Messmodell für Innovationsfähigkeit
Quelle: Eigene Darstellung in Anlehnung an Ernst 2016, S. 77.

Aus dem Verhältnis zwischen Kultur und Organisation ergaben sich in einer Analyse nach Smircich fünf Paradigmen: (1) Comparative Management, (2) Corporate Culture, (3) Organizational Cognition, (4) Organizational Symbolism sowie (5) Unconscious Process and

---

[365] Schein 1996, S. 9.
[366] Vgl. ebd., S. 10 f.

Organization. Die Paradigmen eins und zwei stehen in diesem Zusammenhang für eine veränderbare Variable, die Einfluss auf das Bestehende innerhalb eines Unternehmens hat, und die Paradigmen drei bis fünf für das, was das Unternehmen ausmacht.[367] „Over all, the research agenda arising from the view that culture in particular ways and how to change culture, consistent with mangerial purposes."[368]

Das dargestellte Messmodell verdeutlicht die Herangehensweise eines Unternehmens für die Bewertung der Innovationsfähigkeit. Diese wird ins Verhältnis zur bestehenden Innovationskultur gesetzt. Zu berücksichtigen ist der kontingenz- und effizienztheoretische Ansatz, welcher sich anhand der unterschiedlichen Paradigmen analysieren lässt. Inhalt der Kontingenzanalyse ist die Bewertung der „Corporate Culture", die der Fragestellung folgt, unter welchen Bedingungen ein Kulturtyp auftritt. Die Effizienztheorie bewertet und analysiert dann die Abhängigkeit des Innovationserfolgs vom Kulturtyp. Die Umweltbedingungen stehen in diesem Modell in direktem Zusammenhang mit dem Innovationserfolg.

Dieses Messmodell wurde auf die vier unterschiedlichen Kulturtypen angewendet. Letztere stammen aus theoretisch überzeugenden und empirisch getesteten Messansätzen, die auf Quinn, Cameron und Freeman zurückgehen.[369]

---

[367] Vgl. Smircich 1983, S. 346 f.
[368] Ebd.
[369] Vgl. Ozga 2010, S. 29 f.

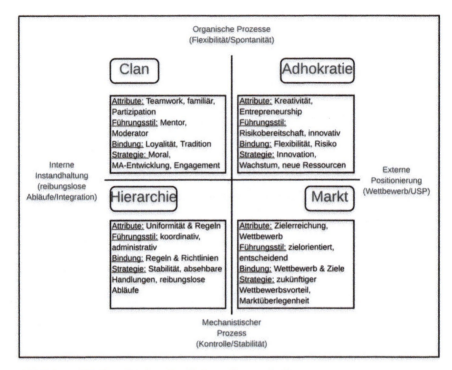

Abbildung 35: Typologien der Unternehmenskulturen

Quelle: Eigene Darstellung in Anlehnung an Ozga 2010, S. 29.

Die in der Abbildung dargestellten Unternehmenskulturen sind in der vertikalen Achse nach organischen oder mechanistischen Prozessen zugeordnet. Die individuelle Bewertung erfolgt nach den Kriterien Flexibilität, Spontanität und Individualität (organisch) bis hin zu Kontrolle, Stabilität und Ordnung (mechanistisch).[370] Die horizontale Achse bewertet den Grad der internen Erhaltung. Der Fokus liegt dabei auf reibungslosen Abläufen, dem Grad der Integration sowie der externen Positionierung mit Betonung auf Wettbewerb und

---

[370] Vgl. Burns/Stalker 1994, S. 89 f.

Differenzierung. Nach dieser Kategorisierung wurden vier Typen zugeordnet, deren Unterscheidungsmerkmale näher innerhalb der Abbildung beschrieben sind (Clan, Adhokratie, Hierarchie und Markt). Die *Markt-Kultur* steht für eine hohe Wettbewerbsorientierung, Leistungsmessung und priorisierte Zielerreichung. Die Transaktionen der mikroökonomisch ausgerichteten Unternehmungen erfolgen zum Großteil über vorgegebene Mechanismen. Das Gegenstück dazu ist die *Clan-Kultur,* die sich hinsichtlich ihres internen Zusammengehörigkeitsgefühls, des Teamworks der familiären Atmosphäre und eines durchschnittlich hohen Bekenntnisses zum Unternehmen auszeichnet. Gemeinsame Werte oder Zielvorstellungen ersetzen Markttransaktionen durch Zielvorgaben.[371]
Die *Hierarchie-Kultur* steht für Standardisierung, Formalisierung und Stabilität. Transaktionen erfolgen durch klar definierte Regeln, die von der Unternehmensleitung definiert werden. Das Pendant dazu ist die *Adhokratie-Kultur,* die für Unternehmertum, Kreativität, Risikofreude und das Bekenntnis zur Innovation bekannt ist.[372]
Die wesentlichen Ergebnisse der Analyse sind:[373]

1. Drei der vier Unternehmenskulturen (Ausnahme: Markt-Kultur) können empirisch gemessen werden, wodurch die Abhängigkeit hinsichtlich der Innovationsfähigkeit nachweisbar ist.
2. Innovationsfreundliche Unternehmenskulturen haben signifikanten Einfluss auf den Innovationserfolg.

---

[371] Vgl. Ouchi (1980) in Ernst 2003, S. 25 f.
[372] Vgl. Quin (1988); Cameron/Freeman (1991) in Ernst 2003, S. 25 f.
[373] Vgl. Ernst 2003, S. 25 f.

3. Eine stark mechanistisch ausgerichtete Unternehmenskultur, die zudem umfassende hierarchische Strukturen besitzt, reduziert mit dieser Struktur die Aussichten auf Innovationserfolg.
4. Adhokratie-Kulturen stehen in engem Zusammenhang mit einer hohen Technologiedynamik, das Gegenteil gilt für Hierarchie-Kulturen.
5. Der Zusammenhang zwischen der Unternehmenskultur und dem Innovationserfolg ist unabhängig von den Umfeldbedingungen. Trotz niedriger Technologiedynamik kann sich der Innovationserfolg dennoch auch durch eine Adhokratie-Kultur erhöhen lassen.

Die praktische Anwendung im eigenen Unternehmen beginnt mit der Bestandsaufnahme der vorhandenen Unternehmenskultur, damit Veränderungen initiiert werden können.[374] Im Fokus sollte der Mitarbeiter stehen, der als Ideengeber die Grundlage der angestrebten Innovationskultur ist und Anstöße zur Veränderung geben kann. Innovationen ergeben sich vorrangig aus der Qualität der internen und externen Vernetzung. Impulse kommen einerseits aus der Vorbildfunktion des Managements. Andererseits entspringen sie aus der Wissensvernetzung zwischen den Mitarbeitern. Die Vorbildfunktion des Managements sollte die Überzeugungskraft zur Durchsetzung innovativer Prozesse sowie den aktiven Abbau von Hemmnissen der kreativen Entfaltung erkennbar vermitteln. Die Motivation zur Partizipation der Mitarbeiter definiert sich aus der Herausforderung der nachhaltigen strategischen Entscheidungen des

---

[374] Vgl. Cameron/Freeman (1991) in Ernst 2003, S. 25 f.

Managements. Diese können in Form von Leistungsanreizen, Leistungsbewertung und Förderung der Gemeinschaft erfolgen und somit den konstruktiven Beitrag der Gemeinschaftsarbeit würdigen. Der Erfolg der Umsetzung bestimmt die langfristige wirtschaftliche Entwicklung unter Berücksichtigung der aktuellen Wettbewerbsherausforderungen. Entscheidend ist die Entschlossenheit der Unternehmensführung, die insbesondere in der Auswahl der Führungskräfte die Bedeutung der zielsicheren Umsetzung vorgegebener Leitbilder verkörpern muss. Die damit verbundene Risikobereitschaft und das gleichzeitige Verantwortungsbewusstsein erfordern zudem Eigenkreativität und Engagement, Durchsetzungsvermögen und Gemeinschaftsgeist.[375] Entscheidungsgrundlage für das strategische Management ist die Zielvorgabe, die durch die Digitalisierung, Globalisierung bzw. gegenwärtigen Wandel bestimmt wird. Die Veränderung der Unternehmenskultur wirkt sich nicht nur auf jeden einzelnen Mitarbeiter aus, sondern strebt auch eine Leistungsmessung durch zusätzliche Kennzahlen an. Hinzu kommen Methoden, Tools und Schulungen, mit denen die Umsetzung neuer Geschäftsprozesse nachhaltig gelingt. Die Frage ist, warum dieser Wandel in der Umsetzung diese grundlegenden Herausforderungen aufwirft. Die Ursache dafür liegt im Taylorismus. Dieser zielt darauf ab, die Produktivität der menschlichen Arbeit zu steigern. Hierzu wird der Arbeitsprozess in kleinste Einheiten geteilt, zu deren Bewältigung keine oder nur geringe Denkvorgänge zu leisten sind. Daher sind

---

[375] Vgl. ZWF 2018.

solche Arbeitsvorgänge eher repetitiv und schnell.[376] Mit dieser Unterteilung wird auch das Wissen auf die verteilt, die aktiv in die Steuerung des Unternehmens eingreifen können.[377]

„Oben wird gedacht, unten gemacht." Dieser Spruch beschreibt die konventionelle Struktur innerhalb vieler historisch gewachsener Unternehmenskulturen, die für den Taylorismus stehen.[378]

Die Abbildung der Taylorwanne veranschaulicht die Veränderungen entlang des Zeitverlaufs der Marktentwicklung. Die entscheidende

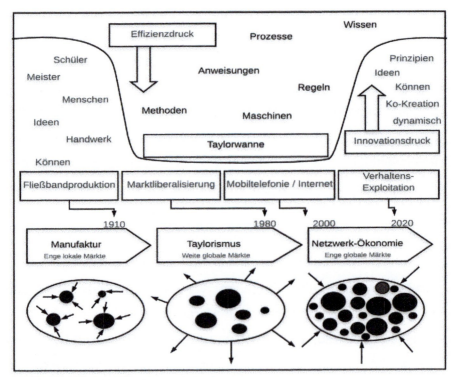

Abbildung 36: Die Taylorwanne
Quelle: Eigene Darstellung in Anlehnung an Pflaeging 2012, S. 1.

---

[376] Vgl. Bartscher 2018.
[377] Vgl. ebd.
[378] Vgl. Pflaeging 2012, S. 2 f.

Fragestellung, die insbesondere im Kontext der Neugestaltung einer Unternehmenskultur stehen sollte, ist: „Wie kann man den Filialen dabei helfen, dass sie selbst erkennen, was notwendig ist, und das nutzen, was im Unternehmen vorhanden ist, dass sie es in der Filiale anwenden – und zwar so, wie es für die Filiale richtig ist?"[379] Vereinfacht ausgedrückt rückt dieses Umdenken die Eigenverantwortung des Vertriebs in den Fokus. Der Denkansatz der höheren Eigenverantwortung der Filiale entspringt aus den Überlegungen der Drogeriemarkt-Kette „dm". Mehr Eigenverantwortung in der Filiale ermöglicht den Mitarbeitern, ihre persönlichen Kompetenzen zielführender einzubringen. Die Anforderungen sind deshalb, agiler, moderner und digitaler zu werden. Insbesondere mit Blick auf das dynamische Wettbewerbsumfeld ist neben der Optimierung von Geschäftsprozessen auch eine Verhaltensänderung betroffener Mitarbeiter zu erzielen.[380] Die Frage, die sich an dieser Stelle stellt, ist, wie der konkrete Weg aussehen muss, die Veränderungen erfolgreich anzustoßen.

Eine innovationsfördernde Unternehmenskultur umfasst eine Vielzahl von Merkmalen, die analysiert werden müssen. Hinter dem Motto „Wissen ist Macht" verbirgt sich das erste Hemmnis für betriebliche Innovationsfähigkeit. Aufgrund eines erhöhten Ressortsdenkens sowie einer funktionalen und hierarchischen Abschottung von zukunftsträchtigen Projekten entsteht auch durch Führungskräfte ein Kontrollverhalten, welches zu einem fehlenden Vertrauen der

---

[379] Vgl. ebd., S. 4 f.
[380] Vgl. Dietz/Kracht 2016, S.37 ff.

verantwortlichen Mitarbeiter und Teams führt. Dies hat unterschiedliche Ursachen, die jedoch oft mit dem Stellenwert einer Innovation im Wertesystem zusammenhängen. Damit ist eine Wertschätzung in den Unternehmensleitsätzen gemeint, die im Idealfall auch durch die Unternehmensleitung gewürdigt wird. Das Stichwort „actio und reactio" gilt auch für diese Wertschätzung insbesondere, wenn der Markterfolg jeglicher Art von Neuerung und Veränderung aufgrund einer bestehenden Unsicherheit zu Widerstand führen kann. In diesem Zusammenhang schafft beispielsweise die Entlassung eines Mitarbeiters während oder aufgrund einer Prozessinnovation das Gefühl von Unsicherheit bei den anderen Mitarbeitern.

Ein kooperatives Arbeits- und Führungskonzept, in dem das Wissen durch den Austausch der Träger des Wissens eng miteinander verzahnt ist, hilft, die Fehlerquote bei angestrebten Prozessinnovationen zu verringern. Der bestehende Wissensstand der Mitarbeiter sollte zudem durch ein umfassendes Angebot an Aus- und Weiterbildungen verbessert werden. Jobrotationen schaffen zudem die Möglichkeit zur Erschließung neuer Potenziale. Je größer das Unternehmen, desto höher die Wahrscheinlichkeit für überdurchschnittlich motivierte und innovative Persönlichkeiten, die als eine Art Innovationsmotor angesehen werden können. Diese können durch gezielte Freiräume und die Möglichkeit eigenständigen Handelns gefördert werden. Dem Mitarbeiter muss durch eine innovative Fehler- und Lernkultur die Möglichkeit gegeben werden, aus seinen Fehlern lernen zu können.

Die Umsetzung der Kriterien einer innovativen Unternehmenskultur ist kein kurzfristiges Unterfangen, sondern erfordert einen langfristigen Veränderungsprozess, der gelebt werden und dadurch wachsen muss. Eine Umsetzungsstrategie beginnt bei der Definition des Istzustandes, die eine umfassende Beschreibung der Ausgangssituation liefert. Wichtig ist die Analyse von Ist-Kulturelementen, die entsprechend des Sollzustandes bzw. der Soll-Kulturelemente angepasst werden müssen. Orientierung bietet hierbei die Neudefinition der Unternehmensgrundsätze, die das Dach der Unternehmenskultur und -strategie bilden. Die Veränderung kann nach dem „Top-down"-Ansatz angestoßen werden, der auf die bisherigen problematischen Verhaltensmuster nachdrücklich hinweist und für deren Korrektur eintritt.

Der Erfolg für eine Neuausrichtung der auf Innovation ausgerichteten Unternehmenskultur benötigt neben der Definition von Unternehmenswerten, die sich aus dem Soll-und-Ist-Abgleich ergeben, auch eine Personalstrategie. Diese besteht aus den Menschen, die für die Umsetzung der Unternehmensstrategie benötigt werden. Neben der Anzahl der Mitarbeiter sowie dem Ort und der definierten Zeit zählt auch die Definition der Zusammenarbeit zur inhaltlichen Ausrichtung. Neben Maßnahmen, die ein Unternehmen ergreift, damit Menschen gewonnen und gehalten werden können, kommen zudem die Bedingungen zum Tragen, mit denen die Zusammenarbeit gelingt (z. B. Jobrotation). Die Entwicklung einer geeigneten Personalstrategie, die möglichst zur gewünschten Unternehmenskultur passt, stellt den Anspruch eines möglichst hohen Erfolgs- und Leistungsniveaus.[381] Ein Vergleich zwischen den deutschen und amerikanischen Kulturstandards kann insbesondere aufgrund des Markterfolgs der IPPs die personellen Unterschiede verdeutlichen.

Der *amerikanische Kulturstandard* ist bekannt für sein Gleichheitsdenken durch das Verständnis für harte Arbeit, die an Erfolg geknüpft ist. Dieses Denken äußert sich in der beruflichen Auseinandersetzung durch „Visions" oder „Mission Statements" der Führungskräfte, die über ihre Kommunikation die Begeisterung steigern. Hinzu kommt, dass die amerikanische Kultur für ihren Optimismus, die Zukunftsorientierung sowie den Glauben an das Positive bekannt ist. Dies zeigt sich auch in einer unverkennbaren Gelassenheit. Erfolge werden offen kommuniziert und durch einen Leistungs- und Wettkampfgedanken angetrieben. Erkennbar ist diese Kultur an Auszeichnungen wie beispielsweise „Mitarbeiter des Monats" oder zusätzlichen Bonuszahlungen. Neben der fairen Berücksichtigung der Meinung werden auch Offenheit, Neugier, Geselligkeit, Kontaktfreudigkeit, Eigeninitiative und Teamfähigkeit positiv gesehen. Trotz der gelebten Offenheit legen Führungskräfte einen hohen Stellenwert auf die strikte Trennung von sach- und personenbezogenen Mitteilungen bzw. Inhalten.

Der *deutsche Kulturstandard* zeigt, dass die Deutschen gegenüber den Amerikanern im Kontakt mit fremden Personen als eher verschlossen gelten. Dies zeigt auch die Differenzierung der Anrede zwischen „Du" und „Sie". Die geringe Kontaktfreude kann aus der

---

[381] Vgl. Alsleben 2017, S. 65 f.

Priorität der Qualität statt Quantität bei Freundschaften resultieren. Diese kulturelle Besonderheit zeigt sich auch im beruflichen Umfeld. Verbindliche Zusagen entstehen aus dem Fokus auf die Sache statt auf die Person. Bei negativen Aspekten ist es auch üblich, Skepsis und Kritik zu äußern. Aufgrund dieser oft direkten Kommunikation ergibt sich eine oft menschenunfreundliche Planung, die Effizienz maximieren soll und potenzielle Fehlerquellen zu reduzieren versucht. Deshalb wird erst der Schuldige und danach die Lösung des Problems gesucht. Weitere Kulturkriterien sind Pflichtbewusstsein, Hierarchiedenken, hoher Fach- und Detailbezug, eine langfristig ausgelegte Planung und Problemorientierung.[382]

---

[382] Vgl. Dönisch 2017.

5.3 Entwicklungspotenziale

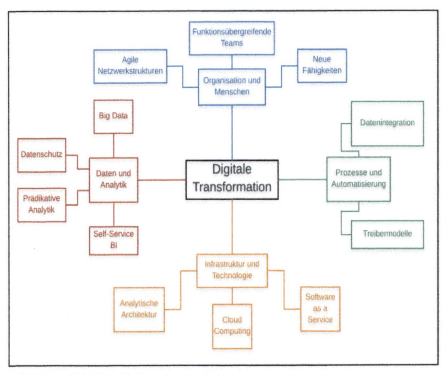

Abbildung 37: Digitalisierungstrends
Quelle: Eigene Darstellung in Anlehnung an Mertens 2018.

Die in der Abbildung dargestellten Digitalisierungstrends können nach vier Kategorien unterschieden werden. Die Kategorie Organisation und Mensch erfordert eine Unternehmenskultur, die Innovationen durch neue Fähigkeiten der Mitarbeiter, funktionsübergreifende Teams sowie eine agil ausgerichtete Netzwerkstruktur ermöglicht. Prozesse und Automatisierungen erfordern zudem kompatible Schnittstellen zur Datenintegration und Treibermodelle für die fortlaufende Erschließung von wirtschaftlichen Potenzialen. Diese unterscheiden sich in Effizienz (Ressourcenverbrauch) und Effektivität (Zielbeitragshebel). Informationen und Daten sind der Rohstoff der Zukunft, weshalb auch die Daten und deren Analyse eine Entwicklungsmöglichkeit darstellen, um neue Erkenntnisse zu erschließen und für Geschäftszwecke zu nutzen. Technologie und Infrastruktur werden ergänzt durch Cloud Computing, über welches die „Software as a Service" angeboten und eine individuelle analytische Architektur dargestellt werden kann.[383]

Der Innovationsprozess hat gezeigt, dass zur Bewertung einer Idee auf dem Weg zur Umsetzung ein Expertengremium notwendig ist. Mit dem Aufbau einer Plattform bietet sich die Möglichkeit, dessen interne Expertise durch externe Kompetenzen zu erweitern. Open Innovation bezieht Stakeholder mit ein: Hersteller, Kunden, Hochschulen, Forschungsinstituten, aber auch Start-ups oder Entrepreneur. Mit Blick auf die vertraglich geregelte Zusammenarbeit durch die Bündelung von externem und internem Know-how kann eine Strategie für die Kontinuität der Innovation geschaffen werden. Der Vorteil ist, dass im Rahmen eines sog. Crowdsourcings i. d. R. über das Internet die Stakeholder bzw. Kunden die Möglichkeit haben, einen Beitrag für Problemstellungen oder Produktinnovationen zu leisten. Aus der Partizipation des Kunden kann somit neben der Verstärkung der Kundenorientierung eine Kundenintegration entstehen.[384]

Neben der Strategie ist auch die Auswahl der Technologiepartner ein Erfolgsgarant. Zudem sind Aufbau und Erschließung neuer

---

[383] Vgl. Mertens 2018.
[384] Vgl. Markgraf 2018.

Entwicklungsperspektiven für einen Wettbewerbsvorteil eine Frage der Schnelligkeit.[385] Die Erweiterung der strategischen Ausrichtung und Struktur der Plattform von B2C auf B2B zu einer umfassenden IoT-Infrastruktur ist bereits mit Blick auf nationale sowie internationale Player im Aufbau. Das Ziel besteht darin, die Kooperationsdichte der Partner voranzutreiben, damit das Risiko der Investition reduziert werden kann. Ein Beispiel für eine bereits etablierte Plattform ist der Navigationsgeräte-Anbieter Garmin. Auf dessen Plattform besteht die Möglichkeit für Entwickler, eine App zu entwickeln und somit in eine Kooperation zu treten.[386] Deren Umsetzung kann über eigens dazu errichtete Innovation Labs erfolgen, in denen Workshops oder Think Tanks an Innovationsthemen oder zukünftigen Produkten arbeiten. Diese Zusammenarbeit kann über „Co-Creation", aber auch physische bzw. digitale Wege erfolgen. Ein weiteres Beispiel ist das 2016 eröffnete IoT Center von IBM in München, in dem Kunden wie BMW gemeinsam mit IBM an innovativen Themen arbeiten.[387]

Eine alternative Möglichkeit für Kooperationen sind Innovationswettbewerbe, die auch einen Beitrag zur Geschäftsentwicklung leisten können. Der Vorteil dieser Veranstaltungen liegt darin, Kooperationspartner mit innovativen Produkten, Dienstleistungen bzw. Technologien zu finden. Diese Suche kann auch in der Identifikation und Eigenentwicklung innovativer Produkte oder Dienstleistungen enden. Durch die aktive Suche nach Kooperationen entsteht zudem eine Community, mit der wiederum neue Geschäftsfelder und Modelle entdeckt werden

---

[385] Vgl. Lewrick/Link/Leifer 2017, S. 132 ff.
[386] Vgl. garmin.de/have_an_idea.
[387] Vgl. München.de 2017.

können. Die Profilierung gewinnt dadurch an Kontinuität, da mithilfe neuer Technologien, Standards, Mitarbeiter und einer internationalen Ausrichtung die Positionierung als Technologie- und Innovationsführer möglich wird. Die Herausforderung besteht in der Kooperation zwischen großen und kleinen Unternehmen, die unterschiedliche Zielstellungen verfolgen können. Viele große Unternehmen bieten für die Zusammenarbeit Kooperationsmodelle an, die nicht immer konform mit der Vorstellung der i. d. R. kooperierenden Start-ups sind. Die strategische Zielsetzung eines Verkaufs des Unternehmens oder vorhandener Werte wie der Patente entspricht eher der strategischen Ausrichtung eines Start-ups. Venture-, Accelerations- und Inkubationsprogramme beinhalten günstigen oder kostenfreien Büroraum (auch Coworking Space genannt) sowie personelle und finanzielle Unterstützung. Die national bekanntesten Corporate Accelerators bieten beispielsweise Microsoft, die Deutsche Telekom (hub:raum) oder Media Saturn (Retail Tech Hub). Die Corporate Accelerators sind getrennt vom Mutterkonzern, damit die Aspekte der Agilität und Flexibilität eingehalten werden können. Dennoch bleiben bei einer solchen Zusammenarbeit Risiken bestehen.[388] Die Minimierung derselben (z.B. Verlust des Start-Up-Führungsteams) kann über die Definition gemeinsamer Werte funktionieren.[389]

Die gelebten, für alle gültigen, Werte haben Auswirkungen auf die Wirtschaftskraft. Zu diesem Ergebnis kommt eine Metaanalyse der Universität Groningen. Untersucht wurde die Diversität von Werten im

---

[388] Vgl. Lewrick/Link/Leifer 2017, S. 161 f.
[389] Vgl. Seitz 2016.

Verhältnis der Region. Die ökonomische Entwicklung ist demnach davon abhängig, wie stark Werte in der jeweiligen Region geteilt werden. Je unterschiedlicher die Vorstellungen der Gemeinschaft sind, desto geringer die Wirtschaftskraft. Ausgehend von Meinungen über Werte wie beispielsweise Vertrauen, Einstellung zur Arbeit, Demokratie, Marktwirtschaft oder Geschlechterrollen richtet sich die Höhe des Pro-Kopf-Einkommens nach dem Grad der Übereinstimmung. Befragt wurden 250 Regionen aus 21 Ländern der Europäischen Union mit insgesamt mehr als 31000 Teilnehmern.[390] Diese Erkenntnis ist wichtig, um mit Blick auf die zukünftigen Trends wie IoT realisierbare Entscheidungen zu treffen. Das Konzept kann die notwendigen Werte der gewünschten Nutzer bzw. der Zielgruppe verdeutlichen und in Auswirkung auf die Marke die Relevanz und Authentizität der Entwicklung unterstreichen.

KI und Robotik eröffnen neue Wege der Ausgestaltung eines Markenerlebnisses bzw. Produktangebots. Wichtig für zukünftige Entwicklungen ist, dass sich die Technologie immer dem Menschen unterordnen und ihm dienen muss, nicht umgekehrt. Die Einhaltung ethischer Grundregeln dient dem Wohle der Unternehmen und der Gesellschaft.[391] Neben Trends wie künstlicher Intelligenz oder Robotik ist auch die Blockchain zu nennen. Binnen der nächsten fünf bis sieben Jahre könnte diese Technologie neue Chancen bieten. Die Ausrichtung einer Plattform mit Schnittstellen für alle Stakeholder verschafft die Möglichkeit, Prozesse zu vereinfachen und sicherer zu gestalten. Die Blockchain umfasst technisch betrachtet eine

---

[390] Vgl. Beugelsdijk/Milionis/Klasing 2017.
[391] Vgl. Golta 2018.

dezentrale Datenbank zur Speicherung von Informationen. Das Ziel besteht darin, Manipulationen zu verhindern. Jeder Teilnehmer an dieser Technologie hat die Möglichkeit zum Management von Informationen und zur transparenten Einsicht in das Logbuch, in dem jede Transaktion dokumentiert wird. Die Transaktion erfolgt über einen Datenaustausch, an dem nur verifizierte Parteien durch entsprechende Rechte teilnehmen können. Aus diesem Austausch entstehen Transaktionsblöcke, durch deren Verkettung ein Vorgänger und Nachfolger und somit eine Kette (Chain) entstehen. Jeder Teilnehmer ist im Besitz einer vollständigen Kopie der Daten und Transaktionen zwischen den Beteiligten.[392]

Die Blockchain bietet eine Vielzahl an praktischen Anwendungsszenarien. Smart Contracts sind zum Beispiel eine Möglichkeit, Verträge durch webbasierte Computerprotokolle zu ersetzen. Auf Grundlage von Computeralgorithmen kann festgelegt werden, welche Bedingungen (Rechte und Bestimmungen) zu welcher Entscheidung bzw. Durchsetzung führen.[393]

---

[392] Vgl. Deutsche Bank 2018.
[393] Vgl. Kaltofen 2016.

6. Schlussbetrachtung

Die Schlussbetrachtung gliedert sich in drei Teile. Zunächst resümiert das Fazit die zentralen Ergebnisse dieses Buches bezugnehmend auf die wissenschaftliche Fragestellung. Im zweiten Teil geht es im Ausblick um den thematischen Schwerpunkt der ökologischen Veränderungen insbesondere im Hinblick auf die Verantwortung des stationären Lebensmittelhandels. Die Handlungsempfehlung stellt sich inhaltlich komprimiert den steigenden strategischen externen Rahmenbedingungen und versucht Handlungsschritte aus Perspektive des stationären Lebensmittelhändlers zusammenzufassen.

6.1 Fazit

Die Strategie im stationären Handel mit Lebensmitteln ist bekannt für den Austausch von Waren, auf einer begrenzten Verkaufsfläche und einem limitierten Sortiment gegen Geldleistungen des Endkunden. Aufgrund der Wettbewerbsintensität und den geringen Gewinnmargen ist eine Erweiterung der Wertschöpfung mit einem positiven Beitrag zum Betriebsergebnis erstrebenswert, zur Absicherung der Zukunftsfähigkeit des Unternehmens. Mit einer gesamtheitlichen Lösung ergibt sich zusätzlich die Gelegenheit, sich dem Spannungsfeld fehlender Differenzierungsmöglichkeiten gegenüber Wettbewerbern aber auch Kunden möglichst zu entziehen. Die Chance zur Profilierung ergibt sich aus der Erweiterung des Leistungsangebotes um digitale Serviceleistungen. Die Benutzerfreundlichkeit ist dabei ein wesentlicher Erfolgsfaktor und kann durch gegenseitigen Informationsaustausch individuell angepasst werden. Entscheidend auf Unternehmensseite ist, wie relevant die konzipierten Use-Cases einer mobilen Lösung sind, damit durch deren Nutzung ein positiver Wertbeitrag erzielt werden kann. Auf Verbraucherseite entspringt der Kaufanreiz aus dem Grad der Kundenzufriedenheit sowie dem Bindungseffekt durch eine relevante Bedürfniserfüllung. Mit dem sukzessiven Aufbau von vielfältigen, digitalen und mobilen Serviceleistungen idealerweise auf Grundlage einer Plattform, besteht die Möglichkeit, die unterschiedlichen Interessen interner, aber auch externer Stakeholder zu berücksichtigen. Dies gelingt durch die Konzentration auf unterschiedliche Inhalte mit Bezug auf verschiedene (Kunden-)Interessen. Der Wertbeitrag lässt sich z.B. auf der Grundlage des gegenseitigen Austauschs von Daten messen und beziffern. Die sich an den Formelkomponenten orientierenden beschriebenen Inhalte bieten kreative Möglichkeiten, die Profilierung des Markenversprechens eines Lebensmittelhändlers zusätzlich zu unterstützen. Eine Möglichkeit ist, den Mechanismus einer Bewertung zu nutzen. Das Ziel ist, eine Kompetenz auf Grundlage valider Daten aufzubauen, die eine Bewertung des Kunden aus Sicht des Unternehmens ermöglicht. Dieser Ansatz ergibt in Kombination mit unterschiedlichen ergänzenden digitalen Serviceleistungen eine potenzielle Lösung für den stationären Lebensmittelhandel. Die nach Michael Grübbeling aufgestellte Formel - bestehend aus der außergewöhnlichen Kundenorientierung, dem rigorosen Pragmatismus im Innovationsprozess, der einzigartigen Kreativität sowie der kontinuierlichen Innovation - gibt grobe inhaltliche Eckpunkte vor, mit denen auch weitere möglichst wertsteigernde

Konzeptentwürfe bzw. Lösungsvorschläge erarbeitet werden könnten.

> „Nichts ist so beständig wie der Wandel."[394]
> Heraklit von Ephesus (etwa 520 v.C.–460 v.C.)

6.2 Ausblick

> „Jeder von uns hat eine Aufgabe"[395]
> Franz Alt (geboren 1938)

Verkürzte bzw. sich kontinuierlich erneuernde Produktlebenszyklen sind ein Grund dafür, dass die ökologischen Auswirkungen eine erschreckende Komplexität erreicht haben.[396] Ein Auslöser ist, dass innerhalb eines konventionell designten Produkts mit einem definierten Entwicklungsstart und Verbrauchsende eine Kreislaufwirtschaft entsprungen ist. In diesem Mechanismus wird ein Produkt gekauft, genutzt und anschließend entsorgt. Bisherige Ansätze begannen bei der Idee und priorisierten bis zur Umsetzung die Zuverlässigkeit des Produkts. Zu gering war die Berücksichtigung von Materialien, die möglichst wiederverwendbar bzw. recycelbar sind.[397] Ein Teil der komplexen Auswirkungen ist die Verschmutzung der Weltmeere. Diese erstrecken sich über 70 Prozent unserer Erdoberfläche und sind massiv belastet. Bereits drei Viertel des Mülls im Meer besteht aus Plastik und somit aus Produkten, die einst

---
[394] Vgl. Schulzebremmer 2018.
[395] Franz Alt in GEDANKENtanken 08/2018
[396] Vgl. Theobald 2016, S. 110f.
[397] Vgl. Petereit 2017.

gekauft, genutzt und entsorgt wurden. Von jährlich 78 Millionen Tonnen der weltweit verbrauchten Plastikverpackungen gelangen 32 Prozent unkontrolliert in die Umwelt. Problematisch ist, dass bis zur völligen Zersetzung von Plastik etwa 350 bis 400 Jahre benötigt werden. Risikobehaftet ist dabei nicht nur die Dauer, sondern auch der Prozess der Zersetzung. Mikroplastikpartikel, die Giftstoffe wie Weichmacher oder Flammschutzmittel enthalten können, gelangen über die Nahrungskette final auch in den Körper des Menschen.[398] Ein weiterer Bestandteil der komplexen Auswirkungen zeigt sich in der Konzentration an CO_2 innerhalb der Atmosphäre. Die Belastung ist seit Beginn der Aufzeichnungen noch nie so schnell angestiegen. Weitere ökonomische, ökologische, soziale und geopolitische Konsequenzen zeigen sich in der Tatsache, dass zum aktuellen Stand 2,5 Erden notwendig wären um eine nachhaltige Versorgung aller Menschen zu gewährleisten. Doch wie soll das auf Dauer funktionieren, wenn die Vielfalt der Natur durch das Bienensterben gefährdet ist? Die gravierenden Konsequenzen bei einem Voranschreiten sind zumindest zum jetzigen Zeitpunkt nicht valide abschätzbar. Der Grund dafür liegt in der Vernetzung der Biene zu anderen Spezies bzw. Ökosystemen. Die Gefahr besteht darin, dass mit dem Aussterben der Biene eine Schlüsselspezies wegbricht, wodurch auch gesamte Pflanzenspezies aussterben können. Ein Ende der komplexen ökologischen Herausforderungen ist nicht in Sicht, denn auch die veränderte Wolkenbildung, ausgelöst durch den Klimawandel, führt z. B. zu einer lokalen Wasserknappheit. (Stuchwort: Slipstream) Weitere denkbare Folgen dieser

---

[398] Vgl. Probst 2018.

ökologischen Veränderung können Stürme, Dürreperioden oder Kälteperioden sein. Ein beunruhigendes Szenario zeichnet sich auch am schwinden des Permafrostbodens z.b. in Russland oder Kanada ab. Dieser taut durch die Erderwärmung auf und setzt Methan frei. Das Methan treibt wiederum die atmosphärische Belastung und somit den Klimawandel voran. [399] Die beschriebenen komplexen Auswirkungen appellieren ähnlich dem Zitat nach Franz Alt an die Verantwortung, die jeder von uns heute und in Zukunft sowohl als Privatperson als auch in beruflicher Funktion aktiv wahrnehmen muss.

„Die heutigen Führungskräfte verstehen, dass soziale Verantwortung mit nachhaltigem Wachstum und Rentabilität einhergeht. Gutes zu tun ist ein gutes Geschäft. […] Die Kunden sind bereit, mehr Geld auszugeben, um ein Unternehmen zu belohnen, das der Gesellschaft etwas zurückgibt. Wenn es nicht gelingt, die eigenen Praktiken zu verbessern, wird das den Gewinn schmälern."[400]

Die ökologischen Herausforderungen der nächsten Jahre bzw. Jahrzehnte bieten jedoch insbesondere für den Lebensmittelhändler, trotz der gravierenden Folgen, viele Chancen. Privatpersonen insbesondere in beruflicher Funktion können ihrer Aufgabe z.B. durch Kooperationen gerecht werden, indem innovative Konzepte für das eigene Geschäftsmodell bzw. für die Allgemeinheit angestoßen und umzusetzen werden. (z.B. die Unterstützung regionaler Anbieter bzw. die Umsetzung strenger Regularien für Lebensmittel) Diese Entwicklung kann durch Organisationen oder Regierungsbehörden

---

[399] Vgl. Interview 3 Erik Kusch.
[400] Martin Sorrell aus Paech 2012.

vorangetrieben werden wie z.B. die WHO (international), die Universität Hohnheim oder dem Forschungszentrum für Biodiversität in Leipzig (national). Neben der Option zusätzliche Förderprogramme für die Finanzierung zu gewinnen, genießen anerkannte Organisationen eine hohe Glaubwürdigkeit und Reichweite. Wichtig für die potenzielle Entlohnung ist, die richtige Botschaft zur richtigen Zeit über den richtigen Kanal an die wichtigsten Interessensgruppen zu senden.[401] Viele Beispiele zeigen, dass pragmatische Lösungen sogar mit einer Win-win-Situation realisierbar sind. Die Lichttechnik des Amsterdamer Flughafens Schiphol zum Beispiel wurde im Zuge der Erneuerung durch eine Kooperation ersetzt. Die Zusammenarbeit mit der niederländischen Firma Philips als Lightning-as-a-Service-Anbieter sieht vor, dass bei technischen Problemen der spezialisierte Hersteller für die Reparatur verantwortlich ist und die Qualität seiner Produkte direkt erfährt. Übertragen auf die Branche des Lebensmittelhandels bedeutet dieser Ansatz, dass zum Beispiel mit Kooperationen neue Verpackungsmaterialien entwickelt werden können bzw. sollten. Lösungen existieren bereits, die z.B. aus schnell wachsenden Pilzen Verpackungen herstellen bzw. landwirtschaftliche Güter im urbanen Raum über mehrere Stockwerke anbauen.[402] Infarm z. B. verwaltet Raum in vertikalen Farmen.

Auch auf politischer Ebene zeigt sich eine Veränderung. Die Präsidentin Chiles hat zum Beispiel ein Gesetz erlassen, welches Plastiktüten aus mehr als hundert Küstenorten verbannen soll.[403]

---

[401] Vgl. Risi 2016.
[402] Vgl. Petereit 2017.
[403] Vgl. Welt 2018.

„Doing Good is Good Business."[404]

6.3 Handlungsempfehlungen

„Instict is something that transcends knowledge."[405]

Nicola Tesla (1856-1943)

Die „Ära der Instabilität" ist mit dem Überwinden technologischer Hürden nicht beendet. Die Bereitschaft zur kontinuierlichen Innovation ist für aktuelle und zukünftige Fragestellungen eine überlebenswichtige Notwendigkeit. Der Grund dafür findet sich in dem wachsenden Wunsch nach einem Kunden-Erlebnis insbesondere am POS. Hinzu kommt, dass ohne den Willen zur finanziellen Unterstützung einer angestrebten unternehmerischen Veränderung keine zusätzliche Wertschöpfung entstehen und die Investition amortisieren kann.[406] Jede Zukunftsfrage benötigt für eine zukunftsfähige Entscheidung eine umfassende Analyse, die insbesondere den konkreten Nutzen für den Kunden beleuchten sollte. Die umfassenden Anforderungen hinsichtlich angestrebter Produkteigenschaften oder Produktmerkmale werden in einem zielstrebigen Pflichtenheft zusammengefasst. Eine der wichtigsten Anforderungen ist, eine Kreislaufwirtschaft aus kaufen, benutzen und wiederverwenden entstehen zu lassen. Insbesondere bei digitalen Produkten kann dieser Ansatz zu spannenden Lösungen führen, die neben ökonomischen sowie sozialen auch ökologischen Wert stiften

---

[404] Risi 2016.
[405] Optimize 2018.
[406] Vgl. Theobald 2016, S. 107 f.

können.[407] Die Empfehlung für die Umsetzung zielt auf den Wert der internen Abstimmung mit Ingenieuren, Vertrieblern und Marketingverantwortlichen ab. Wichtig ist, die Expertise unterschiedlicher Blickwinkel zielführend zu einer validen Einschätzung zusammenzubringen. Aus den Anforderungen des Pflichtenheftes kann so eine zeitgemäße Lösung entspringen, die idealerweise alle Bedingung für weitere Handlungsschritte erfüllt sowie die Kosten und insbesondere Risiken für jeden Prozessschritt beurteilt. Gelingt es, alle Aspekte in einen Einklang zu bringen, ergeben sich wertvolle Intervention. Die Komplexität einer gesamtheitlichen Lösungen umfasst neben der sozial-ökologischen Verantwortung auch eine steigende Bedeutung technologischer, rechtlicher und ökonomischer Anforderungen. Wichtig ist, den Blick für wesentliche Kriterien nicht zu verlieren. So ist im Fall der beschriebenen Lösung des digitalen Assistenten primär z.B. eine möglichst einfache Bedienbarkeit mit einem erlebbaren zusätzlichen Wert für den Nutzer erforderlich.[408]

Außerdem sollte das Markenversprechen nicht missachtet werden, damit die „Markierung" im kompetitiven Markt gelingt. Eine weitere allgemeine Anforderungen innerhalb des Pflichtenheftes könnte zum Beispiel die Begeisterung des Nutzers sein. In Zeiten in denen ein Umfeld von Zuvielfalt, wenig Zeit und sinkender Aufmerksamkeit alltäglich ist, setzt die Kontextbetrachtung durch die Analyse der Marke-Mensch-Interaktionen mit einer möglichst aktuellen Bewertung an. Die Erstellung einer passgenauen Strategie sollte für die

---

[407] Vgl. Petereit 2017.
[408] Vgl. Schabbach 2018.

zukünftige Markengestaltung zusammengefasst die folgenden Fragestellungen beantworten können:

1. Was ist der Zweck bzw. Nutzen der Wertsteigerung für den Kunden und das Unternehmen?
2. Welche Vision verbirgt sich hinter einer angestrebten Lösung?
3. Welcher alltägliche Nutzen ergibt sich bei aus Sicht des Mitarbeiters?
4. Welcher Planungshorizont ist für die Umsetzung notwendig?
5. Kann die Lösung eine Möglichkeit für mehr Wert bieten?

Anhangsverzeichnis

Interviewprotokoll 1

Anlass	Mehr Wert im stationären Lebensmittelhandel
Thema	Wirtschaftspsychologie
Ort/Zeit	Bad Düben, 28.09.2018
Teilnehmer	Interview mit Elisabeth Voigt
Akademischer Werdegang	2010 Bachelor in International Management an der HS Karlsruhe 2011 Master in Psychologie an der IPU Berlin 2015 Master in Klinische Psychologie an der Universität Ulm
Protokollführer	Felix Lehmann

Felix Lehmann: Ist die Bezeichnung des Menschen als „homo oeconomicus" für dich noch zeitgemäß oder gibt es andere Erklärungen für das Verhalten des Menschen?

Elisabeth Voigt: Könnte durchaus überholt sein, da es viele Indizien gibt, die dafür sprechen, dass sich der Mensch häufig irrational verhält und irrationale Entscheidungen trifft. Z.B. Immobilienblase, unverhältnismäßige Börsenspekulationen. Aber: wenig Empirie zum Thema irrationale Entscheidungen. Trotzdem ist der Mensch nicht immer ein korrekter Kalkulator (wovon die Theorie des homo oec. ausgeht → siehe z.B. Gesundheitspsychologie: Anti-Raucherkampagnen).

F.L.: Aus welchen Einflussfaktoren resultiert unser Handeln?

E.V.: Wahrnehmung, Werte, soziale Situation (Gruppendruck), Motive, Emotionen.

Hirnstamm und Belohnungssystem beeinflussen Handeln unbewusst und wir sind gar nicht so sehr „Herr der Lage". Dazu interessant: Libet-Experiment. (Hier lautet die Frage, ob es einen freien Willen gibt, da die bewusste Willensentscheidung erst nach der Aktivierung des Motor-Cortex stattfindet).

F.L.: Wie entstehen Bedürfnisse bzw. woraus resultieren Erwartungen?

E.V.: Bedürfnisse entstehen aus einem Mangel heraus und dem Wunsch diesen zu beheben. Es handelt sich um eine Anpassungsleistung an die physikalische oder soziale Umwelt der Person. Das Gewahrwerden eines Bedürfnisses kann auch als menschliches Potenzial interpretiert werden. Erwartungen entstehen durch Erfahrungen.

F.L.: Können Assoziationen beeinflusst werden?

E.V.: Natürlich können diese beeinflusst werden: durch Gerüche, Farben, Geräusche u.v.m. Beispielsweise wird in Weinhandlungen viel mehr teurer Wein gekauft, wenn im Hintergrund klassische Musik läuft.

F.L.: Hat sich die Methode der NLP in der praktischen Anwendung bewährt?

E.V.: Spielt in der Wissenschaft keine Rolle und wird als Pseudowissenschaft bezeichnet. Es gibt zu viele Verknüpfungen zur Esoterik-Szene. Viele Annahmen konnten nicht nachgewiesen werden. Ich glaube, dass sich die Vorgehensweise schnell „abnutzt" und durchschaubarer wird. Vor allem auch dadurch, dass Menschen viel mehr Zugang zu Infos und Aufklärung haben (z.b. Internet) und dort solche Themen kritisch behandelt werden. Eine Alternative ist mir nicht bekannt.

F.L.: Wie entsteht emotionale Bindung an eine Sache?

E.V.: Emotionale Bindung entsteht, wenn wir mit der Sache positive Gefühle assoziieren, z.B. Landliebe-Werbung: Hier wird ein glückliches, sorgloses Leben auf dem Land mit glücklichen Kühen, glücklichen Bauern, glücklichen Familien dargestellt ... alles schreit „Heimat" und „Geborgenheit" ... ein sorgloses Leben unter der strahlenden Sonne, Naturverbundenheit usw. ... Hier entstehen positive Gefühle und damit eine emotionale Bindung an die Marke.

F.L.: Welche Aspekte beeinflussen die Aufmerksamkeit bzw. Informationsaufnahme?

E.V.: Steuerungs- und Regelungsprozesse der Aufmerksamkeit laufen kontinuierlich und bestimmen, was uns bewusst wird. Man kann diese Prozesse nur in begrenztem Maße steuern. Es kommt durch gezielte Aktivierung (= Aufmerksamkeit) zu einer Reizauswahl. Insbesondere Gefahrensignale (laute Geräusche, schnelle Bewegungen usw.), neue Reize, Gefühle, Attraktivität einer Person und Position der Reize beeinflussen die Aufmerksamkeit. Natürlich auch körperliche Zustände, Tageszeiten usw. Auch Interessen und Motive haben einen

Einfluss. Bei der Informationsaufnahme gilt der Grundsatz, dass, je mehr jemand thematisch involviert ist, desto eher die Information produktiv verarbeitet wird. Es werden nur Reize verarbeitet, die eine besondere Aufmerksamkeit erzielt haben.

F.L.: Welche (gesundheitliche) Auswirkung hat eine Informationsüberflutung/Reizüberflutung auf die Wahrnehmung?

E.V.: Der Sympathikus kann durch Reizüberflutung und Informationsflut dauerhaft aktiviert werden, die Folge ist ein andauernder Stresszustand. Dies führt biochemisch zur Ausschüttung von Kortison und Katecholaminen. Körperliche Folgen sind erhöhter Blutdruck, Muskelanspannung, Kopfschmerzen, Probleme mit dem Magen-Darm-Trakt. Psychisch kann diese dauerhafte Aktivierung zu Schlafstörungen und Erschöpfung, erhöhte Aggression usw. führen. Langfristig können psychische Störungen bei vulnerablen Personen getriggert werden. Insbesondere das Thema Schlafstörungen wird immer deutlicher ... Heute gibt es Schlafstörungen bei unter 30-jährigen Personen, früher war das eher ein Altersphänomen. Das hat ganz viel mit der Nutzung von Tablets, Laptops, Smartphones bis in die späten Abendstunden zu tun. Es gibt auch Studien (bisher an Mäusen), die besagen, dass die Hirnstrukturen dadurch verändert werden können und das Gehirn schlechter durchblutet wird.

F.L.: Kann nach deiner persönlichen Einschätzung das menschliche Verhalten aufgrund vergangenheitsbezogener Daten vorhergesagt werden?

E.V.: Ich denke schon. Michael Kosinski, ein Psychologe aus Stanford, hat ja mehr als 50.000 Facebook-Profile analysiert und konnte verschiedene Dinge wie Ethnie, sexuelle Orientierung, Alkohol- und Drogenkonsum und politische Gesinnung vorhersagen. Es gibt auf jeden Fall Methoden, um anhand der Daten Konsumverhalten oder Wahlverhalten (siehe Trump-Wahl) zu beeinflussen. Teilweise funktioniert diese psychometrische Vorhersage besser als die Vorhersage durch nahestehende Personen. Es gibt aber auch einige Bewegungen, die anfangen, einen „Verbraucherschutz" zu etablieren und die Privatsphäre zu schützen.

Auszug Interviewprotokoll 2

Anlass	Mehr Wert im stationären Lebensmittelhandel
Thema	Technische Anforderungen zur Umsetzung des Konzeptentwurfs
Ort/Zeit	Bad Düben, 08.08.18
Teilnehmer	Skype-Interview mit Xenia Giese
Unternehmen/Funktion	Microsoft Deutschland, Industry Solution Executive Retail & Consumer Goods
Protokollführer	Felix Lehmann

Felix Lehmann: Welche Anforderungen und Mittel sind für den Aufbau dieser Plattform aus Sicht des Händlers notwendig?

Xenia Giese:
- Kunden-WLAN (separat zur normalen Internetanbindung aufgrund der operativen Datenmengen)

Der Kunde muss die Möglichkeit haben, permanent online sein zu können, damit über die Cloud kommuniziert werden kann. Eine Zwischenlösung bietet das Edge-Computing, damit die Bandbreite geschont werden kann.
- QR-Codes, damit der Artikel im Front-End gescannt werden kann. Wichtig ist die Qualität an Daten im Backend (PIM oder Master Data Management)

Je nach Umfang der Plattformen kann diese selbst entwickelt werden oder auf bestehenden White-Lable-Lösungen aufsetzen.

Microsoft-Partner bieten solche Plattformen an. Auch Apps können über White-Lable-Lösungen umgesetzt werden und mit separater User-ID nutzbar gemacht werden. Der Support oder die Instandhaltung etc. liegt i.d.R. beim White-Lable-Anbieter.

- CRM, welches von Anbietern bezogen werden kann oder selber aufgebaut wird.

Technologisch braucht der Konzeptentwurf ein CRM, mit dem der Kundenaccount festgehalten werden kann (Person x ist wohnhaft in Ort y, ...) Die Datenhoheit von Payback ist ein Grund für Händler, ein eigenes System aufzubauen (z.B. Microsoft 365 Dynamics).

- Operatives Marketing und Kundensegmentierung, damit die richtige Ansprache der Kunden gelingt (Stichwort: Segment of One)
- Automatisierte Ansprache (Newsletter, Coupon auf der App)

Beispiel: Kunde x wohnhaft in y kauft mittags seinen Kaffee beim Händler. Auf Grundlage dieser Information bekommt er zum ermittelten Zeitpunkt einen Coupon für einen Up- oder Cross-Selling-Artikel. Individuelle Ansprache mit Marketing-Automation-Tools.

Wichtige technische Komponenten sind:

- Front-End (das, was der Kunde sieht, Online-Plattform, App)
- Middle-Ware
- Back-End (Rundum-Kundendaten, Kundensegmentierung, CRM, Loyalty)

Unabhängig vom Front-End werden die Herstellerdaten in einem Vorsystem zum Warenwirtschaftssystem abgelegt. Diese Informationen laufen dann unter Product-Information-Management (Stammdaten) oder Master-Data-Management. Das Master-Data hat die Stammdaten, das Product-Information hat Medien, Infos, Textpassagen.

F.L.: Wie kann die Interaktion über ein Netzwerk zwischen Händler, Hersteller und Partner sowie dem Kunden möglich werden?

X.G.:
- EDI-Schnittstellen dienen schon immer dem Datenaustausch (Electronic Data Interchange).
- Cloud-Lösungen bieten die Möglichkeit, die Daten einfacher und pragmatischer auszutauschen.
- Tools und Werkzeuge können in der Cloud flexibel angepasst werden.

F.L.: Welche Anforderungen bestehen beim Thema der Datensicherheit?

X.G.: Datenschutz steht in engem Zusammenhang mit der DSGVO. Dokumentation und Einsicht sind wichtig für den Kunden. (Im Front-End könnte einen Navigationspunkt zur persönlichen Freigabe enthalten sein.)
- Z.B. Kontaktpräferenzen

Microsoft fährt die Strategie der Datensicherheit mit Produkten wie z.B. MS 365 for Sales.

F.L. : Woraus lassen sich Kennzahlen erschließen?

X.G.:
- Feedback des Endkunden

- Auf Grundlage der gleichen Datenbasis (Kunde/Mitarbeiter) können Auswertungen dargestellt werden.

(Z.B.: Mitarbeiter X erhält die Information, welche Produkte von welchem Kunden präferiert gekauft werden.)
- Cloud-Anbindungen können auch individuelle Dashboards erstellen, auswerten und darstellen (Power BI-Dashboards z.B. mit Dynamics Suite).

Die Informationen liefern die gespeicherten Daten

F.L.: Welche Entwicklungszeitanforderungen sind zu erwarten?

X.G.:
- Zeithorizont der Umsetzung der Software/Plattform ist abhängig von Verhältnissen und Gegebenheiten im Unternehmen.

  (Unterschiedliche Systeme für z.B. Artikeldaten, Artikelabverkäufe, Kundendaten)
- Die Integration bestehender Systeme bringt mehrere „Systempartner" an einen Tisch.
- Alternative: separate Anwendung bzw. Plattform aufbauen (Data-Lake-Konzept, in dem strukturierte, aber auch unstrukturierte Daten beinhaltet sind)

Problem: Vorintegration bzw. Anschlussintegration

F.L.: Wie schätzen Sie die weitere Entwicklung in Deutschland für den Handel ein?

X.G.: In Zukunft wird es sämtliche Ausprägungen auf Kundenseite geben. Zum Beispiel werden Kunden auch weiterhin mit der Papierbroschüre einkaufen und auf den Preis achten. Einige werden online Coupons sammeln. Hybride Nutzer wird es auch geben. Besonders in Deutschland wird es unterschiedliche Grade der Informationspreisgabe geben (Stichwort: Privacy/Datenschutz). Orientierung bietet die technologische Entwicklung. Die Druckerpresse wird wie der 3D-Drucker weiterhin genutzt. Analog dazu existiert auch die Schallplatte bzw. die CD trotz Streaming noch. Ähnlich ist das im Einzelhandel, in dem sich jedoch neue Verkaufskanäle weiterentwickeln werden (Dash-Buttons, Voice Commerce).

Auszug Interviewprotokoll 3

Anlass	Mehr Wert im stationären Lebensmittelhandel
Thema	Nachhaltigkeit
Ort/Zeit	Bad Düben, 27.09.2018
Teilnehmer	Skype-Interview mit Erik Kusch 2017 Bachelor in Biologie an der TU Dresden Thema der Bachelorarbeit: „Remote Sensing and predicting shifts in biome distribution and resilience using NDVI data" in Zusammenarbeit mit der University of Oxford 08/2017 Beginn Masterstudium in Biologie, Biodiversität, Ökologie und Evolution in Kooperation der Universität Glasgow 03/2017 bis 08/2019 Tätigkeit als wissenschaftlicher Mitarbeiter und Tutor im Bereich Biostatistik der Universität Leipzig
Akademische Ziele	Masterand der Universität Glasgow und Tutor der Universität Leipzig
Protokollführer	Felix Lehmann

Felix Lehmann: Mit welchen wissenschaftlichen Fragestellungen beschäftigst du dich aktuell?

Erik Kusch: Aktuell bin als wissenschaftlicher Tutor im Bereich der Biostatistik tätig. Im nächsten Jahr plane ich meine Promotion an der Universität Glasgow. Das Thema, mit dem ich mich in den folgenden vier Jahren auseinandersetzen möchte, geht auf die funktionellen Eigenschaften von Pflanzen als Reaktion von Klimagegebenheiten ein.

F.L.: Welche Faktoren haben deiner Meinung nach die größte negative/positive Auswirkung auf unsere Umwelt?

E.K.: Die positiven Auswirkungen zeigt der Ecosystem Service der Pflanzen, der als Unterstützung für produktive und stabile Ökosysteme dient. Unterschieden wird der Leistungsbeitrag in vier Sektoren, welche die Umwelt beeinflussen:
1. Reinigung von Schadstoffen, die vom Menschen ausgestoßen werden (z.B. Fotosynthese beim Baum), 2. Rohstoffe (Holzbau), 3. Kulturell/Entspannung (Entspannung im Wald), 4. Unterstützende Leistungen (Mikrobenzusammensetzungen im Boden, die den Baum zum Wachsen bringen) Einen weiteren positiven Beitrag kann der Mensch leisten, wenn der Fokus aller Hersteller bzw. Händler auf einem Schwerpunktthema liegen würde (z.B.: Einer kümmert sich um Plastikflaschen/der andere um erneuerbare Energien). Händler könnten z.B. die Beschaffungswege effizienter gestalten. Plantagen der Avocado z.B. haben einen hohen Ressourcenverbrauch und sind in Gebieten mit Wasserknappheit angesiedelt. Aufzuchtanlagen für Lachs in norwegischen Fjorden sorgen für eine miserable Wasserqualität und haben auch einen verhältnismäßig hohen Ressourcenbedarf. Außerdem kann mehr

Effizienz in der Landwirtschaft die Überproduktion reduzieren und die Ressourcenverschwendung verringern. Die Voraussetzung ist, die Preise zu erhöhen, damit die Menge an verschwendeten Gütern reduziert werden kann. Allerdings ist dazu auch eine politische Regelung notwendig, da die aktuelle Systematik aus Quantität statt Qualität mit starker Auswirkung auf die Umwelt besteht. Beispiel Nitrat: In Niedersachsen hat übermäßiger Düngemitteleinsatz im Verhältnis zu den Pflanzen (Gülle/Feindünger) dazu geführt, dass die erlaubten Grenzwerte für Nitrat im Grundwasser überschritten wurden. Die Folge war, dass die Bauern das Wasser aus den Brunnen nicht mehr verwenden durften. Das Problem ist, dass die Ökosystem-Dienstleistung der Pflanzen dieses Ungleichgewicht nicht mehr ausgleichen können. Einfachste Lösung sind höhere Preise aufgrund der starken Auswirkungen wiederum auf den Bauern (gesamte Umwelt).

Zu den negativen Aspekten zählt, dass ohne „Flaggschiffspezies" keine Empathie beim Endverbraucher generieren werden kann (z.B.: Igel und Eichhörnchen sind auch in der Stadt zu sehen. Deshalb hat das bedrohte Tier durch das Abforsten eines Waldes keine gravierende Auswirkung auf den Großteil der Gesellschaft).

Ein weiteres Problem ist mit dem ökologischen Fußabdruck verbunden. Der Mensch lebt über seine Verhältnisse, weshalb zum aktuellen Stand 2,5 Erden notwendig wären, um jeden Menschen nachhaltig mit Lebensmitteln zu versorgen.

Bienensterben (schon heute): Die Problematik des Bienensterbens (Bedrohung über Jahrzehnte oder Jahre je nach Engagement der Menschen) zeigt sich in der Tragweite der Auswirkung im Fall ihres

Aussterbens. Aktuelle Lösungen für die Landwirtschaft durch eine künstliche Bestäubung würden allerdings nicht die schwerwiegenden Folgen aufhalten. Der Grund ist, dass es keine Lösung für die Wildpflanzen gibt. Die Biene hat viele Vernetzungen zu anderen Spezies und Ökosystemen, weshalb ihr Aussterben gravierende Folgen haben wird, deren Konsequenz aktuell nicht vorher gesagt werden kann.

Wasserknappheit durch eine veränderte Wolkenbildung (schon heute): Der Slipstream ist eine schnelle Bewegung von Luft um die Kappe des Nordpols (von West nach Ost). Aufgrund der Drehung der Erde (Coriolis-Effekt) wird die Luft vom Äquator weggetrieben zum Pol. Sobald diese Luftmassen an den Slipstream geraten, prallen diese davon ab und werden nach Osten abgeleitet. Aufgrund der Erderwärmung entstehen Druckunterschiede, wodurch der Slipstream verlangsamt wird. Sobald sich dieser verlangsamt, verändert sich die zirkuläre Art in eine Ellipse mit Beulen. Diese „Beulen" halten Luftmassen komprimiert zusammen. Die Auswirkung zeigt sich zum Beispiel in Island, wo das Tief bestehenbleibt, weil der Slipstream im Weg ist. Im restlichen Europa bleibt nur die trockene Luft bestehen. Zukünftig wird dieser Effekt gravierender bzw. schlimmer.

Permafrostboden in Russland/Alaska/Schweden/Finnland (nächste 50 Jahre): Permafrostboden beinhaltet Unmengen an Methan, welches 4 Mal so schädlich für die Ozonschicht ist wie CO_2. Taut dieser Boden durch die Erderwärmung auf, entsteht ein Boost- bzw. Kick-Start-Effekt. Er taut auf, Methan entweicht und beeinflusst das Klima, noch mehr Permafrost taut auf (ein Kreislauf entsteht).

Albido-Effekt: Der weiße Oberflächenanteil des Bodens kann Sonnenstrahlen reflektieren und somit die Erwärmung des Bodens verringern. Fällt allerdings im Winter weniger Schnee, kann sich der Boden besser aufwärmen (geringere Reflektion). Das Resultat ist, dass der Boden das ganze Jahr über warm bleibt und der nächste Schnee im Winter wieder nicht liegen bleiben kann (der weiße Oberflächenenteil wird so gering gehalten).

Wasserknappheit: lokales Problem ausgelöst durch den Slipstream sowie den Überbedarf von Produktion oder Lebensräumen (Supermetropolen).

F.L.: Welche klimatischen Veränderungen sind in den nächsten Jahren/Jahrzehnten realistisch?

E.K.: Erderwärmung und räumliche Veränderungen werden bereits in den nächsten Jahren spürbar. Die räumlichen Veränderungen zeigen sich entlang von Transportwegen, wo je nach Transportaufkommen die Vegetation eine unterschiedliche Produktivität hat. Die Hitzeinseln von Städten/Straßen/Oberflächenversiegelungen wirken sich auf die Vegetation (Ökosysteme) aus. Je weiter weg von dieser Versiegelung, desto produktiver wird die Natur (Middle Latitude Effect; Stadt: 0-Produktivität).

Das Stichwort ist die Resilienztheorie, die Ökosysteme in unterschiedliche Zustände unterteilt (Muldenaue => Aue => Wald => Steppe). Diese Zustände sind abhängig vom Klima. Die einzelnen Zustände werden von unterschiedlichen Feedbackmechanismen unterstützt, welche dafür sorgen, in der jeweiligen Zustandsform zu bleiben. Der Scheidepunkt zwischen beiden Zuständen verringert die Produktivität des Ökosystems (Stadt = Wüste). Lösung: Stadtnahe Umgebung könnte für Landwirtschaft genutzt werden. Problem: Nitratbelastung im Grundwasser, wodurch die Trinkwasserversorgung der Stadt beeinflusst werden kann (ein Problem wird gelöst, drei neue entstehen).

Klimaerwärmung: die Wetterlage schwenkt zu häufigeren und intensiveren, unvorhersehbareren Klimaextremen um. Entweder es wird extrem kalt, warm, regnerisch, stürmisch oder dürr. Aus biologischer Sicht kann noch einiges gestoppt werden. Aus klimatischer Sicht kann nur noch Schadensbegrenzung betrieben werden. Die Energieversorgung muss in den nächsten 10 bis 20

Jahren grundlegend geändert werden. Biologische Änderungen müssen in den nächsten 20 Jahren angegangen werden. In 50 Jahren wird es weniger an Land geben, Ländergrenzen werden sich verschieben. Biome (Wald, Steppe, Savanne) werden sich verschieben (Problem: Time-Lag).

Literaturverzeichnis

Acar, X.G. *EHI Retail Institute.* in Whitepaper Smart Store: https://www.ehi.org/de/studien/whitepaper-smart-store/, abgerufen am 27.04.2018.

Adam, T. *Universität Aachen.* in Die Bewertung von Innovationsideen: http://darwin.bth.rwth-aachen.de/opus3/volltexte/2012/4110/pdf/4110.pdf, abgerufen am 13.06.2018.

Ahmed, P. (1998). Culture and climate for innovation. *European Journal of Innovation Management*, S. Vol. 1, Nr. 1, S. 43.

Ajzen, M.F. (2010). *Predicting and Changing Behavior: The Reasoned Action Approach.* New York: Psychology Press.

Alsleben, A. (2017). *Da Vinci Management.* Zürich: Orell Füssli Verlag.

Alstyne, T.R. *Harvard Business Review.* in Strategies for Two-Sided Markets: https://hbr.org/2006/10/strategies-for-two-sided-markets, abgerufen am 25.06.2018.

Andersen, E. *Forbes.* in 21 Quotes From Henry Ford On Business, Leadership And Life: https://www.forbes.com/sites/erikaandersen/2013/05/31/21-quotes-from-henry-ford-on-business-leadership-and-life/#43bb2794293c, abgerufen am 11.07.2018.

Anja Probe, H.S. (19.04. Nr. 2/2018). Digitale Plattformen. *TextilWirtschaft*, S. 14–17.

Aspern, P. v. (30.08.2017). *Trend One.* in Warum es sinnvoll ist, Trends im Innovationsprozess einzusetzen: https://blog.trendone.com/2017/08/30/warum-es-sinnvoll-isttrends-im-innovationsprozess-einzusetzen/, abgerufen am 07.08.2018.

Bartscher, T. (2018). *Gabler Wirtschaftslexikon.* in Taylorismus: https://wirtschaftslexikon.gabler.de/definition/taylorismus-48480, abgerufen am 10.08.2018.

Behrens, G. (1991). *Konsumentenverhalten.* Heidelberg: Physica-Verlag.

Bendel, O. (2018). *Gabler Wirtschaftslexikon.* in Chatbot: https://wirtschaftslexikon.gabler.de/definition/chatbot-54248, abgerufen am 24.07.2018.

Benning-Roenke, G.G. (2010). *Kundenorientierte Unternehmensführung.* Wiesbaden: Gabler Verlag.

Böcker, J. (2015). *Die Customer Journey – Chance für mehr Kundennähe.* Wiesbaden: Springer Gabler Verlag.

Bolloré, Y. (2017). *Havas Media.* in Meaningful Brands 2017: https://www.havasmedia.de/media/mb17_brochure_print_ready_final-min.pdf, abgerufen am 26.07.2018.

Borbély, E. (31.05.2008). *Enterprise and Benchmarking.* in J.A. Schumpeter und die Innovationsforschung: https://kgk.uni-obuda.hu/sites/default/files/33_BorbelyEmese.pdf, abgerufen am 09.07.2018.

Bovensiepen, D.C. (05.11.2015). *pwc Deutschland.* in Für den stationären Einzelhandel bietet die Digitalisierung enorme Chancen: http://digital.pwc-tools.de/store40/wp-content/uploads/sites/12/2015/11/PwC_IB_Retail_and_Consumer_2015.pdf, abgerufen am 11.08.2018.

Brandt, M. (18.11.2016). *Statista.* in USA vs. China: https://de.statista.com/infografik/6804/usa-vs-china-tech-unternehmen-im-vergleich/, abgerufen am 14.08.2018.

Braun, H.J. (05.08.2017). *Spiegel Online.* in Wer knackt die Billion?: http://www.spiegel.de/wirtschaft/unternehmen/amazon-apple-google-facebook-microsoft-wer-knackt-die-billion-a-1160728.html, abgerufen am 05.09.2018.

Braun, S. (2017). *Verbraucherzentrale Bundesverband.* in Verbrauchereinstellungen und Erwartungen zu algorithmenbasierten Entscheidungsprozessen: https://www.vzbv.de/sites/default/files/downloads/2017/12/06/civey_vzbv_umfrageergebnisse_algorithmen.pdf, abgerufen am 11.06.2018.

Brecht, K. (14.03.2018). *Horizont.* in Die Deutschen vertrauen Edeka, Dr. Oetker und der Sparkasse: https://www.horizont.net/marketing/nachrichten/Most-Trusted-Brands-2018-Die-Deutschen-vertrauen-Edeka-Dr.-Oetker-und-der-Sparkasse-165569?utm_source=%2Fmeta%2Fnewsflash%2Fnewsflash&utm_medium=newsletter&utm_campaign=nl14512&utm_term=63a6114d12d2b67a0149a2, abgerufen am 12.07.2018,

Brugger, R. (2005). *Der IT-Business Case.* Laufenburg: Springer Verlag.

Büchner, M.-G. (01.01.1999). *Universität St. Gallen.* in Marktorientiertes Management: http://www1.unisg.ch/www/edis.nsf/SysLkpByIdentifier/2217/$FILE/dis2217.pdf, abgerufen am 15.08.2018.

Bundesamt, S. (20.05.2017). *Statistikpotal des Instituts der deutschen Wirtschaft.* in Deutschland in Zahlen: https://www.deutschlandinzahlen.de/tab/deutschland/volkswirtschaft/verwendung/konsumausgaben-privater-haushalte, abgerufen am 17.07.2018.

Campillo-Lundbeck, S. (06/2009). Die Regeln im Regal. *e-tailment Das Digital Commerce Magazin von Der Handel*, S. o.A.

Campillo-Lundbeck, S. (20.02.2018). *Horizont.* in McDonald's Deutschland kämpft mit neuer App um die Herrschaft über die Kundendaten: https://www.horizont.net/marketing/nachrichten/Mobile-Marketing-McDonalds-Deutschland-kaempft-mit-neuer-App-um-die-Herrschaft-ueber-die-Kundendaten-164999?utm_source=%2Fmeta%2Fnewsflash%2Fnewsflash&utm_medium=newsletter&utm_campaign=nl14191&utm_term=63a61, abgerufen am 14.07.2018.

Ceh, J. (15.09.2017). *CMO by Adobe.* in Auf dem Weg zum kundenzentrierten Unternehmen: https://www.cmo.com/de/articles/2017/9/14/auf-dem-weg-zum-kundenzentrierten-unternehmen.html#gs.fkGOdoE, abgerufen am 14.04.2018.

Choi, J. (11.02.2018). *Horizont.* in Was im Marketing 2018 wirklich zählt: https://www.horizont.net/marketing/kommentare/Agil-Mobil-Wirkungsgetrieben-Was-im-Marketing-2018-wirklich-zaehlt-164672?utm_source=%2Fmeta%2Fnewsflash%2Fnewsflash&utm_medium=newsletter&utm_campaign=nl14057&utm_ter

m=63a6114d12d2b67a0149a2b1605c96e1, abgerufen am 15.08.2018.

Christoph Burmann, T.H. (2018). *Identitätsbasierte Markenführung: Grundlagen – Strategie – Umsetzung.* Bremen: Springer Gabler Verlag.

Collins, M. (2007). *The permissive society and its enemies.* Atlanta: Rivers Oram Press.

Davis, F. (01.01.1985). *researchgate*. in A Technology Acceptance Model for Empirically Testing New End-User Information Systems: https://www.researchgate.net/publication/35465050_A_Tech nology_Acceptance_Model_for_Empirically_Testing_New_E nd-User_Information_Systems, abgerufen am 13.05.2018.

Denzinger, C. (2007). *Der deutsche Lebensmittelhandel.* Ulm: Grin-Verlag.

Deutschland, I. (01.11.2017). *IKEA.* in https://www.ikea.com/ms/de_DE/campaigns/services/rueckg aberecht.html, abgerufen am 16.05.2018.

Döhring, S. Dienstleistungsmarketing: *Grundlagen – Konzepte – Methoden* (2012). Frankfurt am Main : Springer Gabler Verlag.

Dönisch, A. (19.05.2017). *Business Insider.* in 6 Dinge, die Amerikaner an Deutschen nicht verstehen: https://www.businessinsider.de/6-kulturelle-unterschiede-von-amerikanern-und-deutschen-im-job-2017-5?rand=jcl1xy1#, abgerufen am 20.06.2018.

Döring, G. (24.08.2017). *Nielsen.* in Lebensmitteleinzelhandel wächst 2016 nur leicht: https://www.nielsen.com/de/de/pressroom/2017/food-retailers-in-germany-are-growing.html, abgerufen am 13.09.2018.

Dörner, S. (25.07.2016). *t3n*. in Netzwerkeffekt erklärt: Warum es nur ein Facebook gibt: https://t3n.de/news/netzwerkeffekt-erklaert-728589/, abgerufen am 25.08.2018.

Drucker, P. (1955). *The practice of management.* Oxford: Butterworth-Heinemann.

Drucker, P. (1968). *Managing for results.* Harper & Row.

Eichen, H.-H. H. (2004). *Entwicklungslinien des Kompetenzmanagements.* Wiesbaden: Gabler Verlag.

Enders, A. (1997). *Informationsintegration bei der Produktbeurteilung.* Mannheim: Springer-Gabler Verlag.

Ernst, H. (2016). *Unternehmenskultur und Innovationserfolg – Eine empirische Analyse.* Fankfurt am Main: Springer Gabler Verlag.

Esch, F.-R. (2014). *Internal Branding: Wie Sie mit Mitarbeitern Ihre Marke stark machen.* Saarluis: Vahlen Verlag.

Esch, F.-R. (2016). *Indentität – Das Rückrat starker Marken.* Frankfurt a.M.: Campus Verlag.

Fader, P. (2011). *Customer Centricity: Focus on the Right Customers for Strategic Advantage.* Pennsylvania: Wharton Digital Press.

Fetsch Mark, S.S. (2013). *KPMG.* in Die Zukunft des Einkaufens: https://www.kpmg.de/docs/Studie_Die_Zukunft_des_Einkauf ens_sec.pdf, abgerufen am 04.04.2018.

Forbes. (20.08.2018). in Forbes Agency Council : https://www.forbes.com/sites/forbesagencycouncil/2018/08/2

0/expand-your-brand-11-repositioning-tips-to-take-from-chipotle/#480859ce2c17, abgerufen am 05.10.2018.

Forster, L. (25.02.2017). *ntv.* in Händler spüren ihren Kunden hinterher: http://www.xing-news.com/reader/news/articles/1222689?cce=em5e0cbb4d.%3AAAyp9OPB76___ec68Y4rg_AH&link_position=digest&newsletter_id=31248&toolbar=true&xng_share_origin=email, abgerufen am 05.06.2018.

Frenzen, H. (2009). *Teams im Vertrieb: Gestaltung und Erfolgswirkungen.* Wiesbaden : Gabler Edition Wissenschaft.

Fugger, A. (o.A.). *Aphorismen.* in https://www.aphorismen.de/zitat/141485, abgerufen am 02.02.2018.

Gavan, V. (29.02.2012). *Dynamic Business.* in How to create a customer centric culture: https://www.dynamicbusiness.com.au/small-business-resources/growing/how-to-create-a-customer-centric-culture-29022012.html, abgerufen am 01.05.2018.

Gerpott, T. (2005). *researchgate.* in Strategisches Technologie- und Innovationsmanagement: https://www.researchgate.net/profile/Torsten_Gerpott/publication/200167158_Strategisches_Technologie-_und_Innovationsmanagement/links/0deec52d3af579bb8d000000.pdf, abgerufen am 06.06.2018.

Golta, K. (13.02.2018). *Horizont.* in Brand Design – Strategien für die digitale Welt: https://www.horizont.net/planung-analyse/nachrichten/Online-Special-Innovation-Brand-

Design--Strategien-fuer-die-digitale-Welt-164800?utm_source=%2Fmeta%2Fnewsflash%2Fpua&utm_medium=newsletter&utm_campaign=nl14089&utm_term=63a6114d12d2b67a0149a2b1605c96e1, abgerufen am 11.05.2018.

Greenberg, B. (07.09.2017). *Horizont*. in Kein Konzern ist zu spät dran: https://www.horizont.net/agenturen/nachrichten/Bob-Greenberg-ueber-Disruption-KI-und-globale-Marketing-Trends-Kein-Konzern-ist-zu-spaet-dran-160836, abgerufen am 12.06.2018.

Grinder, R.B. (2010). *Reframing*. Michigan: Junfermann.

Gritsch, S. (2017). *Zeit für Veränderung*. Stuttgart: Georg Thieme Verlag.

Gröppel-Klein, W. G.-R. (2013). *Konsumentenverhalten*. München: Franz Vahlen Verlag.

Grossón, U.S. (11.06.2018). Warum es die Onlinehändler in die Städte drängt. *e-tailment Magazin*, S. 12.

Grübbeling, M. *Gruebbeling*. Von Brand Transformation: http://gruebbeling.com/ abgerufen am 10.09.2017

Haderlein, A. (2013). *Die digitale Zukunft des stationären Handels: Auf allen Kanälen zum Kunden*. München: Münchner Verlagsgruppe.

Hartmann, R. (04.08.2015). *GeVestor*. in Daran erkennt man erfolgreiche Einzelhandelsunternehmen: https://www.gevestor.de/details/daran-erkennt-man-erfolgreiche-einzelhandelsunternehmen-746012.html, abgerufen am 03.09.2018.

Hauschildt, J. (2004). *Innovationsmanagement.* Hamburg: Vahlen Verlag.

Hedewig-Mohr, S. (2018). *planung & analyse.* in Der vergessene Touchpoint: https://www.horizont.net/planung-analyse/nachrichten/BVM-Regionalabend-Der-vergessene-Touchpoint-167570, abgerufen am 01.06.2018

Hegmann, N. (2018). *myEnso.* in https://www.myenso.de/ueber-myenso/die-idee/, abgerufen am 04.10.2018.

Heitsch, E. (1995). *Die Fragmente.* Zürich: Parmenides Verlag.

Helm, B.G. (2003). *Kundenwert: Grundlagen – Innovative Konzepte – Umsetzung.* Düsseldorf: Springer Gabler Verlag.

Hempelmann, G.G. (2008). *Der Mehrpreis von Markenprodukten: Erklärungsansätze und Messkonzepte.* Oldenburg: De Gruyter Verlag.

Hesse, J. (2013). *Erfolgsforschung im Vertrieb.* Münster: Springer Gabler Verlag.

Hierl, L. (2017). Mobile Payment. Wiesbaden: Springer Gabler Verlag.

Himberg, M. (01.02.2018). „Flächen stehen Kopf". *Innovationsdruck und Experimentierlust im LEH*, S. 35.

Hinchcliffe, D. (31.07.2016). *ZD Net.* in The bar for digital experience is rising in exponential times: https://www.zdnet.com/article/the-bar-for-digital-experience-is-rising-in-exponential-times/, abgerufen am 01.08.2018.

Hippel, S.T. (04/2002). *Harvard Business Review.* in Customers as Innovators: A New Way to Create Value: https://hbr.org/2002/04/customers-as-innovators-a-new-way-to-create-value, abgerufen am 07.03.2018.

Hoffmeister, C. (2017). *DCI-Institute GmbH.* in Produkt – Plattform – Cloud: file:///C:/Users/felix/Downloads/1.%20Hoffmeister.Clouddays_Hoffmeister_DCI_14032018.pdf, abgerufen am 17.05.2018.

Holland, H. (2014). *Digitales Dialogmarketing.* Frankfurt am Main: Springer Gabler Verlag.

Homburg, A.F. (2005). *Beschwerdemanagement: Gestaltung und Erfolgsauswirkungen.* Mannheim: Gabler-Verlag.

Homburg, M.B. (2010). *Handbuch Kundenbindungsmanagement: Strategien und Instrumente für ein erfolgreiches CRM.* Gabler Verlag: Frankfurt am Main.

Horx, M. (01.05.2005). *Horx.* Von Hyper Consuming 2010: https://www.horx.com/, abgerufen am 23.06.2017.

Hubik, F. (20.11.2014). *Wirtschaftswoche.* in „Wir müssen uns eine digitale Diät verordnen" : https://www.wiwo.de/technologie/digitale-welt/smartphones-das-handy-ist-wie-ein-gluecksspielautomat/11006128-2.html, abgerufen am 13.08.2018.

Hütz, S. (01.05.2006). Mehrwert durch Service. *05/ stores & shops*, S. 7.

Hütz, S. (02.05.2007). Kundenbindung durch Fingerprint. *Retail Technology*, S. 55.

Jeannette M. Haviland-Jones, L. F. (2008). *Handbook of Emotions.* New York: The Guilford Press.

Jesewski, T. (17.01.2007). *Competence-Site.* in IT fördert Vertikalisierung: https://www.competence-site.de/it-foerdert-vertikalisierung/, abgerufen am 13.06.2018.

John A. Howard, J.N. (1969). *The theory of buyer behavior.* Hoboken, New Jersey: John Wiley & Sons.

Jörg Schumacher, M.M. (2004). *Customer Relationship Management strukturiert dargestellt.* München: Springer-Gabler Verlag.

Kaltofen, T. (18.10.2016). *Computerwoche.* in Blockchain: https://www.computerwoche.de/a/blockchain-im-einsatz,3316539,2, abgerufen am 18.09.2018.

Kenning, P. (2014). *Consumer Neuroscience.* Stuttgart: Kohlhammer Verlag.

Kerpen, P. (2007). *Internes Marketing und Unternehmenskultur.* Köln: Diplomica Verlag.

Kirchgeorg, P.D. (o.A.). *Gabler Wirtschaftslexikon.* in http://wirtschaftslexikon.gabler.de/Definition/kundenorientierung.html, abgerufen am 13.04.2018.

Klasing, S.B. (07/2017). *Researchgate.* in Value Diversity and Regional Economic Development: https://www.researchgate.net/publication/318293368_Value_Diversity_and_Regional_Economic_Development, abgerufen am 06.07.2018.

Klein-Bölting, U. (18.11.2009). *Batten & Company.* in https://www.batten-company.com/news/detail/studie-konsumentenverhalten.html, abgerufen am 02.05.2018.

Knape, A. (08.12.2017). *Manager Magazin.* in Kaufland stoppt Onlinehandel mit Lebensmitteln: http://www.manager-magazin.de/unternehmen/handel/kaufland-schwarz-gruppe-stellt-lieferservice-in-berlin-ein-a-1182384.html, abgerufen am 22.03.2018.

Kroker, M. (16.05.2018). *Wirtschaftswochen Blog.* in Wo wohnen die Daten 2020? Wie sich die IT-Infrastruktur in den nächsten 2 Jahren wandelt: http://blog.wiwo.de/look-at-it/2018/05/16/wo-wohnen-die-daten-2020-wie-sich-die-it-infrastruktur-in-den-naechsten-2-jahren-wandelt/, abgerufen am 06.08.2018.

Ksienrzyk, L. (17.08.2018). *Gründerszene.* in US-Supermarktkette Kroger testet autonome Lieferwagen: https://www.gruenderszene.de/food/kroger-nuro-autonome-lieferwagen?interstitial_click abgerufen, am 01.09.2018.

Kuschmann, S. (2009). *Arbeitsgemeinschaft Getreideforschung.* in Anreicherung von Backwaren – Ein Überblick: http://www.agfdt.de/loads/ds09/kuschman.pdf, abgerufen am 01.10.2018.

Binckebanck, L. (2016). *Digitalisierung im Vertrieb.* Wiesbaden: Springer-Gabler Verlag.

Lauchenauer, D. (17.10.2017). *myfactory.* in Gesamtlösung oder Best-of-Breed?: https://www.myfactory.com/blogbeitrag/Gesamtlösung_oder_Best_of_Breed_Eine_Gegenüberstellung.aspx, abgerufen am 01.09.2018.

Leberling, A. (2012). *E-Commerce Strategien von Familienunternehmen: Erfolgs- und Risikopotenziale.* Köln: Eul-Verlag.

Lee, J. (25.04.2018). *Quora.* in What is IoT platform and framework?: https://www.quora.com/What-is-IoT-platform-and-framework, abgerufen am 26.07.2018.

Lehnen, T.S. (01.11.2015). *Researchgate.* in PROJEKTMANAGEMENT IM INNOVATIONSPROZESS Analyse des Managements von Innovationsprojekten am Beispiel des Lead User-Ansatzes: https://www.researchgate.net/publication/284158756_PROJ EKTMANAGEMENT_IM_INNOVATIONSPROZESS_Analyse _des_Managements_von_Innovationsprojekten_am_Beispiel _des_Lead_User-Ansatzes, abgerufen am 17.03.2018.

Lindner, J.R. (2002). *Human Resource Management in Local Government.* Michigan: South-Western.

Linxweiler, B.G. (2005). *Praxisorientierte Markenführung: Neue Strategien, innovative Instrumente und aktuelle Fallstudien.* Wiesbaden: Springer-Gabler Verlag.

Lippmann, H. (1980). *Beschaffungsmarketing.* Bielefeld: o.A.

Loeck, D. (2018). *YouGov.* in Food & Health 2018 : https://yougov.de/loesungen/reports/studien/food-health/, abgerufen am 07.07.2018.

Lorenz, B. (18.07.2017). *Cosmo Consult.* in Wer heute in ERP-Software investiert, sollte auch an IoT denken: https://de.cosmoconsult.com/news/2017/erp-der-zukunft/, abgerufen am 01.08.2018.

Mahn, P. (21.05.2013). *marktforschung.* in Das Gesicht in der Menge oder: welche POS-Promotions wirklich wahrgenommen werden:

https://www.marktforschung.de/hintergruende/fachartikel/mar ktforschung/das-gesicht-in-der-menge-oder-welche-pos-promotions-wirklich-wahrgenommen-werden/, abgerufen am 17.06.2018.

Mangold, A. (2008). *Beruf, Organisation und Geschlecht.* Berlin: Logos Verlag.

Markgraf, D. (2018). *Gabler Wirtschaftslexikon.* in Open Innovation: https://wirtschaftslexikon.gabler.de/definition/open-innovation-51786, abgerufen am 28.07.2018.

Matzler, H.H. (2009). *Kundenorientierte Unternehmensführung.* Wiesbaden: Gabler Fachverlag.

McLaren, C. (24.08.2016). *Loyalty 360.* in What's the difference between CRM and Loyalty?: https://loyalty360.org/loyalty-today/article/what-s-the-difference-between-crm-and-loyalty, abgerufen am 27.08.2018.

Meffert, H. (2000). *Marketing.* Münster: Gabler Verlag.

Mertens, C. (02.01.2018). *Business Intelligence Magazin.* in DIGITALES CONTROLLING MIT SYSTEM: https://www.bi-magazine.net/digitales-controlling-mit-system.html, abgerufen am 06.06.2018.

Metter, A. (2017). *Das digitale Einkaufserlebnis im stationären Handel.* Wiesbaden: Springer Gabler Verlag.

Gassmann, M. (20.09.2016). *Welt.* in Die heikle Dominanz von Amazon, Otto und Zalando: https://www.welt.de/wirtschaft/article158277886/Die-heikle-Dominanz-von-Amazon-Otto-und-Zalando.html, abgerufen am 20.08.2018.

Michelis, D. (2015). *Verhalten vernetzter Konsumenten.* Wiesbaden: Springer-Gabler Verlag.

Minsky, M. (2006). *Computer History Museum.* in http://www.computerhistory.org/fellowawards/hall/marvin-minsky/, abgerufen am 17.08.2018.

Morse, J. (2012). *Qualitative Health Research: Creating a New Discipline.* o.A.: Routledge Print.

Möslein, A.Z. (2009). *Kommunikation als Erfolgsfaktor im Innovationsmanagement.* Leipzig: Gabler-Verlag.

Müller, F. (16.02.2018). *Horizont.* in Verbraucher wollen 30 Prozent weniger Zucker im Schokopudding : https://www.horizont.net/marketing/nachrichten/Rewe-Zuckerkampagne-Verbraucher-wollen-30-Prozent-weniger-Zucker-im-Schokopudding-164912?utm_source=%2Fmeta%2Fnewsflash%2Fnewsflash&utm_medium=newsletter&utm_campaign=nl14149&utm_term=63a6114d12d2b67a0149a2b1, abgerufen am 05.05.2018.

Mumme, T. (10.04.2018). *NGIN Food.* in Rewe nennt Amazon „Riesenkampfmaschine" und droht Food-Startups: https://ngin-food.com/artikel/rewe-bilanz-pressekonferenz-amazon/, abgerufen am 06.05.2018.

N. Puccinelli K. Wilcox, D. G. (2015). Consumers Response to Commercials. *Journal of Marketing*, S. 18.

Nachbauer, H. (28.11.2016). *Content Manager.* in So finden Sie die passende Plattform-Lösung: https://www.contentmanager.de/cms/enterprise-cms/so-finden-sie-die-passende-plattform-loesung/, abgerufen am 28.09.2018.

Nerdinger, N.S. (2014). *Arbeits- und Organisationspsychologie.* Berlin: Springer-Verlag.

Neumair, S.-M. (2018). *Gabler Wirtschaftslexikon.* in Invention: https://wirtschaftslexikon.gabler.de/definition/invention-38391, abgerufen am 08.09.2018.

Neumann, K. (04.10.2017). *Marketing Excellence Group.* in Mit der Customer Journey zum perfekten Kundenerlebnis: https://marketingexcellencegroup.de/mit-der-customer-journey-zum-perfekten-kundenerlebnis/, abgerufen am 07.08.2018.

Nicholas, L. (2003). *Introduction to Psychology.* Kapstadt: UCT Press.

Norbert, P. (Nr.1/2016. Zur Entwicklung einer IT-Sicherheitskultur. *Dud-Datenschutz und Datensicherheit,* S. 38–42.

o.A. *creatlr.* in Platform Innovation Kit: https://www.creatlr.com/collection/OZ4INLYDstMKIXyGCsEFEb/platform-innocation-kit/, abgerufen am 11.05.2018.

o.A. *Bundeszentrale für politische Bildung.* in Entwicklung der Weltbevölkerung: http://www.bpb.de/izpb/55882/entwicklung-der-weltbevoelkerung?p=all, abgerufen am 13.05.2018.

o.A. (2011). *Markenlexikon.* in 360-Grad Kampagnen sind tot: http://www.markenlexikon.com/texte/ogilvy_howto_strerath_360-grad-kampagnen_sind_tot_2_2011.pdf, abgerufen am 13.06.2018.

o.A. (2014). *Statista.* in Marketingausgaben in der Marktforschung: https://de.statista.com/statistik/daten/studie/388112/umfrage/anteil-der-marketingausgaben-in-die-marktforschung-in-europa/, abgerufen am 14.05.2018.

o.A. (12.05.2014). *W&V.* in „Content Marketing ist nur ein anderes Buzzword":
https://www.wuv.de/agenturen/rei_inamoto_content_marketing_ist_nur_ein_anderes_buzzword, abgerufen am 16.07.2018.

o.A. (2015). *Deutsches Patent- und Markenamt.* in DPMA Nutzerforum 2015: https://www.dpma.de/service/presse/dpmanutzerforum/2015/index.html, abgerufen am 02.06.2018.

o.A. (17.07.2015). *experian.* in Warum Kundensegmentierung und „Segments of One" nicht das gleiche sind: http://www.experian.de/blogs/marketing-insights/warum-kunden-profilierung-und-segments-one-nicht-das-gleiche-sind-sehen-sie-ihre-kunden-als-individuen/, abgerufen am 29.09.2018.

o.A. (01.03.2016). *Bundeszentrale für politische Bildung.* in Kondratieff Zyklen: http://www.bpb.de/nachschlagen/lexika/lexikon-der-wirtschaft/19806/kondratieff-zyklen, abgerufen am 25.07.2018.

o.A. (2016). Consumer Scan. *Markenartikel-Magazin*, S. 68.

o.A. (08.09.2016). *NTV.* in Aldi macht erstmals Fernsehwerbung: https://www.n-tv.de/der_tag/Aldi-macht-erstmals-Fernsehwerbung-article18598036.html, abgerufen am 01.05.2018.

o.A. (2017). *e-Spirit.* in Der lange Weg der digitalen Transformation: https://www.e-spirit.com/media/de/downloads/whitepaper/survey_report_di gital_transformation.pdf, abgerufen am 28.04.2018.

o.A. (10.08.2017). *München.de.* in Retailtech Hub jetzt in Neuer Balan: https://www.muenchen.de/rathaus/wirtschaft/wirtschaftsmeld ungen/wirtschaftsmeldungen-archiv-2017/retailtech-hub-munich.html, abgerufen am 05.10.2018.

o.A. (22.11.2017). *W&V.* in Was Verbraucher wollen : https://www.wuv.de/specials/zukunft_des_handels/einzelhan dels_studien_was_verbraucher_wollen, abgerufen am 22.04.2018.

o.A. (22.11.2017). *W&V.* in Einzelhandels-Studien: Was Verbraucher wollen : https://www.wuv.de/specials/zukunft_des_handels/einzelhan dels_studien_was_verbraucher_wollen, abgerufen am 22.04.2018.

o.A. (26.10.2017). *Welt.* in Plastiktüten in Küstenregionen in Chile verboten: https://www.welt.de/wissenschaft/article170058495/Plastiktu eten-in-Kuestenregionen-in-Chile-verboten.html, abgerufen am 23.06.2018.

o.A. (01.08.2017). *Zeit Online.* in You're fired!: https://www.zeit.de/2017/08/digitalisierung-roboter-technologie-ablehnung/seite-3, abgerufen am 06.06.2018.

o.A. (21.02.2018). *acquisa.* in Digitale Services: Was Verbraucher vom stationären Handel erwarten: http://www.xing-news.com/reader/news/articles/1234826?cce=em5e0cbb4d.

%3AAADYEWVAIWT157WUvIWqJZAJ&link_position=digest &newsletter_id=31419&toolbar=true&xng_share_origin=email, abgerufen am 28.08.2018.

o.A. (22.02.2018). *Bundeszentrale für politische Bildung.* in Uberisierung: Wie Plattformen unsere Arbeit verändern.: https://www.bpb.de/dialog/netzdebatte/220768/uberisierung-wie-plattformen-unsere-arbeit-veraendern?type=galerie&show=image&i=220775, abgerufen am 25.02.2018.

o.A. (05.02.2018). *Commerzbank.* in Mega Trends: https://www.zertifikate.commerzbank.de/SiteContent/1/1/2/525/90/030_megatrends.html, abgerufen am 26.04.2018.

o.A. (30.04.2018). *Deutsche Bank.* in Blockchain – eine Technologie mit enormem Potenzial: https://www.deutsche-bank.de/pfb/content/markt-und-meinung_blockchain-eine-technologie-mit-enormem-potenzial.html?utm_medium=referral&utm_source=taboola, abgerufen am 31.05.2018.

o.A. (2018). *Duden.* in Stichwort Pragmatismus: https://www.duden.de/rechtschreibung/Pragmatismus, abgerufen am 31.06.2018.

o.A. (2018). *Garmin International.* in Have an Idea: https://www.garmin.com/en-US/forms/ideas/, abgerufen am 01.10.2018.

o.A. (2018). *Gesetze im Internet.* in Betriebsverfassungsgesetz § 87 Mitbestimmungsrechte: https://www.gesetze-im-internet.de/betrvg/__87.html, abgerufen am 27.04.2018.

o.A. (2018). *Gesetze im Internet.* in Gesetz über den Schutz von Marken und sonstigen Kennzeichen (Markengesetz – MarkenG): https://www.gesetze-im-internet.de/markeng/__3.html, abgerufen am 27.04.2018.

o.A. (04.03.2018). *Handelsblatt.* in Deutsche waren in 2017 in bester Kauflaune: https://www.handelsblatt.com/politik/konjunktur/nachrichten/hohe-konsumausgaben-deutsche-waren-2017-in-bester-kauflaune/21070150.html?ticket=ST-7448885-QW2tZRQYTNpf1s6WQtt6-ap2, abgerufen am 05.04.2018.

o.A. (08.05.2018). *IFH Köln.* in Jeder vierte Internetnutzer steuert Geräte regelmäßig mit Sprache: https://www.ifhkoeln.de/pressemitteilungen/details/jeder-vierte-internetnutzer-steuert-geraete-regelmaessig-mit-sprache/, abgerufen am 17.09.2018.

o.A. (2018). *IT-Wissen.info.* in Digital Signage: https://www.itwissen.info/digital-signage-DS-Digitale-Beschilderung.html, abgerufen am 06.06.2018.

o.A. (02.06.2018). *Lebensmittelzeitung.* in Danone will wieder Trendsetter sein: https://www.lebensmittelzeitung.net/industrie/Nutri-Score-Danone-will-wieder-Trendsetter-sein-135945, abgerufen am 31.05.2018.

o.A. (2018). *Onpulson.* in Kundenorientierung: https://www.onpulson.de/lexikon/kundenorientierung/, abgerufen am 04.03.2018.

o.A. (2018). *Onpulson.* in U-Commerce: https://www.onpulson.de/lexikon/u-commerce/, abgerufen am 27.09.2018.

o.A. (2018). *Optimize.* in Quotes of Nikola Tesla: https://www.optimize.me/quotes/nikola-tesla/20020-but-instinct-is-something-which-transcen/, abgerufen am 29.09.2018.

o.A. (16.04.2018). *Relemind.* in Die sieben wichtigsten Fakten zur ePrivacy Verordnung: https://relemind.com/die-wichtigsten-fakten-zur-eprivacy-verordnung/, abgerufen am 17.08.2018.

o.A. (2018). *Schulzebremmer.* in Zitate für Veränderung: http://www.schulzebremer.de/download/files/zitate-zu-vera0308nderung-und-wandel.pdf, abgerufen am 07.10.2018.

o.A. (2018). *Statista.* in Umsatz im Lebensmitteleinzelhandel in Deutschland in den Jahren 1998 bis 2017: https://de.statista.com/statistik/daten/studie/161986/umfrage/umsatz-im-lebensmittelhandel-seit-1998/, abgerufen am 04.04.2018.

o.A. (2018). *Techniker Krankenkasse.* in TK Gesundheitscoach: https://ecoach.tk.de, abgerufen am 08.08.2018.

o.A. (24.04.2018). *WirtschaftsWoche.* in Trends: Wohin entwickelt sich das Internet: https://www.wiwo.de/technologie/digitale-welt/die-woche-im-netz-wandel-durch-disruption/8281410-3.html, abgerufen am 01.05.18.

o.A. (2018). *Wirtschaftslexikon.* in Customer Relationship Management: http://www.daswirtschaftslexikon.com/d/customer_relationshi

o.A. p_management/customer_relationship_management.htm, abgerufen am 06.07.2018.

o.A. (2018). *Wirtschaftslexikon.* in Junglar-Zyklus: http://www.wirtschaftslexikon24.com/d/juglar-zyklus/juglar-zyklus.htm, abgerufen am 28.07.2018.

o.A. (2018).*Wirtschaftslexikon online.* in Customer Relationship Management: http://www.daswirtschaftslexikon.com/d/customer_relationship_management/customer_relationship_management.htm, abgerufen am 06.07.2018.

o.A. (03.01.2018). *Zukunftsinstitut.* in Megatrends in der Übersicht: https://www.zukunftsinstitut.de/dossier/megatrends/, abgerufen am 24.04.2018.

o.A. (2018). *ZWF (Zeitschrift für wirtschaftlichen Fabrikbetrieb).* in Permanente Innovation als Unternehmenskultur: https://www.hanser-elibrary.com/doi/pdf/10.3139/104.014011, abgerufen am 05.10.2018.

o.A. (Nr.3/2014). TESLA. *Geld Magazin,* S. 54.

Oppaschowski, H. (2006). *Minimex: das Zukunftsmodell einer sozialen Gesellschaft.* Gütersloh: Gütersloher Verlagshaus.

Ospina, D. (15.01.2018). *Harvard Business Review.* in How the Best Restaurants in the World Balance Innovation and Consistency: https://hbr.org/2018/01/how-the-best-restaurants-in-the-world-balance-innovation-and-consistency, abgerufen am 15.05.2018.

Ozga, J. (2010). *Internationale Geschäftsbeziehungen im Industriegütergeschäft.* Kassel: Kassel University Press.

Paech, N. (12.06.2012). *Zeit.* in „Grünes" Wachstum wäre ein Wunder: https://www.zeit.de/wirtschaft/2012-06/wachstumskritik-paech, abgerufen am 15.04.2018

Petereit, D. (25.03.2017). *t3n.* in Beim Designen in Kreisläufen denken: Das ist Circular Design: https://t3n.de/news/beim-designen-kreislaeufen-806599/, abgerufen am 28.07.2018.

Petro, G. (10.06.2018). *Forbes.* in Is Digital Transformation The Key To Competing With Amazon?: https://www.forbes.com/sites/gregpetro/2018/06/10/is-digital-transformation-the-key-to-competing-with-amazon/#7b1bd0ce26e6, abgerufen am 17.06.2018.

Pflaeging, N. (14.11.2012). *SlideShare.* in Organisation, Arbeit & Leistung in Komplexität: https://de.slideshare.net/npflaeging/de-tiroler-wirtschaftsforum-mut-zum-eigenen-weg-freude-am-unternehmerischen-denken-und-handeln-mit-einer-keynote-von-niels-pflging-inssbrucka, abgerufen am 14.10.2018.

Philip Kotler, P.F. (2017). *i-SCOOP.* in https://www.i-scoop.eu/customer-centricity/, abgerufen am 03.07.2018.

Pohlgeers, M. (18.10.2017). *Onlinehändler News.* in Ikea hat bei Click-&-Collect noch viel zu lernen: https://www.onlinehaendler-news.de/e-commerce-tipp/30178-erfahrungsbericht-ikea-click-collect.html, abgerufen am 18.09.2018.

Porter, M. (1985). *Competitive Advantage.* Michigan: The Free Press.

Probst, S. (25.03.2017). *WWF.* in Unsere Ozeane versinken im Plastikmüll: https://www.wwf.de/themen-projekte/meere-kuesten/plastik/unsere-ozeane-versinken-im-plastikmuell/, abgerufen am 01.10.2018.

Purper, G. (2007). *Die Betriebsformen des Einzelhandels aus Konsumentenperspektive.* Wiesbaden: Springer-Gabler Verlag.

Rainer Gläß, B.L. (2016). Handel 4.0 – Die Digitalisierung des Handels. In: P.D. Baecker, *Wie verändert die Digitalisierung unser Denken und unseren Umgang mit der Welt?* (S. 20). Berlin: Springer-Verlag.

Rapp, C. (2006). *Machtwechsel – Kunde wird König.* Hamburg.

Reichheld, F.F. (1997). *Der Loyalitäts-Effekt: die verborgene Kraft hinter Wachstum, Gewinnen und Unternehmenswert.* Frankfurt am Main: Campus-Verlag.

Rentz, I. (27.06.2018). *Horizont.* in So zukunftsfähig sind die deutschen Unternehmen: https://www.horizont.net/marketing/nachrichten/kpmg-studie-so-zukunftsfaehig-sind-deutsche-unternehmen-168013?utm_source=%2Fmeta%2Fnewsflash%2Fnewsflash&utm_medium=newsletter&utm_campaign=nl30006&utm_term=63a6114d12d2b67a0149a2b1605c96e1, abgerufen am 28.06.2018.

Reuter, M. (23.01.2018). *Netzpolitik.* in Studie: Nur 81 Prozent der Deutschen nutzen das Internet: https://netzpolitik.org/2018/studie-nur-81-prozent-der-deutschen-nutzen-das-internet/, abgerufen am 17.06.2018.

Richard E. Petty, T. (1986). *Researchgate*. in The Elaboration Likelihood Model of Persuasion: https://www.researchgate.net/figure/1-The-Elaboration-Likelihood-Model-by-Petty-and-Cacioppo-1986a_fig6_271929628, abgerufen am 11.06.2018.

Rieber, D. (31.01.2017). *Internetworld*. in Mobile Moments: Die neue Realität im Marketing: https://www.internetworld.de/onlinemarketing/expert-insights/mobile-moments-neue-realitaet-im-marketing-1188068.html, abgerufen am 16.05.2018.

Risi, J. (13.06.2016). *Huffpost*. in Doing Good Is Good Business: https://www.huffingtonpost.com/jennifer-risi/doing-good-is-good-busine_b_10439610.html?guccounter=1, abgerufen am 06.10.2018.

Rodig, J. (11.05.2018). *cypress*. in Ist es sinnvoll, eine IoT-Plattform selbst zu entwickeln?: https://www.industry-of-things.de/ist-es-sinnvoll-eine-iot-plattform-selbst-zu-entwickeln-a-713303/, abgerufen am 16.06.2018.

Rondinella, G. (13.07.2018). *Horizont*. in Mozilla killt ikonisches Logo: https://www.horizont.net/marketing/nachrichten/mozilla-firefox-killt-ikonisches-logo---und-beteiligt-user-am-redesign-168708, abgerufen am 14.07.2017.

Rothaar, M. (23.05.2017). *absatzwirtschaft*. in Vertikalisierung: Sind Hersteller die Händler der Zukunft?: https://www.absatzwirtschaft.de/vertikalisierung-sind-hersteller-die-haendler-der-zukunft-106957/, abgerufen am 28.05.2018.

Rouse, M. (2013). *Search Networking.* in Mobile Device Management: https://www.searchnetworking.de/definition/Mobile-Device-Management-MDM, abgerufen am 14.06.2018.

Rudolph, T. (1996). *Positionierung als Kernentscheidung des Marketings.* St. Gallen: Universitätsverlag.

Rudolph, T. (1999). *Handbuch Risikomanagement.* EUL Verlag.

Rust, D.S. (24.11.2006). *Research Gate.* in The Path to Customer Centricity: https://www.researchgate.net/publication/240281605_The_Path_to_Customer_Centricity. abgerufen am 28.06.2018.

Sangeet, G.G. (2017). *Platform Revolution.* New York: Paperback Print.

Schabbach, W. (20.02.2018). *Designbote.* in Design als Innovations-Instrument beim digitalen Wandel in der Industrie: http://www.xing-news.com/reader/news/articles/1212075?cce=em5e0cbb4d.%3AAA7UT0e6LtiElEEd3yxrEdAF&link_position=digest&newsletter_id=31101&toolbar=true&xng_share_origin=email, abgerufen am 25.05.2018.

Schein, E. (1996). *Organizational Culture and Leadership.* Harvard: Wiley Verlag.

Schmidt, T.K. (2016). *Deutschland 4.0.* Essen: Springer Gabler Verlag.

Schmiechen, F. (16.05.2018). *Gründerszene.* in Datenschutz darf Deutschlands technische Entwicklung nicht stören: http://www.xing-news.com/reader/news/articles/1411784?cce=em5e0cbb4d. %3AAAwEaGABPMucScJ1nU--f6AF&link_position=digest&newsletter_id=33642&toolbar=true&xng_share_origin=email, abgerufen am 17.07.2018.

Scholderer, I.B. (Mai 2007). *Konsumentenverhalten und Marketing.* Stuttgart: Schäffer-Poeschel Verlag.

Schramm-Klein, H. (2002). *Multi-Channel-Retailing.* Wiesbaden: Springer Gabler Verlag.

Schröder, P.D. (01/2018). Category Management – Kundenbedürfnisse erkennen. *Apotheke+Marketing*, S. 18–22.

Schumpeter, J.A. (1994). *History on Economic Analysis.* Schwedberg: Routledge Verlag.

Seitz, J. (04/2016). *Zukunftsinstitut.* in Retail Disruption: Digitalisierung des Handels: https://www.zukunftsinstitut.de/artikel/retail-disruption-digitalisierung-des-handels/, abgerufen am 20.05.2018.

Senger, F. (27.02.2018). *Digitale Welt.* in IoT-Plattformen sind Voraussetzung für Industrie 4.0: https://digitalweltmagazin.de/2018/02/27/iot-plattformen-sind-voraussetzung-fuer-industrie-4-0/, abgerufen am 30.07.2018.

Seuhs-Schoeller, C. (2013). *NLP und Werbung.* Norderstedt: Redline Verlag.

Siebert, S. (05.07.2018). *e-Recht 24.* in Die Datenschutz-Grundverordnung: https://www.e-recht24.de/datenschutzgrundverordnung.html abgerufen am 01.08.2018

Sielhorst, T. v. (2009). *Marketingziel Kundenbindung: Die Kundenkarte im Einzelhandel.* Hamburg: Igel Verlag.

Sievers, M. (10.11.2016). *KPMG.* in So kaufen wir in Zukunft ein: Trends im Handel 2025: https://hub.kpmg.de/trends-im-handel-2025, abgerufen am 25.02.2018.

Smack, H.B. (2012). *Erlebniskommunikation.* Mannheim: Springer Verlag.

Smircich, L. (1983). *Concepts of Cultural and Organizational Analysis.* San Francisco: Administrative Science Quarterly.

Sorge, C. (2007). *Datenschutz in P2P-basierten Systemen.* Karlsruhe: Springer-Gabler Verlag.

Specht, D. (2018). *Gabler Wirtschaftslexikon.* in Innovation: https://wirtschaftslexikon.gabler.de/definition/innovation-39624, abgerufen am 11.07.2018.

Spitzer, M. (2012). *Digitale Demenz.* Ulm: Droemer Verlag.

Helmke, S. (2013). *Effektives Customer Relationship Management.* Frankfurt am Main: Springer-Gabler Verlag.

Steffens, H.-J. (2004). *SlidePlayer.* in Aktivitätsdiagramme: https://slideplayer.org/slide/792378/, abgerufen am 07.07.2018.

Stock-Homburg, R. (2013). *Personalmanagement.* Hamburg: Springer Verlag.

Sturm, A. (19.06.2018). *Horizont.* in Wenn E-Privacy kommt, droht die absolute Schockstarre: https://www.horizont.net/medien/nachrichten/BVDW-

Justiziar-Michael-Neuber-Wenn-E-Privacy-kommt-droht-die-absolute-Schockstarre-167741?utm_source=%2Fmeta%2Fnewsflash%2Fnewsflash&utm_medium=newsletter&utm_campaign=nl15751&utm_term=63a6114d12d2b67a0149a2b160, abgerufen am 20.06.2018.

Sulzmaier, S.15. (Nr.1/2018). Open Innovation. *Organisations Entwicklung*, S. 43–47.

Swoboda, B. (1996). *Akzeptanzmessung bei modernen Informations- und Kommunikationstechnologien.* St. Gallen: Fachzeitschrift für Marketing.

The Path to Customer Centricity (01.11.2006). *Sage Journals*, S. 15.

Theobald, E. (2016). *Brand Evolution* . Pforzheim : Springer-Gabler Verlag .

Tom Burns, G.M. (1994). *The Management of Innovation.* Oxford: Oxford University Press.

Tomczak, T., & Rudolf-Sipöt, E. (2003). *Kundenwert in Forschung und Praxis.* St. Gallen:

Toporowski, P. S. (18.10.2012). Augmented Reality – Digital erweiterte Realität im stationären Handel. *Marketing Review St. Gallen,* S.34 https://link.springer.com/article/10.1365%2Fs11621-012-0161-2, abgerufen am 07.08.2018.

Trommsdorff, V. (1996). *Handelsforschung 1996/97: Positionierung des Handels.* Berlin: Springer Fachmedien Wiesbaden GmbH.

Turek, J. (2017). *Globalisierung im Zwiespalt: Die postglobale Misere und Wege, sie zu bewältigen.* Bielefeld: transcript Verlag.

Villani, P. (2018). *sdi research.* in Junglar-Zyklen: https://www.sdi-research.at/lexikon/juglar-zyklen.html, abgerufen am 28.07.2018.

Watzlawik, P. (2011). *Man kann nicht nicht kommunizieren.* Berlin: Huber Verlag.

Weber, S. (2018). *Online Marketing.* in Beacon: https://onlinemarketing.de/lexikon/definition-beacon, abgerufen am 17.07.2018.

Welt (05.02.2017). in Dem deutschen Einzelhandel droht ein Massensterben: https://www.welt.de/wirtschaft/article161812481/Dem-deutschen-Einzelhandel-droht-ein-Massensterben.html, abgerufen am 01.04.2018.

Wenske, C.B. (2007). *Multichanneling-Marketing und Markenmanagement.* Berlin: Springer-Gabler Verlag.

Werner Katzengruber, A. P. (2017). *Sales 4.0: Strategien und Konzepte für die Zukunft im Vertrieb.* Weinheim: Wiley Verlag.

Wiehenbrauk, S.R. (2017). Disruption in Retail – Retail 4.0. In: L. Hierl, *Mobile Payment* (S. 49–65). Heilbronn: Springer Gabler.

Wieswede, G. (2000). *Konsumsoziologie – Eine vergessene Disziplin.* Wiesbaden: Springer Gabler Verlag.

Wilde, P.D. (2014). *Docplayer.* in Customer Relationship Management Lehrstuhl für ABWL und Wirtschaftsinformatik: https://docplayer.org/433769-Wintersemester-2014-2015-customer-relationship-management-prof-dr-klaus-d-wilde-lehrstuhl-fuer-abwl-und-wirtschaftsinformatik.html, abgerufen am 06.06.2018.

Wildemann, H. (03.03.2001). Wertsteigerung im Unternehmen durch E-Technologien? *Zeitschrift für wirtschaftlichen fabrikbetrieb*, S. 95.

Winteler, U.S. (1995). *Universität Potsdam.* in Lernaufwand und Elaborationstheorien als Mediatoren der Beziehung von Studieninteresse und Studienleistung: https://publishup.uni-potsdam.de/opus4-ubp/frontdoor/deliver/index/docId/3184/file/schiefele1995_9.pdf, abgerufen am 01.09.2018.

Wirtz, P.D. (2018). *Electronic Business.* Speyer: Springer Gabler Verlag.

Wittenhorst, T. (2018). *heise online.* in Walmart erhält Patent für Lauschangriff auf Mitarbeiter und Kunden: https://www.heise.de/newsticker/meldung/Walmart-erhaelt-Patent-fuer-Lauschangriff-auf-Mitarbeiter-und-Kunden-4110442.html?xing_share=news, abgerufen am 15.05.2018.

Wohltmann, P. D.-W. (2005). *Gabler Wirtschaftslexikon.* in https://wirtschaftslexikon.gabler.de/definition/erwartung-32858, abgerufen am 01.03.2018.

Zajonc, R.B. (2003). *The selected works.* Santa Cruz: Wiley Verlag.